万川
reflections

一步万里阔

THE LONG WEEKEND

LIFE IN THE ENGLISH COUNTRY HOUSE BETWEEN THE WARS

漫长的周末

英国乡间别墅的生活

[英] 艾德里安·泰尼斯伍德 著
杨盛翔 译

ADRIAN TINNISWOOD

中国工人出版社

致　谢

再没有什么，比夏天的英国乡间别墅更美了。

再也没有一个夏天，可以与两次世界大战之间的那个“印第安之夏”① 相提并论。那是一个缓缓衰落的时代，夕阳在大英帝国的土地上徐徐落下，影子在全国1000座豪华宅邸的草坪上渐渐拉长。

至少，传统观点认为，这是一个见证了乡间别墅走向没落的时代。在一个接一个的故事里，英格兰的豪华宅邸被遗弃、拆除和毁坏，宅邸的地产被分割，宅邸的橡树被砍伐，宅邸的园囿让位给了四处蔓延的城郊地带。

这当然是事实。可是它掩盖了与熟悉的悲惨故事并存的另一种叙事。在这种叙事中，又有新的家庭购买、借贷，偶或会去乡

① Indian summer，其实是指入秋后的那段风和日丽的短暂日子，即秋老虎、小阳春，也暗喻最后的兴旺时节，因印第安人居住的北美洲常常出现这样的天气而得名，作者在这里巧用了字面上的双关语。——译者注

间，为自己建造一座别墅；它为旧的传统引入了新的美学、新的社会结构、新的意义。事实上，这是一种看见了乡间别墅里的新生活的叙事。这就是我在这部《漫长的周末》里试图探索的叙事。

我的书名借用自罗伯特·格雷夫斯和阿兰·霍奇，1940年，他们出版了一部关于英国的社会史著作。全书开始自“一战”停战，结束于1939年9月3日的那个星期日上午的11点15分，当时内维尔·张伯伦向全国广播讲话。在广播中，张伯伦解释说，他已经要求德国承诺从波兰撤军：“可我现在必须告诉你们，我仍然没有收到这样的承诺，因此这个国家业已处于战争状态。”格雷夫斯和霍奇把他们的书命名为《漫长的周末》（*The Long Weekend*），而对于一项关注两次大战之间的乡村别墅的研究而言，这个名字似乎格外合适，它让人联想起了——至少对我来说是如此——一段悠闲而不确定的过渡时期，一个落下了休止符的停顿阶段。

在写这部书的过程中，我得到了许多帮助——从朋友和同事那里，从素不相识的陌生人那里，后者要么对于我零星发表在博客“漫长的周末”里的文章发表过善意的评论，要么从全国各地的乡间别墅、档案馆、图书馆里为我出谋划策，激发我的热情。请恕我不能在此一一列名。事实上，有许多人的名字我甚至都不知道，比如，巴斯中央图书馆的工作人员，他们从书架深处为我找出了无数本沉甸甸的《乡间生活》（*Country Life*）杂志的合订本。他们在我心中全都占有一席之地。我很感激他们。

我也要感谢另一些人，并且附上他们的名字，吉恩·阿普尔顿（Jean Appleton）、盖文·约翰斯（Gavin Johns）、帕特里夏·兰基斯特（Patricia Lankester）、凯瑟琳·朋盖瑞斯（Katherine Pongaris）和妮瑞丝·沃茨（Nerys Watts）。他们知道为什么。

我还要感谢海伦（Helen）。她也知道为什么。

艾德里安·泰尼斯伍德

2015年10月于巴斯

目　录

引　言

大家一起唱

大家蓦地唱出声来

我心中亦喜悦满怀

宛如被囚禁的鸟群

终于找回自由之身……

——西格弗里德·沙逊

《大家一起唱》(1919)

1917年的圣诞节前夕，午餐前，一封电报送达威尔特郡的斯托海德。

过去的5个星期里，一连串短讯在斯托海德——霍尔家族的祖宅——和中东地区之间来回传递。11月17日，亨利爵士（Sir Henry）和阿尔达·霍尔（Alda Hoare）的儿子哈利，在巴勒斯坦的穆加尔岭与土耳其人作战时，被射中了肺部；在战场上躺了一夜之后，哈利被送进了一座急救站，然后被转移去了设在拉斯艾丁宫的小型英国陆军医院，从那里可以俯瞰亚历山大的海港。哈利的父母被告知，他的病情已经好转，夫妇俩只好怀着耐心、愉快和勇气来面对他的伤势。几天前，哈利的医生发来电报说，这个男孩正在康复，在这之后，一位驻扎在亚历山大的同样来自英国西南部的邻居，又发来了另一封电报："昨日见过哈利——康复过程令人满意。"阿尔达·霍尔在日记中记录了夫妇俩的如释重负："我们跪下来，谦卑地感谢上帝，感谢他难以言表的仁慈。"[1]

然而，哈利·霍尔其实已经死了。他伤口大出血，而后便离开了人世。这就是那封平安夜电报带给他父母的消息。

他们没有哭。相反，阿尔达跪了下来，向上帝祈祷，求他在破碎的生活中赐予他们力量。接着，这对夫妇相携走入了那座古老的大宅子，伫立在那儿，观看哈利的全身像，那是在他21岁时画的。"他是我们最好的一个儿子。"亨利爵士后来写道，"他从来不曾在想法、言语或行为上，使我们伤心。"[2]

哈利·霍尔的死是一场晴天霹雳，他的父母再也没能从打击中振作起来。事后，亨利爵士的反应是迫不及待地想要离开威尔特郡的这座别墅，虽然他的家族已经在此居住了将近200年之久。关于这里的回忆实在太多了。不过，他的妻子却决定继续留在斯托海德，而且恰恰是出于同样的原因。"我不忍心抛下我的儿子，在这儿，我可以四处看见他。"她在日记中吐露道。[3]

于是，他们还是一起留了下来。接下来的30年里，这对夫妇用心经营斯托海德，过着乡间士绅的生活。亨利爵士会写信给

《泰晤士报》，还带领他的猎人们去参加当地的马展；阿尔达夫人会向女王地区护理学院提供帮助，她敞开别墅的大门，供学院使用，每次只收一个先令，她还打理家务，有3名女仆协助她，分别是厨师、厨房女佣和洗碗女工，除此之外，还有其他三四个工作人员。

哈利留在了埃及，留在了亚历山大的哈德拉战争公墓。在后方的斯托海德，在一座中世纪建造的圣彼得小教堂里，他的名字在当地人士的纪念名单上名列前茅，上面还镌刻了一段引自《便西拉智训》的经文："美好的生活不过寥寥数日，美好的名声却将永远留存。"

他父母的悲痛，也日复一日地延续了下去。悲痛定义了他们，吞没了他们。哈利从未结婚生子，因而没有直系继承人，他们便无法确定未来。1925年，亨利爵士前往多塞特郡的布里扬斯顿，在那里，第4任波特曼子爵正在变卖财产，以支付前任子爵去世后的遗产税。看到这个家族的绘画、照片，甚至是波特曼三世的私人物品，全都在拍卖槌下被一一变卖，亨利爵士震惊极了。"这让我明白了，我们离开后会发生什么。"他写道。[4]"哦，要是他结了婚，留给我们一个孙儿，让我们去爱就好了。"阿尔达说。[5]

也许西格弗里德·沙逊是对的。也许战争结束的时候，每一个人都在歌唱。但是，很多歌曲里却充满了哀伤。

如果同时代的所有英国贵族都站到一起，庆祝停战协议在1918年年底达成，那么生成的群像，会把一幅大型帆布油画填得满满当当。将会有746人被安排入画，毫无疑问，入画时也要符合优先位次：公爵在先，然后是侯爵、伯爵、子爵和男爵（不用说，还有2位大主教、39位主教和24名女士，这些女贵族们要站到他们的右边）。香火绵延的世家贵族，如查尔斯·切特温德－塔尔伯特，第20任什鲁斯伯里伯爵——他的祖先曾追随英王亨利五世，参加过百年战争——将与诺斯克利夫子爵、比弗布鲁克勋爵等新贵并肩而立，举杯庆祝胜利。第5任赫德利男爵会为一位女士递过香槟酒：他已于1913年皈依伊斯兰教，作为赫德利·艾尔－法鲁克勋爵，英国穆斯林协会的主席，他坚信伊斯兰教将有能力挽回西方文明的衰落，将可以阻止妇女参与政治、身着短裙。第12任塔菲子爵①的祖先，曾经在博因河战役中为詹姆斯二世而战，眼下他可能会觉得祝酒有些尴尬，因为他是一名在奥地利军队中服役、刚刚落败的军官，他在波西米亚也拥有一座城堡。1921年3月，他成了因为“在战争期间依附于国王之敌”而被剥夺贵族头衔的4名“贵族叛徒”之一。在场的其他人士还将包括坎伯兰公爵、尔巴尼公爵和布伦瑞克公爵这3位德国的高级贵族，他们之所以顶着英国的贵族头衔，是因为他们不是身上流淌着英王乔治三世的血脉，就是维多利亚女王和阿尔伯特亲王的后代。

如果不是因为战争，一些人根本没有机会参加这场想象中的

---

① 塔菲子爵，同时也是神圣罗马帝国的一名伯爵，他经历了双重的不幸：在失去爱尔兰的贵族头衔后，仅仅过去4周，他又得知，新成立的奥地利共和国完全取缔了贵族制度，如此一来，他仅剩的另一顶贵族头衔也随之被废除。不久后，新组建的捷克斯洛伐克的土地改革，又夺走了他在波西米亚的大部分地产。落得平凡之身的亨利·塔菲先生，最终于1928年在维也纳负债而死。

聚会。战争打响时，已届中年的沃尔特·贝雷斯福德·安内斯利并没有想到会接替他年轻的堂兄，当上第7任安内斯利伯爵：1914年11月，第6任安内斯利伯爵从布里斯托尔登上了一架双翼飞机，打算飞越英吉利海峡，从此再无音讯。第8任波利伯爵乔治·阿米亚斯·菲茨沃伦·波利，在9岁的时候继承了他的头衔；他的父亲，第7任波利伯爵，在法国生活了3年之后，被转移回了约克郡，却在1918年的7月感染了西班牙大流感。

总共有十几个英国贵族在战时服役期间死去，其中还包括一位英国王子：维多利亚女王最小的外孙，年仅23岁的巴登堡的莫里斯，他在伊普尔被杀死，当时战争刚刚爆发，他正在国王皇家步枪队服役。哈瓦登子爵于1914年8月死于法国，那时距离宣战才过去了3周。而科宁厄姆侯爵死去时，距离停战只剩下48个小时。

战场上的损失对心灵造成的冲击，要严重得多。这涉及对未来的不确定感、财产的分裂，甚至可能是对金融崩溃的预期。在有爵位的家族里，有十分之一在战争中失去了继承人。汤米·阿加－罗巴茨的家族坐拥多处地产，在康沃尔郡，拥有拉尼德洛克，在剑桥郡拥有温泊尔府，可是他却在护送一名在无人地带受伤的士兵时，被狙击手击中身亡。19岁的丹尼斯是巴克斯顿子爵的独子，也是冷溪近卫团的少尉，1917年10月，他在佛兰德失踪了；他在世间留下的一切，只有刻在伊普尔高地失踪人员纪念碑上的名字。德斯伯勒勋爵夫妇的长子朱利安·格伦费尔，也在伊普尔被弹片击中了头部；他死后的第二天，《泰晤士报》刊载了他的诗作《出征》，全诗最后一节的开头俨然具有预言的意味：“阵型仿佛雷霆一般挺立/死亡在空中呻吟和歌唱。”他 10 岁的妹妹伊莫金，在听到哥哥的死讯后写道：“我很高兴他身处平静，完成了使命。”[6] 两个月后，在距离朱利安被击中仅仅一英里的地方，这个家族的下一位继承人比利·格伦费尔也在领导冲锋时阵亡。

恐怖的浪潮滚滚而来。在圣米迦勒山，圣勒万勋爵失去了他的兄弟和继承人，他本人也于 1916 年在地中海溺亡。德·布拉奎勋爵夫妇来自格洛斯特郡的布罗克沃斯庄园，1915 年的春天，他们的长子在法国与世长辞，2 年后，他们又失去了小儿子；随着德·布拉奎勋爵在 1920 年去世，家族的男性谱系就此告终，这个 1722 年创立的爱尔兰男爵头衔永远消失了。

幸存者们的应对方式各不相同，他们要么变卖财产，要么继续从军，偶尔还要以战前无法想象的方式，来掌控自己的生活。例如，1915 年 9 月，据报道，凯斯琳·卡斯伯特（Kathleen Cuthbert）的丈夫詹姆斯，一名苏格兰近卫团的上尉，在洛斯受伤后失踪。29 岁的她就这样成了寡妇，此时她还有 3 个不满 5 岁的孩子，第 4 个孩子也即将出世。

直到 1917 年，凯斯琳才确定詹姆斯已经不在人世了。接近 2 年的游移不定，像阴云一样既笼罩着她的未来，也笼罩着位于诺森伯兰郡的卡斯伯特家族地产的未来，在这 4000 英亩地产的核心地带，坐落着宝福朗城堡（Beaufront Castle），一座“家族自有的类似城堡的”宅邸，它建于 1836 年至 1841 年，由多产的达勒姆公司建筑师约翰·多布森设计完成。[1] 宝福朗城堡已经被交给其他人，为他们的长子托管。可是他们的地产托管人，却和凯斯琳的丈夫同时奔赴了战场；甚至早在卡斯伯特的死讯被证实之前，家族中就有了一些窃窃私语，认为应该找个人——某个男人——来代表凯斯琳照管地产。

凯斯琳是不会接受的。她坚持要求自行管理全部地产，坚持每一周亲自付给男人们工资，出租农场和村舍。如果她需要建议，她会去找她的父亲，一位地主兼矿主，她父亲的地产就紧靠着宝福朗城堡。曾有一段短暂的日子，她给自已找了一名管家，可是在发生了这样一件事之后，管家就被解雇了，这显示了她的干劲和决心。那是一天深夜，她刚参加完一场聚会，正在回家的路上，突然她惊奇地看到她的牧羊人之一，一个名叫比蒂的男人，正把几只羊赶出庭园的大门。

比蒂一家已经为卡斯伯特家族工作好几代了。不过，这会儿毕竟已经过了午夜——对于搬运货物来说，这是一个有趣的时间。凯斯琳命令她的司机停车，她下了车，要求知道比蒂在做什么。“赶羊。”比蒂告诉她。于是她请比蒂第二天早上到她家来。

比蒂到达后，凯斯琳指责比蒂到市场上卖羊，把钱装进了自已的荷包（她先给市场打过电话，确认了比蒂是在卖羊）。接着，她在没有参考任何人意见的情况下，解雇了比蒂，并把他和他的

① 1907 年，宝福朗城堡曾发生过一场可怕的悲剧。卡斯伯特上尉在和他的第一位妻子多萝西外出参加庄园的林地狩猎派对时，不小心落入陷阱，意外地开了枪，结果近距离击中了妻子的头部，使她当场死亡。

妻子赶出了租给他们住的农舍。当父亲问她是否应该再给比蒂一次机会时，她回答道："身为一个女人，我必须得这么做。如果我是男人，我可以冲过去，朝他咆哮……但是我能做的全部，就是通知他离开这儿。"[7] 她怀疑她的管家已经知道了比蒂的诡计，尽管她不能证明这一点，她还是解雇了管家。

1917 年 2 月，亨利・库比特（Henry Cubitt）的父亲去世，他由此继承了库比特家族的地产，包括萨里郡的丹比（Denbies），那是一座由他的祖父，著名的伦敦建筑大师托马斯・库比特设计的意大利式豪宅；此外还有法拉皮特（Fallapit），那是一栋地处南德文郡、规模略小一些的新都铎时代风格的乡间别墅。他还当上了第 2 任阿什库姆（Ashcombe）男爵。他的长子亨利是冷溪近卫团的一名上尉，1916 年 9 月已经在索姆河战死。他的第二个儿子阿里克也于 1917 年 11 月死于康布雷战役，他被埋在了一座没有标记的坟墓里。

4 个月后，阿什库姆夫妇又失去了他们的第三个儿子威廉，他是皇家龙骑兵卫队中的一名中尉，在法国北部负伤而死。3 个男孩都才二十出头。虽然阿什库姆一家人丁兴旺——他们一共有 6 个儿子，但这并不能给他们带来什么安慰。1920 年 11 月，他们的第四个儿子罗兰德迎娶了索尼娅・凯佩尔，女孩的母亲曾是英王爱德华七世的情妇，女孩的妹妹薇奥莱特则是薇达・萨克维尔 - 韦斯特现在的情人。① 为了提醒人们死亡并不是战争创伤所带来的唯一结果，《泰唔士报》特意指出，婚礼是由来自苏格兰近卫团的凯佩尔夫妇的一个侄子装饰的，“他在战争中试图挽救他的军士，为此失去了双眼的视力，如今他在皮卡迪利大街上开了一家‘胜利花店’”。[8]

当然，他们都有豪华的宅邸——生者和死者，盛气凌人的奸商和失去亲人的伯爵，幸存者和伤痕累累的人们。拥有一座豪宅，难道不是英国贵族的典型特征吗？它可能是一幢巴洛克式的建筑，就像马尔伯勒的布伦海姆宫（Blenheim Palace）和德文郡的查兹沃斯（Chatsworth）庄园那样；也可能是一幢风格凌乱，但洋溢着浪漫风情的建筑，比如，费因斯家族自14世纪40年代起，就一直居住的布劳顿城堡（Broughton Castle），它既像是一幢朴素的乔治王朝时代的建筑，又像是一幢遍布塔楼、城垛，带着病态热情的哥特复兴风格的建筑。风格不是重点，品味也不是重点。无论大小，也无论优雅或丑陋，一座乡间别墅从来都是英国社会精英中的精英——贵族阶级——的必备饰品。不是吗？

在某种程度上，是的。一本1919年版的大型目录《德布雷特的贵族、从男爵、骑士及其随侍名册》，记载了传统的地主阶级和他们的家谱。书中显示，王国的绝大多数贵族都拥有、出租或居住在至少一座乡间别墅中。四分之一的贵族以有两座别墅为荣，

① 了解这份家谱的人想必已经注意到，罗兰德和索尼娅就是现任康沃尔公爵夫人的祖父母。

还有几个贵族名下有一连串的别墅。第11任威姆斯（Wemyss）伯爵雨果·查特里斯（Hugo Charteris）的主要住所，是坐落在东洛锡安的戈斯福德（Gosford），它是由罗伯特·亚当在18世纪90年代设计的，并且在一个世纪后为伯爵的父亲重新设计过。1914年，他本人继承头衔后，选择和他的情妇安吉拉·福布斯夫人住在那里。可以理解，他的妻子更喜欢住在他们位于科茨沃尔德的家里，那是16世纪至17世纪初建造的一座令人心驰神往的宅邸，地处格洛斯特郡的斯坦威别墅（Stanway House）。每年夏天，她还会把斯坦威出租给J. M. 巴里，好增添一笔收入，那笔租金很可观，高达200基尼。“威姆斯夫人对于生活中重要的事情，有着非常清晰的理解。”安吉拉在她的自传中写道——考虑到她的身份，这是一句不必要的刻薄话。[9]

威姆斯家族的祖先自称是查理大帝的后裔，除了戈斯福德和斯坦威这两处别墅外，他们还拥有内德帕斯城堡（Neidpath Castle），那是位于苏格兰边境上的一座素朴且带有塔楼的古堡。另外，在穿过皮布尔斯的特威德河的堤岸上，还坐落着属于他们的哈伊小舍（Hay Lodge）。他们还拥有哈丁顿的埃米亚斯菲尔德（Amisfield），这是1750年由艾萨克·威尔设计的一座别墅，是苏格兰最重要的帕拉迪奥新古典风格的建筑之一。还有埃尔乔城堡（Elcho Castle），那是一座建于16世纪，既讨人喜欢，又配备了防御工事的宅邸。最后，伦敦市内卡多根广场上的一组房屋也归他们所有，那是由理查德·诺曼·肖在1887年设计的。

威姆斯拥有非同寻常的庞大地产，但也并非独一无二。巴克卢（Buccleuch）公爵也坐拥6座乡间别墅，而且和威姆斯一样，其中有5座在苏格兰。在第7任费茨威廉（Fitzwilliam）伯爵的名下，有罗瑟勒姆附近的温特沃斯木屋（Wentworth Woodhouse）——《吉尼斯纪录》声称，这是全英国最大的私人住宅，还有唐卡斯特周边的两处地产、约克郡郊外马尔顿镇的一处詹姆斯一世时代的房舍，以及爱尔兰威克洛郡的两处别墅：一处是库拉廷（Coolattin），19世纪初由约克的卡尔为他的曾祖父建造；另一处是相距不远的卡尔纽（Carnew），本来是一座已遭废弃的城堡，大约在1817年得到了修复和重建。此外，他还为至少18名教区牧师提供了住宅。

在天平的另一端，有九分之一的贵族在1919年连一座乡间别墅都没有。其中的一些人过着十分简朴的生活。例如，第3任马格拉默勋爵，把他的住所定在了伯恩茅斯的克尼维顿路37号；格兰特家族的族长斯特拉斯比勋爵，住在帕特尼，而不是某一处宫殿里。不过，战争结束时，88位没有乡间住所的英国贵族里，大多数人都在伦敦的梅菲尔区、公园巷或者摄政公园拥有声名显赫的宅邸。他们之所以决定放弃乡间住所，是出于一种选择，而不是为处境所困的结果。一方面，这反映了乡村别墅的重要性正在下降；另一方面，或许还反映了都市生活的吸引力正在上升。到了20世纪20年代，许多拥有乡间别墅的人，特别是新近获得贵族地位的人和渴望成为贵族的人，已然脱离了与土地的联系，而几个世纪以前，这些联系在他们的祖先那里是理所当然的。对他们来说，一座乡间别墅——无论多么豪华——最多只是用于周末休憩的幽静寓所，而不可能是家。

德布雷特的目录，是了解战后乡间别墅所有权趋势的最粗略的指标，但也仅此而已，而且还并不总是最可靠的。第2任威斯敏斯特公爵只有一处乡村住宅被列入清单，那就是柴郡的伊顿府（Eaton Hall），可是他实际上拥有多处乡村住宅。更重要的是，这746位贵族只是冰山一角，只是他们生活在维多利亚时代的父母常常提到的“上面的1万人”① 中的一小部分。更何况，从男爵、骑士、乡绅们又当如何？媒体大亨、酿酒商、银行家们又当如何？美国人又当如何？

有些人买卖豪宅，就像买卖公司或者赛马一样轻松自如。然而，对其他人来说，乡间别墅不仅意味着一个家，还意味着更多——它是一种融入社会结构的方式，一种延续的象征，在经历了大屠杀之后，它为人们带来了回归正常的希望。

这种感觉，在那些从战场归来的人们中间非常强烈，对于这一切的意义，他们感到困惑和不确定。作家约翰·巴肯虽然不符合服现役的条件，却在战争期间做过通讯记者、情报官员，最终成为比弗布鲁克勋爵手下的情报总监。他动情地描写了自己退伍后第一次穿行英国乡村的旅行。在整个战争期间，他发现自己在面对自然时，无法不回想起山楂、丁香的芬芳与毒气的恶臭之间的较量，无法不回想起预示着炮火暂停的鸟鸣声。1919年4月，天气又冷又湿，他漫步在沃里克郡和牛津郡的小路上。他说，他

---

① “上面的1万人”（Upper Ten Thousand），19世纪英美社会的一句流行语，1852年由美国诗人威利斯创造，用以描述一座城市的上流圈子。在英国，通常认为，这1万人中至少包括一地的贵族、士绅、军官、议会议员、教会人士等。——译者注

终于找回了过去，对于未来，他又有了一些希望。

“在经历了那么多陌生的浩瀚之后，在大自然的节奏里，在琐碎而平凡的事情中”，[10]他们发现了乡村生活的快乐，于是巴肯和妻子苏珊卖掉了他们在伦敦的房子，带着4个年幼的孩子，搬去了牛津郡的艾斯菲尔德（Elsfield），他们买下了一栋美丽的18世纪石头庄园，以及一些纯属信手为之的扩建设施。在这里，巴肯全身心地投入“一个热爱文学的乡下小绅士”的生活当中，他这么写的时候，带有相当深思熟虑的自嘲。[11]这家人从村里雇了一点人手，每个星期天，他们都会坐在教堂前排的席位上。约翰总是在读课文，苏珊则成立了一个女子学院的分支机构，并且在周日下午，给来访的牛津大学本科生分茶喝。她还主持家庭聚会，客人中可能包括住在附近的几位诗人。在工作日，巴肯会乘车去伦敦的办公室上班，但是周五晚上到周一中午，他就像一个村里的乡绅，早上骑马外出，在冬季的夜晚，尽情享受木材燃烧的烟味和小树林、灌木丛里传出的猫头鹰的鸣叫。

对于巴肯选择迷失自我的那种田园牧歌般的生活，存在着替代性的、有时甚至是相反的叙事。1920年12月，人们看到了在作者故去后出版的《威尔弗雷德·欧文的诗》（*Poems by Wilfred Owen*）。诗集中，欧文把士兵描述成了受害者，用一位评论家的话来说，他“本着严厉之下的公正和公正之下的严厉，对田园诗人作出了评判”，转移了人们对巴肯所持信念的关注——以巴肯的小庄园生活为缩影的生活方式，正是英国人一直为之战斗，才得以换来的。[12] 2年后，T. S. 艾略特的《荒原》（*The Waste*）又用支离破碎、让人困惑的现实的万花筒，取代了旧日的确定性，把花园变成了墓地，由此告诉人们，4 月不是给未来带去希望的月份，而是最残酷的月份。

但是，由 19 世纪的浪漫主义者所孕育，因爱德华七世时代的人们对英格兰心脏地带的探寻而得到滋养，又在战争中完全成熟起来的田园牧歌，对于 20 世纪二三十年代乡间别墅生活的概念形成至关重要。在战后英国的宅邸和庄园中，获胜的是巴肯的观点，而不是欧文的痛苦牺牲，或者是艾略特的绝望与救赎。这并不奇怪——巴肯的观点是要把那些宅邸和庄园置于国家的中心，让它们在文化中发挥主导作用。他们就是“国王与国家”中的国家。[①] 一所乡间的房子，漫无边际、古老、充满传统气息，还带有一处庄园，它足够小，小到不至于成为累赘，却又足够大，大到可以骑马和粗野地打猎，真是十全十美。那些已经拥有这种好东西的人，可以在那里埋葬他们的儿子，或者至少在当地教堂的某一扇新的彩色玻璃窗上，表达对他们的纪念。同样在玻璃窗上，圣乔治杀死了恶龙，身穿闪亮铠甲的骑士们正带着骄傲而悲痛的目光，向外凝视着损失惨重，却因为缺乏资源和社会地位而不能以如此生动的方式来纪念损失的教众。好在那些没有乡间别墅，不能把他们与这片适合英雄的土地连接起来的人，总还可以效仿约翰·巴肯，为自己购买一块连接往昔岁月的地产。

---

① 作者在这里用到了双关语：国家（country）一词同时也有乡村的含义。——译者注

第1章

它是我们的了

1930年3月4日，外交官兼记者哈罗德·尼克尔森（Harold Nicolson）和他出身贵族的妻子，作家维多利亚·萨克维尔–韦斯特（Victoria Sackville-West），听说了一则消息，他们要有新邻居了。这对夫妇愉快地生活在朗巴恩（Long Barn），那里属于肯特郡七橡树区的旷野村，“我们自己的鸟巢就坐落在草地上”。在过去的15年里，两人都无法想象有朝一日，他们会离开这样的生活，离开哈罗德口中的“我们的小泥团，我们像孩子一样深爱的地方，我们俩曾经在那儿幸福生活的乐土”。[1]

然而，现在一切都变了。他们发现，隔壁的韦斯特伍德（Westwood）农场被卖给了“养家禽的人”。一想到家门口会出现一座养鸡场，他们俩都吓了一跳，但两人都不想离开朗巴恩，于是他们立即联系卖主，询问他们是否可以购买韦斯特伍德。可是那位女卖主要价1.6万英镑，这个价码对他们来说太高了；薇达建议出1.3万英镑，但哈罗德还是认为不值，于是到3月底，薇达只得接受了他们将会搬家的事实。

哈罗德在《旗帜晚报》工作，整周都在伦敦过夜，4月4日晚，他接到了妻子的电话。原来，当地的一个地产经纪人告诉薇达一些与西辛赫斯特（Sissinghurst）有关的事，那是一座16世纪的城堡，位于小镇克兰布鲁克的城外，在朗巴恩东南20英里处，它已经在市场上挂牌出售2年了。当天下午，薇达就过去看了城堡，并且立刻爱上了它。

第二天是个星期六，哈罗德也乘坐火车赶来。薇达到车站接了哈罗德，然后他们带着两个十几岁的男孩，驱车去了克兰布鲁克，在那里，哈罗德第一次见到了西辛赫斯特城堡——或者更确切地说，见到了城堡残存的碎片。曾经用来招待女王伊丽莎白一世的宽阔庭园，因为3个世纪的荒废，几乎已经消失不见。早在1752年，霍勒斯·沃波尔就曾经描述道，他看见了“一座化为废墟的庭园和10倍于废墟大小的房舍”；从那以后，城堡还在继续走下坡路，七年战争期间，它充当了战俘营、济贫院，最后又成了附近农场的附属品，被用来安置农场工人和马匹、堆放农用机械的零件。[2] 只有一小部分建筑大致保持完好，在这部分建筑的上方，耸立着一座异常美丽的塔楼，它有4层高，完全是用软泥烧制的红砖搭建而成的。

哈罗德没有给出承诺，可是第二天，他和薇达又回去看了一眼，随后便悄悄拿定了主意，想出价1.2万英镑买下这座城堡，包括城堡本身的占地和它周边的4万英亩土地。但是，他们仍然有些犹豫。因为据哈罗德估计，他们至少还需要花 1.5 万英镑，才能完成城堡的装修。到完工的时候，这差不多 3 万英镑——这是一大笔钱，相当于今天的 400 多万英镑——的开支里头，可能已经没有多少零钱可以留给他们了。他告诉妻子，花同样的钱，他们可以拥有一个“美丽的地方，有庭园、有车库、有冷热水、有中央供暖系统、有历史渊源，还有两栋屋舍”。[3] 可另一方面，西辛赫斯特城堡地处肯特郡，而他们俩都很喜欢这片土地。这么一想，他们给出了最果断的回答：“我们喜欢它。”[4]

话虽如此，整个 4 月中旬，他们都在支支吾吾。哈罗德年迈的母亲建议他们不要这样做，说维护城堡的费用太高。当他们在冰冷的风雨中，再一次走过城堡时，它看起来是如此庞大、破旧，哈罗德几乎失去了勇气。“我害怕社会党会立法，让我们不能对外出租这片土地；我害怕到头来发现，这个地方将是一个巨大的黑洞，我们在往里面白白撒钱；我还害怕发现，整件事带来的麻烦会远远超过它带来的价值。”他在日记里坦承，他和薇达都感到沮丧，担心做出错误的决定。[5]

最终，他们给出了一个报价，坐下来等待答复。5 月初的一个晚上，吃过晚饭后，电话铃响了，薇达接了电话，是经手这桩买卖的地产经纪人打来的。哈罗德描述了接下来发生的事情。“‘可不是嘛。’……‘是的，没问题。’……‘噢，当然咯！’接着，她放下听筒说道，‘它是我们的了。’我们热烈地拥抱。而后我便赶了过去，拿到了设计图，开始瞎捣鼓起来。”[6]

又过了 5 个月，这对夫妇才能够在西辛赫斯特露营。1932 年，他们终于永久地搬了进来，同时把朗巴恩租给了电影制片人西德尼·伯恩斯坦，之后又在1936年租给了查尔斯·林德伯格和他的妻子安妮。在林德伯格夫妇的宝贝儿子被绑架和谋杀后，媒体开始了疯狂的报道，为保护隐私，他们离开了美国。（“放心，先生，我们是不会盯着这些可怜人不放的。”当哈罗德把租住朗巴恩的新房客的身份告诉村里的女邮政局长时，对方这么向他保证。[7]）西辛赫斯特城堡里面那座有名的花园，到1937年，已经差不多完工了。但即使是在那时，哈罗德也依然在憧憬这个地方完全竣工后的样子。“我真的相信，”他对薇达说，“你可以把这座摇摇欲坠的农场，收拾得像英国的任何东西一样，既富有个人色彩，又讨人喜欢。”[8] 她当然会的。

1930年，作为买家，哈罗德和薇达从这一事实中获益了：1929年10月华尔街崩盘后，大量历史悠久的乡间别墅涌入市场，导致市场供过于求。那年夏天，洛锡安侯爵把诺福克郡现存最好的詹姆斯一世时代的建筑遗产布利克灵府（Blickling Hall），租给了第6任贝德福德公爵的曾孙吉尔伯特·拉塞尔少校。萨里郡的克莱尔蒙特（Claremont）是乔治王朝中期最杰出的建筑作品之一，是由令人印象深刻的建筑三杰——“万能的布朗”、亨利·霍兰德、罗恩·索恩爵士合力为印度的克莱夫打造的，可是几周之后，它竟然也挂牌上市了，当然，与其说这座别墅是要作为一处住宅售卖，倒不如说是提供了一次商机：经纪人表示，这处地产占地210英亩，在它的游乐场地上，不乏布朗、范布鲁和威廉·肯特的杰作，它“可立刻开发用于建设”。[9] 肯特郡的布鲁姆庄园（Broome Park）是一座用雕刻和模压过的红砖建造而成的豪宅，其历史可以追溯至 17 世纪 30 年代，一度是喀土穆的基钦纳勋爵的家，可如今它也重新流入市场，直到 4 个月前才遇到买家。结果，克莱尔蒙特变成一所女子学校，布鲁姆则变成一家旅馆。

早在克莱尔蒙特和布鲁姆的售卖消息公布的那一周，坊间就有传闻说，约克郡基林城堡（Gilling Castle）的大议事厅将要以五位数的价格落入美国人之手。最终，基林城堡在一年前被买下，正被改造成一所预备学校。城堡里的大议事厅拥有全英国最精巧的伊丽莎白时代的室内装潢，处处点缀着五彩斑斓的带状纹样和嵌花图案，还有一根经过雕刻的饰带从房梁、屋檐中间穿过，上面点缀着超过 443 枚的盾形纹章。而今，这一切都已经被卖给了一名富有的美国人威廉·伦道夫·赫斯特，他也可以从长长的城堡画廊里取来作品装点墙壁和天花板。

那年夏天，拍卖行和地产经纪人协会的主席哀叹道：“大型家庭住宅，尤其是老式住宅，几乎卖不动了。”他承认，一些乡间别墅正被改造成学校、机构和地方政府的办公室；“但是这样的需求也十分有限，现在我们发现，即使是中等大小的宅邸……处理起来也无比棘手”。[10] 与此同时，还有人开始担心，乡村地区亦将遭遇一场危机。土地所有者现在都很贫穷，蒙特罗斯公爵说道：“他们主要依靠迟早会耗尽的资本过活。”[11] 他认为，是时候了，国家应该接受以土地代替遗产税的做法。自从“向死人征税”的政策在 1894 年被引入以来，遗产税一直在上涨，眼下为了一块价值 50 万到60万英镑的地产，要缴纳34%的遗产税；为了一块价值200万英镑以上的地产，甚至要缴纳50%的巨额遗产税。“要把现行的这套负担沉重的私人所有制度维持下去，”蒙特罗斯表示，“是不可能的。”[12]

并不是每个人都同意这一点。过去的10年间，类似白金汉郡的斯托（Stowe）、格洛斯特郡的韦斯顿伯特（Westonbirt）这样的大宅子，相继派上了新的用场，被用作了学校。《乡间生活》杂志为这一事实拍手叫好，将它们的买卖视为市场适应性强的证据。该杂志指出，绝大多数买卖仍然面向私人客户，它坚持认为，过去一年里，许多乡村地产——有些地产的规模相当大——都已找到买家。可是到了年底，就算是《乡间生活》杂志上那位一贯乐观的地产市场记者“仲裁者”也不得不承认，1930年的地产交易量，比前一年下降了800万至900万英镑，很可能是自19世纪70年代发生农业大萧条以来最糟糕的一年。

事情是怎么沦落到这种地步的呢？直到1918年，乡间别墅及其地产的市场前景还一片光明。在熬过了1914年秋季可以预见的急剧下滑之后，整个“一战”期间，销售量和价格都在稳步攀升。对农场的需求尤其旺盛，这得益于外国竞争对手的缺席，以及这样一则事实——人们生产的每一盎司粮食，都能以固定的价格，拿到有保障的市场上售卖，尽管农业工人参军造成了劳动力短缺，人们却最终得大于失。事实上，早在战争打响之前，就有人第一次注意到了这样一种趋势，辛迪加财团和个人收购了大量地产，再将它们打散、转售出去，这种做法让农地承租人陷入了不利的境地，如果承租人想拥有自己的农场，他们就得按照利润最高的市场价格，向投机者购买农场，否则就只能面对这样的前景——眼睁睁地看着农场从自己脚下被夺走，转卖给其他人。1919 年，年事已高的阿伯丁侯爵遭到了一些温和的批评，当时他向自己的佃户宣布，已经将他在阿伯丁郡的 5 万英亩地产中的 3.7 万英亩土地，卖给了一位名叫赫伯特·博勒特的船舶经纪人，对方这会儿正忙着在英格兰、苏格兰收购土地。侯爵保留了祖宅哈杜别墅（他在加拿大的不列颠哥伦比亚省还拥有一座牧场），他坚称，自己只是与时俱进罢了，而这个时代显然倾向于用所有权来取代租赁。媒体认为，他是在逃避作为土地所有者的责任。当他辩称，博勒特是想以这种方式，让佃户有机会拥有他们租用的份地时，批评家们又针对他作为中间人所期望榨取的利润，作出了尖锐的评论。

尽管投机者的幽灵在整个 20 世纪 20 年代一直存在，事实却证明，这并不像评论家预测的那样是个问题。一定程度上，这是因为土地所有者们意识到，他们可以将土地自行拆解成不同地块，分别出售，在拍卖之前，先争取把农场私下变卖给佃户，从而获取更多的收益；还有一部分原因是，许多人十分真诚地认为，他们对佃户负有照管的责任，并且当真准备把钱花在他们说过的地方。例如，政治家沃尔特·朗就拒绝了一个辛迪加财团对其位于威尔特郡的 1.5 万英亩地产的收购，他宁愿为此牺牲整整 2 万英镑，也要把土地租给自己的佃户。

1918 年，地产市场的销售额高达 1138 万英镑，较之上一年增长了25%以上。市场对乡间别墅的需求颇为强劲，不带大规模庄园的别墅尤其受到追捧。“现如今，在那些一流的地产经纪人的账簿上，总有几十个正在申请购买的人，可是此刻，他们却无法得到想要的东西。”来自《乡间生活》杂志的“仲裁者”，在他关于地产销售的年末综合报道中写道，“这些人的存在，就是来年的拍卖能够顺利进行的保证。”[13]

他是对的。1919年是开始有地产销售记录以来，最引人注目的一年。当年买卖的乡间别墅，比以往任何时候都多，价格也随之持续上涨。占地面积较小的乡间别墅依然供不应求，那些距离伦敦不足一小时车程的住宅尤其抢手。根据一家英格兰一流的地产经纪公司汉普顿父子公司的报道，当年夏天，配备家具的乡间别墅正在以比之前更高的租金对外出租，“带有数百英亩土地的乡间别墅的价格明显在攀升，对于那些中等规模——带有100到200英亩家庭农场——的别墅的需求，更是达到了惊人的地步”。[14]另一家著名的地产经纪公司奈特、弗兰克和卢特利，记录了超过75万英亩土地的销售情况，当年的总销售额竟然超过了3000万英镑。在这场大繁荣中，宅邸及其附带的土地扮演了异常重要的角色，那些有历史渊源的宅邸更是如此。“这很惊人，”《泰晤士报》表示，“在今年售出的地产中，有这么多是伊丽莎白女王曾经光顾过的。”同样令人惊讶的是，有不少人声称，他们的地产“有或多或少的真实记录，可以把历史追溯到诺曼征服之前”。[15]

但已经有一些早期的迹象表明，随着大土地所有者开始利用不断上涨的市场趋势将手里的资产变现，一场暴风雨即将来临。

1918年的最后几周，有6处地产的周边土地被廉价出清，其中就包括约克郡附近的霍姆霍尔府（Holme Hall）的1000英亩土地，这片地产卖了2.9万英镑；在彭布罗克勋爵位于威尔顿的地产中，那些最好的农场里，有十分之九都已经被抛售了；还有比彻姆伯爵的马德雷菲尔德宫（Madresfield Court），也有8000英亩土地已经被变卖。事实上，“外围部分”——某一片地产的边缘土地，又或者，甚至是并不与这片地产接壤的另一片土地——的销售，在房产页面上反复出现，在暗示这是合理化改革和土地合并的结果，可是这却并非出于财务的需要。“仲裁者”煞费苦心地指出，比彻姆伯爵的买卖与马德雷菲尔德宫本身无关。“对于比彻姆伯爵拥有的辽阔地产来说，8000英亩土地的售卖，与宅邸及其周边环境的关系，必然不会像类似的买卖与市内房屋的关系那么大。”[16]“仲裁者”不知道或者拒绝承认的是，出售“外围部分”会变成一个频发的先兆，它预示着宅邸的出售和家庭的离去，无论这个家庭是否真的从诺曼征服以来便一直住在那里，重要的是，如今他们再也无法维持生计了。

从1918年年末到1919年年初，属于运动板块的几片苏格兰大型地产，也相继流入了市场。佩思郡的孟席斯城堡（Castle Menzies）占地1.16万英亩，却以6万英镑的低价卖掉了，这块地产包括长达5英里的捕鱼区，可以捕捞鲑鱼和鳟鱼，还包括一片松鸡出没的荒原，平均每年能猎到1200只鸟儿。资料显示，萨瑟兰公爵有意出售的那片位于海兰郡的地产——“包括多诺奇城堡（Dornoch Castle）”，一座建于16世纪、据说会闹鬼的狩猎小屋，

“但不包括多诺奇镇”——占地高达9.2万英亩。[17]而这还没有把同年早些时候，萨瑟兰公爵已经卖掉的23.7万英亩的土地计算在内。

有进一步的迹象表明，当时整个乡间别墅市场可能都不尽如人意。汉普顿父子公司的一位发言人就曾经在1919年1月对“连同室内陈设一道售卖的地产的数量”进行评论，称“这样的交易在战前是比较罕见的”。[18]

1919年3月，《泰晤士报》刊登了一篇报道，标题为《作为花园城市的祖宅》。报道的焦点是米德尔顿（Middleton）勋爵的声明，他打算出售沃莱顿府（Wollaton Hall），一座位于诺丁汉郊区，建在引人注目的山顶之上的豪宅，并已将优先购买权授予市议会。沃莱顿府曾经是，而且现在仍然是伊丽莎白时代遗留的最华美的乡间别墅之一。这是一座金碧辉煌的宫殿，带有角楼、高塔，呈现矫饰主义的装饰风格，它是在16世纪80年代，为米德尔顿的祖先弗朗西斯·威洛比爵士建造的，由伊丽莎白时代最伟大的建筑师罗伯特·斯迈森设计，斯迈森本人后来也安葬在了当地的教堂里。《乡间生活》杂志宣称，这座别墅的未来，“必须是所有欣赏美丽、尊重过去的人们关心的事情”。[19]

米德尔顿70多岁了，没有孩子。市议会对他的建议很感兴趣——确确实实很感兴趣。但是在1922年米德尔顿勋爵去世之前，这个计划没有取得任何进展，当时，他的地产、头衔都归入了他75岁的哥哥名下。接着，这位继任的第10任米德尔顿勋爵，曾经的驻印英军陆军少校宣布，他有意退隐，搬到家族的另一处住所——约克郡的伯德索尔别墅（Birdsall House）——居住，这座宅邸已于 19 世纪 70 年代翻修过；他要卖掉他在诺丁汉的地产，沃莱顿府也包括在内。可是 1924 年，他也离开了人世，他的儿子兼继承人在短短 2 年的时间里，又要面临第二轮遗产税的开征。于是第 11 任米德尔顿勋爵出售了沃莱顿府的土地、一些家庭照片和一座图书馆，其中包括多份重要的中世纪手稿，数百本罕见的 16 至 17 世纪的小册子作品，以及莎士比亚的第一对开本。为此，佳士得拍卖行举办了为期 4 天的拍卖会，会上对图书馆的描述是这样的，“现存为数不多的几座古老而成熟的图书馆之一，湮没在一座伟大的乡间别墅之中，书目学家们几乎还不知道它的存在”，[20]竞拍价超过了 8300 英镑。但这笔钱还是不够，新任米德尔顿勋爵只得又重申了诺丁汉市对沃尔顿府的优先购买权。随后，市议会一致同意，将以 20 万英镑的价格，收购整座宅邸及其附带的 800 英亩的庭园。

其实，虽然这是英格兰最精美的乡间别墅之一，市议会现在却压根儿不想要这栋豪宅，他们相中的是豪宅周边那片可以用来发展的园地。计划很快公布了，这片正对诺丁汉—德比主路的土地，将“作为良善阶级的宅基地”被出售。此举会让当局收回购买价格中的大部分。一些土地将被留作建设市政住宅、运动场和有 18 个洞的高尔夫球场，这预计“将把毗邻的建筑用地的价格，提高到每码 2 先令”。[21]至于沃莱顿府本身，市议会还不清楚该如何处理。最受欢迎的选择是，将城市的自然历史收藏品陈放在那里，这就是最终发生的事情。“将如此迷人的庭园改造成大批房屋，确实有让人痛心的一面。”《泰晤士报》评论道，“但这个过程是无法避免的，如果在此期间能做到既保持品味，又富有技巧，那么后悔的事就会少很多。”[22]

这座不受欢迎的建筑杰作的故事，展示了20世纪20年代乡间别墅的两面性。一方面，由于死亡和赋税的压力，一个拥有土地的家族，被迫中断了与其祖居地长达数世纪的联系，显然，这是一个关于紧缩开支和家道中落的故事。这种认识让人悲哀，却并不新鲜：几个世纪以来，拥有乡间别墅的家庭一直在变卖房屋、破产、消亡。更新颖的认识是，在“一战”过后的英国，要为一座历史悠久的豪宅找到用武之地，实在难上加难；即使它附带的土地作为郊区的建设用地是有价值的，这座宅邸本身却已经不再被人当作家来使用了。它就像那些饱食终日、无所事事地盯着沃莱顿府的大厅、画廊的鸟兽一样，已经死了；就像玻璃柜里陈列的化石一样，已然成为过去。

至少，沃莱顿府幸存了下来。在诺丁汉市的新自然历史博物馆、高尔夫球场以北20英里处，德比郡边境的另一侧，坐落着萨顿斯卡斯代尔（Sutton Scarsdale），这是该郡最宏伟的乔治王朝早期的别墅。这座朝东的豪宅建有护栏和石墙——在德比郡狂风呼啸的山丘上，选择斯卡斯代尔绝对是一个大胆的选择——萨顿斯卡斯代尔是华威的弗朗西斯·史密斯的杰作，18世纪20年代，他对别墅进行了宏伟的改造。1824年，别墅被理查德·阿克莱特买下，他的父亲就是珍妮机的发明者，也是英国最富有的平民之一；

在将近一个世纪的时间里，阿克莱特一家一直住在萨顿斯卡斯代尔，没有对房子做过大的改动。1918 年，威廉·阿克莱特试图出租这所房子，因为他更感兴趣的是饲养波音达猎犬，而不是享受建筑和优雅的生活方式。他先是精明地让历史学家玛格丽特·茹尔丹在一篇写给《乡间生活》杂志的特稿中，向可能的买家描述了这所房子的美丽之处。可是，没有人对此应声。于是到了 1919 年 6 月，报纸上刊登了一则通知，宣布萨顿斯卡斯代尔的全部地产将被拍卖，包括宅邸、附近的酒吧、30 座农场、70 所住宅和许多小屋、商店。这笔交易在 11 月 6 日达成，成交价超过了 10 万英镑，不过，这座豪宅最终并未售出，它又以 1.26 万英镑的价格被收回了。这个数字，《泰晤士报》评论道，“还需要大幅提高，才符合对这么一座庄严而具有历史意义的别墅的合理评估”。[23]

然而，就是没人想买萨顿斯卡斯代尔——或者说，人们无论如何也不想买下作为乡间别墅的它。拍卖结束后，一个由当地商人组成的辛迪加财团买下了它。他们掏空了这个地方，从屋顶上拆下铅条，把它的家具卖给了伦敦的古董商查尔斯·洛克哈特·罗伯森。后者宣称他的骑士桥画廊提供了“一个理想的媒介，通过它，这些庄园和宅邸可以引起潜在买家的注意”。[24]1928 年，刚完成扩建的费城美术馆宣布，他们从罗伯森手中买下了阿克莱特宅邸中的 3 个房间，其中两间房的墙裙是松木的，另一间房的墙裙是橡木的，这 3 个房间将被用来放置庚斯勃罗、罗姆尼和雷诺兹的画作。可是，萨顿斯卡斯代尔本身却被遗弃了，它陷入了衰败，沦为一片没有屋顶的悲哀的废墟。

更不光彩的命运，降临在了诺丁汉以北几英里的努瑟尔宫（Nuthall Temple）身上，它的位置介于沃莱顿府和萨顿斯卡斯代尔之间。在几座受圆厅别墅启发而建成的18世纪英国乡间别墅中，努瑟尔宫是保留到最后的那一座。圆厅别墅位于维琴察郊外的一座山丘上，是一处带有穹顶的娱乐场所，由安德烈·帕拉迪奥于1566年至1571年间建造完毕。① 努瑟尔宫则由托马斯·莱特设计，在1754年至1757年间为当地的国家议会议员查尔斯·塞特利爵士建造，这位爵士就是王政复辟时期那位臭名昭著的浪子的同名孙子。

20世纪20年代之前，努瑟尔宫属于霍尔顿家族。1927年11月，罗伯特·米林顿·霍尔顿面对不断下降的租金和遗产税账单，将努瑟尔宫挂牌拍卖。广告声称，努瑟尔宫是“极好的帕拉迪奥新古典风格的宅邸，拥有王国中最精美的洛可可装饰”，负责这笔买卖的地产经纪人首先建议，它“非常适合用作俱乐部的住宅或公寓式的酒店”，它附带的650英亩土地，还提供了“创建一座花园城市的绝佳机会”。[25]

然而，努瑟尔宫最终还是未能售出。1928年3月，室内的藏品被拍卖了，其中包括一批乔治王朝时代的上好家具、莎士比亚的第二对开本和约翰·佐法尼的一幅以查尔斯·詹姆斯·福克斯为主人公的肖像画；1929年5月，室内设施和家具也被卖掉

---

① 其他几座受到启发的建筑，包括米德尔塞克斯的奇斯威克（Chiswick）别墅（是第3任伯灵顿伯爵为自己建造的，于1725年至1729年建成）；以及肯特郡的梅瑞沃斯（Mereworth）城堡（是科伦·坎贝尔为后来的第7任韦斯特莫兰伯爵约翰·费恩建造的，于1722年至1724年建成）。

了——包括 24 件大理石雕刻和木制壁炉架、130 扇门、1 间出自亚当之手的客厅和所有洛可可风格的作品。7 月底，在当地媒体和一群旁观者的见证下，裸露的残骸被送去当地的一名拆迁承包商那里，以 800 英镑的价格，被他付之一炬。“这是一幅奇妙的景象，”第二天《诺丁汉晚报》报道，“这些东西用火只需要几分钟就可以摧毁，用镐和铲子，却可能需要一两个月。”[26]

随着一处处地产被拆分，作为其核心的宅邸也随之被拆除，建筑的回收贸易由此蓬勃发展起来。其中的一些意外事故，甚至具有出人意料的现代色彩：伍斯特郡伊夫舍姆附近的伍德·诺顿（Wood Norton）是一座维多利亚时代的大宅子，直到 19 世纪，它一直是法国王位的觊觎者奥尔良公爵菲利普亲王的家，但是到了 20 世纪 20 年代，它却要对外出售了。尽管公爵在 19 世纪 90 年代，对它进行了大规模改造，它却仍然未能找到买家，1924 年夏天，它再一次上市了。不过这一次，它是赶在即将被拆除之前进行拍卖的，拍卖商为这座宅子编列了一份目录，列上了长达数千英尺的橡木镶板、数不胜数的橡木门、36 台橡木壁炉台和壁炉台上的饰架，等等。

伍德·诺顿在最后一刻免于拆除（现在是一家酒店），但是其他宅子就没有那么幸运了。在威尔士边境上，波伊斯伯爵将蒙哥马利附近一座建于 1675 年的木结构的宅邸利莫尔府（Lymore Hall），以每年 1 英镑的象征性租金，租给了愿意维修和保护它的人。宅邸的状况很差，谁要是租了它，就得花大约 2 万英镑来修缮。1921 年，在这栋房子里举办了一场教会庆典，结果不幸发生了，伯爵和20个人竟然从大厅地板上跌落到了地窖里。当地的报纸报道："还没等听见任何声响，一群客人就在众目睽睽之下瞬间消失了。"[27]

没有人接受租约。于是伯爵主动提出，要把利莫尔府作为赠品，送给蒙哥马利镇。可是小镇不想要它，工程办公室不想要它，全国托管协会也不想要它。甚至当一个匿名捐款人站出来，表示愿意拯救它的时候，还是没有人想要它。

1929年10月，眼看其他路数都已用尽，伯爵在拍卖会上卖掉了利莫尔府。竞拍者们来自英国各地，一家未透露名字的美国博物馆想以私人收购的方式，以一个高昂的价格，购买一段华丽的伊丽莎白时代的雕刻楼梯。但最终，利莫尔府还是作为一个整体，被卖给了当地的一名古董商弗雷德里克·安德森，在花了3500英镑之后，他宣布，楼梯、橡木镶板和其他大部分设施可能都要被搬去美国。[不过到最后，楼梯只是被送去了约克郡，在那里，它被安置在了另一处乡间别墅阿尔德伯勒府（Aldborough Hall）里面。] 伯爵太沮丧了，以至于无法亲自参加拍卖。那些参加的人则得到了他的警告，要小心，不要在地板上放太重的东西。

从战争结束到1930年春天，薇达·萨克维尔－韦斯特爱上西辛赫斯特城堡的那一天为止，有超过180座英格兰乡村宅邸被毁。此外，在苏格兰、威尔士，尤其是爱尔兰，被毁的宅邸还有数百座之多。[28]

即使是在战后英国相对平静的乡村地区，火灾也是一种永远存在的危险。1926年的篝火之夜①，只因为客厅的一扇窗户没有关上，埃塞克斯郡的小布罗姆利府（Little Bromley Hall）便连同所有的家具、银器一道，被烧了个精光。爆炸的原因不是一枚误入歧途的火箭，也不是一根熄灭了的罗马焰火筒，而是把窗帘吹上油灯的一阵微风。就在同一天晚上，一罐石蜡被掀翻，燃起火焰，导致克里索恩别墅（Colythorne House）——“一座位于新林区的古老宅邸”——严重受损。3个月前，雷丁附近的卡佛沙姆庄园（Caversham Park）发生火灾，造成2.5万英镑的损失，这已经是这座庄园在不到2年之内发生的第二场火灾了。事实上，仅在1926年的一场火灾中，就有大约30座乡间别墅严重受损，甚至是完全被毁，罪魁祸首从窃贼、油漆工的喷灯、引燃的橡木横梁，到“前一天晚上显然没有断电的电熨斗”，不一而足。[29]火灾还引发了人员伤亡。巴斯市女市长的住宅克洛府（Crowe Hall）曾经陷入火海，导致一名厨师死亡。（当地的一名警官“冒着极大的个人危险”，找到一架梯子，从窗户爬进去，救了这座宅邸，这才保住了女市长的公职。[30]）正当人们从大火中抢救家具和绘画时，柴郡奥顿庄园（Oulton Park）的一间酒吧的天花板掉在了他们身上，造成4人当场死亡。同时，一名消防员被严重烧伤，稍后在医院中去世。该年年底，第一海军大臣贝蒂伯爵在萨里郡的宅邸瑞盖特庄园（Reigate Priory）失火，一名坐在树枝上观看消防员灭火的男子，

① 亦称盖伊·福克斯之夜，每年11月5日的夜晚，英国举国同庆，人们点燃篝火，把英国叛国者盖伊·福克斯的人物模型扔进火堆，同时举行盛大的烟花表演。——译者注

因为树枝折断而摔折了腿。

1926年甚至不是特别糟糕的一年。1929年，一连串乡间别墅接连燃起大火，最终酿成了一场灾难，把多塞特郡建于17世纪的卢沃斯城堡（Lulworth Caltle）变成了“一座火炉”,[31]2天之后，开始有媒体呼吁保险公司介入，并建议业主采取明智的预防措施，其中最重要的是保证房子有充足的供水。“许多极富价值和历史意义的宅邸竟然供水不足。”一位专家声称，“一想到屋子里的财富和宝藏危在旦夕，这简直令人愤慨。”[32]

浏览20世纪20年代的报纸头条——“贵族的乡村豪宅失火”“豪宅被零敲碎打地卖掉”“墙壁在豪宅拆除过程中倒塌”[33]——俨然全国各地的大宅子都被烧毁、拆除和破坏了。不过，虽然有一些宅邸——如努瑟尔宫——蒙受的损失，被视为一场国家层面的灾难，其他宅邸的消失，却并没有引发人们过多的怀念。维多利亚时代乏味的黄砖建筑、乔治王朝时代修建的寒碜街区也消失了，但几乎没有人会为它们落泪，与取而代之的、股票经纪人在郊区建造的仿都铎式别墅相比，它们并没有多少特色和艺术性可言。

此外，消失的乡间别墅只占总数的一小部分。莱斯特郡发生了十几起宅邸拆除事件，当中既有位于沃里克郡边境上、气势雄伟、呈现新古典主义风格的林德利府（Lindley Hall），也有维多利亚时代的庞然大物布拉德盖特别墅（Bradgate House）——19世纪80年代，威尔士亲王爱德华曾在这里受到接待。但如果我们把所有别墅都算上，无论是小型庄园，还是大型豪华宅邸，21 世纪的莱斯特郡依然坐落着 95 座乡间别墅。20 世纪 20 年代，兰开夏郡也失去了至少 12 座宅邸；可是到 1933 年，这个数字又增加了 10 座。而据粗略统计，在兰开夏郡，至今仍旧有近 200 座别墅幸存了下来。

那些大型农业地产就没有那么幸运了，土地租金曾经是此类别墅的命脉。因此，尽管拉特兰公爵的贝尔沃城堡（Belvoir Castle）是莱斯特郡幸存的别墅之一，但贝尔沃城堡连带的 1.33 万英亩地产，还是在 1920 年 3 月被拍卖了，其中包括 7 座完整的村庄。公爵从这场拍卖中获得了近 50 万英镑，2 周后，他又卖掉了在德比郡的 1.45 万英亩地产，拿到了 35 万英镑。尽管如此，大多数乡间别墅还是得以幸存。就算英格兰像报纸经常宣称的那样，无时无刻不在易手，那也不一定是变得更坏了。

第 2 章

国王的别墅

1927 年夏天的一个中午，一列劳斯莱斯车队从温莎城堡（Windsor Castle）驶了出来。一时间，人群欢呼，警察敬礼。车队经过时，男人们摘下帽子，以示敬意，或者把孩子高高举起，让他们看得更清楚些。女人们则挥舞起了手帕。从领头的其中一辆车里，一个身穿黑色晨燕尾服、头戴丝质高顶礼帽、蓄着灰白胡须的矮胖男人，向人群挥手致意。他的纽扣孔上插了一朵白色的康乃馨。

统治大不列颠、爱尔兰及英国海外领土的国王、信仰的捍卫者、印度的皇帝，乔治五世（George V）陛下，要去参加赛马了。

每年 6 月，国王和王后都会在温莎城堡举办家庭聚会。温莎城堡位于伦敦西部，由宛如迷宫的住宅和厅堂组成，自从诺曼征服以来，一直被用作王室的居所。国王和王后会在那里参加皇家阿斯科特赛马周的活动（实际上只持续 4 天，从周二到周五），这也是伦敦时装季最重要的亮点之一。通常，他们还会带上 5 个在世的孩子一道莅临，分别是大卫、阿尔伯特、玛丽、亨利和乔治。①

并不是所有的王室成员，每一年都会出现在温莎。以 1922 年为例，这一年，威尔士亲王便前往远东参观去了，当国王、王后和他们的客人在观看完一天的赛马，来到金碧辉煌的滑铁卢大厅落座的时候，威尔士亲王正在印度、缅甸一带穿行。1923 年，伯蒂也缺席了，因为他的新娘伊丽莎白·鲍斯－里昂夫人患上了百日咳。1930 年以后，威尔士亲王搬去了温莎大公园的贝尔维德尔城堡（Fort Belvedere），阿斯科特赛马周期间，他会在那里款待自己的一群朋友，尽管他仍然会来阿斯科特参加开幕式。1929 年和 1935 年，乔治五世也因为病得太重，未能出席。

车队在阳光下行驶，当他们抵达第一个停车点——温莎大公园的公爵大道时，阳光消失了。在那里，每个人都下了车，登上了 7 辆敞篷四轮马车。公众聚集在一起观看换乘，但是入场资格受到了严格控制，只能凭票进入。第一辆马车上的乘客有国王、王后、威尔士亲王和亨利王子，马车的前方是一队身穿猩红色外套的骑士护卫，马车本身则由 4 匹灰色骏马拉动。御马手们无不披挂阿斯科特制服，每个人都套着白色皮短裤，披着缀有成排镀金纽扣的深蓝色马甲，头戴镶有金色蕾丝边的黑绸帽子，脚跟后头还有一枚马刺。其他马车也各自由 6 匹红棕色骏马拉动，同样由披挂制服的御马手引路。

---

① 乔治国王和玛丽王后最小的孩子约翰王子，于 1919 年死于癫痫，时年 13 岁。

等每个人都找到舒适的位置后，车队又在灰色的光线中穿过温莎公园，再一次出发了，这一次，车队一直行进到阿斯科特赛道的东端。巡行的队伍一出现，人群就开始欢呼起来。看台上有人挥舞起了帽子和手帕，从开阔的荒原上传来了一阵喧哗。《泰晤士报》遗憾却又未作解释地指出，今年“大看台和围场上的欢呼声似乎有些低沉，不过，如果这种喝彩是出自礼貌的话，那么它也已经足够热情了”。[1]

在最后一场比赛之前，王室成员通常会回到温莎城堡。他们之所以回来，是为了准备周四举行的金杯赛，而且除了周四，大多数年份，他们也会在周三和周五出现。如果下雨，他们就不坐敞篷四轮马车，改乘封闭式汽车。每天晚上，他们都会招待客人。快到 8 点 30 分的时候，国王、王后和其他在城堡用餐的家庭成员，将前往绿色会客厅（Green Drawing Room），这是为英王乔治四世设计的多个接待室中的一个套间，是杰弗里·怀亚特维尔爵士于 1823 年至 1840 年对温莎城堡进行改造的一部分成果。到了门口，王室的管家会来迎接他们，他会鞠上一躬，退到房间里，向其他客人宣布他们的到来，其他客人已经被安排就位，分别组成两个四分之一圈，男士在一边，女士在另一边。国王、他的儿子们和其他王室成员将身穿温莎制服，那是一袭深蓝色的燕尾服，配有猩红色的衣领和袖口，外面套着白色单排扣的马甲和纯黑色的裤子。宴会上的其他男士都穿着黑色的燕尾服和及膝短裤。女士们都穿着晚礼服，搭配珠宝，打扮得更加传统。

玛丽王后将走过去，与排成一列的男士们握手，同样，乔治五世也将走过去，与排成一列的女士们握手。然后，奉命护送王后的人会伸出手臂，领她到餐桌前。在那里，藏在餐厅格栅后面的一支近卫军弦乐团会演奏《天佑吾王》。在用餐的整个过程中，乐队都将在一个看不见的小房间里继续演奏，他们穿着紧扣的束腰外衣，在 6 月温暖的夜晚，汗流浃背。

每道菜都是由穿红制服的男仆和穿蓝衣服的侍者端上来的。宴会将持续一个多小时，宴会结束后，王后把女士们带回绿色会客厅，离开王宫时，每一位女士都会向国王行屈膝礼。乔治五世将和男士们一起再喝上 20 分钟的咖啡、波特酒和利口酒，然后蓦地起身，领他们出去与女士们会合。11 点整，大家准时在两个四分之一圈里面集合，男士在一边，女士在另一边。乔治和玛丽将向他们所有人道晚安，接着国王一家就会离开房间。这一晚到此为止。

“除了欢乐，什么也不缺。”威尔士亲王回忆道，他觉得这种生硬的、过早的散会，让娱乐变得特别难受。[2] 一天晚上，他和他的兄弟们决定“为年轻的宴会成员们活跃一下气氛”，他们安排近卫军弦乐团留在绿色会客厅里，等他们的父母上床睡觉后，他们溜回来，卷起地毯，开了一场即兴舞会。孰料，这是一次失败之举：音乐家们只能演奏一些过时的狐步舞曲。“古老的城墙似乎都流露出了不满，”亲王回忆道，“我们再也没有试过这么做。”[3]

这段插曲，象征着两代人之间熟悉的鸿沟，它透露了关于这个世界——或者更确切地说，是国王、王后与王子们生活的不同世界——的更多信息：一个极其正式、克制、仪式化；另一个则三心二意地挣扎着，渴望冲破藩篱。

乔治五世拥有大量城堡和乡间别墅，这当中既有历史悠久、历经近9个世纪不断翻修的温莎，也有到1910年国王登基时，只有短短40年历史的桑德灵厄姆（Sandringham）。当然，最主要的皇家住所还是白金汉宫（Buckingham Palace），而这个地方其实有一段坎坷的建筑史。自1762年英王乔治三世买下白金汉别墅（Buckingham House），作为寡妇的亡夫遗产送给夏洛特王太后以来，白金汉宫共经历了三次重大改造。第一次，也是最富有戏剧性的一次，发生于1818年，当时的摄政王对自己现有的住宅卡尔顿别墅（Carlton House）暴露在公众视线中的方式感到不满，决定重建白金汉宫。“我得找个临时住所。”他宣布，尽管他对“临时住所”的概念只有模糊的理解。“全部费用可能会控制在40万英镑之内，但按照45万英镑来估计，会更稳妥一些。”[4]

接下来，有一段时间没有发生什么事，因为乔治四世在1820年登基后，一度把他对建筑的热情转向了其他方面。直到1825年，乔治四世才终于签署了一批合同，要求对白金汉宫展开大规模翻修，由纳什担任建筑师。

在中央地带，纳什为这座兼具私人和国家性质的寓所，设计了一间带穹顶的弓室（Bow Room），另外，作为一处宏伟的入口，他又设计了一座大理石雕砌的拱形门——名字就叫“大理石拱门”（Marble Arch），上面装点着庆祝英国陆军和海军双双获胜的雕刻饰带，顶部还装饰着出自钱特里之手的国王雕像。事实上，乔治四世非常高兴，工程才进行到一半时，他就决定把整座宫廷搬去白金汉宫。纳什指出，他本来计划把这里当作国王的私人住所：这里没有为王室各个部门和大约1000名工作人员提供服务的设施。然而，乔治四世只是告诉他："你对这件事一无所知。它将成为一座极好的宫殿。"[5]

1830年乔治四世驾崩时，这栋雄伟的宫殿仍未完工，当一个通过遴选产生的委员会发现，工程的开销业已超出政府原先批准的25.269万英镑的预算，高达36万英镑时，纳什被解雇了。继承王位的威廉四世是乔治四世的弟弟，他先是试图说服大臣们，想把白金汉宫改建成近卫步兵的兵营，但未获成功，于是他只好在1831年，委托埋头苦干的建筑师爱德华·布洛尔完成白金汉宫的建造工程。1834年议会大厦被烧毁时，他曾经主动把白金汉宫让出来，用作议会大厦的替代品。他讨厌这座宫殿，这是他谴责兄长生前一切奢靡生活的缩影，他本人从来不曾在那里下榻。继之而来的是第二次改造，1847年，布洛尔被维多利亚女王召回，受命去新落成的宫殿东端为王室打造私人住宅。布洛尔封死了纳什留下的宏伟前院，却被建筑界的报刊斥为"只不过是普普通通的街边建筑"。[6]大理石拱门也于此时被搬去了坎伯兰门（Cumberland Gate）。

维多利亚女王统治末期，女王倾向于住在温莎，很少用到白金汉宫。1901年女王去世后，有人建议将白金汉宫改造成博物馆和画廊，并奏请国王爱德华七世和王后亚历山德拉移驾肯辛顿宫（Kensington Palace）。这个计划没有成功，但爱德华七世坚持，在他搬进这栋建筑之前，必须把它重新装修一遍。后来的事情的确如此，议事厅、门厅、画廊全都被漆成了白色，并镶上了厚重的镀金。

1911年，乔治五世登基后的下一年，也即托马斯·布洛克的维多利亚女王纪念碑落成，大理石和镀金的巨像揭幕之时，人们的注意力却集中在了布洛克的平庸之作上。这栋乏善可陈的街边建筑，现在成了那座2300吨重的纪念碑的背景。1913年的夏天，在超过3个月的时间里，工匠们彻底翻新了宫殿的临街面，同时竟然没有破坏窗户上的玻璃，这一切是由冷静却缺乏灵感的建筑师阿斯顿·韦伯爵士规划完成的。①

乔治五世对第三次改造很感兴趣。他亲自督建了中央阳台，如今，这里已然成为英国国王和王后面向世界展示自我的最著名的舞台。他坚持对韦伯说，“当国王和其他王室成员偶尔想在人民面前露面时”，这样的一处场所还是有必要的。[7]1918年11月11日的早晨，随着停战的消息开始传播，5000人聚集到“大英帝国的中心”，白金汉宫的正前方。[8]11点刚过，国王就身穿海军上将的制服出现在阳台上，玛丽王后在他身旁陪伴，没有戴帽子，只披着一件皮大衣。院子里的乐队演奏着《天佑吾王》和《统治吧，不列颠尼亚!》，每一个人都在放声歌唱。

无论国王在哪里，王室都保持着一个庞大的、俨然回到封建时代的家仆班子。他下榻温莎的时候，成群的仆人忙得不可开交。

---

① 承建商莱斯利公司夜以继日地工作，白天雇佣300人，晚上雇佣150人。

1926年退休的温莎图书馆的图书、档案管理员约翰·福特斯鸠（John Fortescue）爵士，亲切而详细地描述了他们的膳食安排：

王室的御膳房里总有60个人在忙碌着。在膳务员室里——那是一间与威斯敏斯特大教堂的回廊一样古老的房间，有与之造型相仿的穹顶——为100名高级家仆准备了两顿晚餐。在仆役大厅里——那是一幢14世纪的建筑，还保留有那个时代的圆柱和穹顶——也为200名低级家仆准备了两顿晚餐。[9]

一些家仆住在外面的某一处特定的王室住宅里。其他人，尤其是国王和王后的贴身侍从，则与他们一同旅行。玛丽王后拜访坎布里亚郡霍尔克府（Holker Hall）的卡文迪什家族时，带来了两个化妆师、一个男仆、一个侍者、两个司机、一个贴身女仆、一个贴身女仆的侍女和一个侦探。早在王后光临之前，霍尔克府就已经收到了她的需求清单，上面包括：晚上在她的卧室外面放一把椅子，好让她的侍从坐在那儿；每天每隔两小时在她的卧室里放些新鲜的大麦水，以及每天提供6条干净的毛巾，等等。她甚至带来了自己的床单和枕套。[10]

即使不把数百名贴身男仆、侍女、男仆、厨师、清洁工计算在内，乔治五世的家仆班子也足足有205人，而在玛丽王后的家仆班子里，还有另外的22人。有些人承担的任务并不十分繁重。作为桂冠诗人，罗伯特·布里奇斯严格来说也是王室家仆班子的一名成员，但他很少被要求去宫廷登台献艺，他甚至很少出现在那里。尽管作为“来自爱尔兰的名誉眼科医生”，医学学士约翰·斯托雷在正式意义上，也是王室家仆班子的成员之一，但他也不会经常从自己的床上被叫起来去照顾国王。相比之下，贴身的王室侍从官就要经常受到传唤了。会计和司库的职位也不是什么荣誉职位。白金汉宫的邮政局长、王室警长的职位亦不例外。

的确，王室的内部运转是神秘莫测的。在数量庞大的佣人之上，有一名负责的运营总监，即这个家仆班子的总管，他就是德里克·凯珀尔（Derek Keppel）爵士。凯珀尔是第 7 任阿伯马尔（Albemarle）伯爵的次子，父子俩一生的大部分时间都在为国王服务。1893 年乔治大婚时，他就被任命为乔治的侍从官和私人侍者，1910 年乔治荣登大宝后，他又被任命为王室家仆班子的副总管。2 年后，他坐上了总管的位子，而且一直担任这个职位，直到 1936 年乔治五世的儿子退位。当乔治五世的灵柩，下葬到温莎城堡圣乔治教堂的墓穴中时，站在爱德华八世身边的就是凯珀尔；在坎特伯雷大主教科斯莫·朗吟诵“土归土，尘归尘”时，也是凯珀尔递给了新任国王一只银碗，里面盛着具有象征意味的尘土，由爱德华分撒到灵柩的各处。

身穿黑色礼服大衣，衣领高耸，留着上了蜡的白胡子的凯珀尔，实际上更像是一家大旅馆的总经理，手下有大约 120 名下级官员、职员、秘书、男仆，以及 80 名女清洁工、女仆。这家旅馆不仅要养活国王一家，还要养活每天在这儿吃饭的数百名男女。

在乔治五世统治的大部分时间里，王室的主厨都是法国人亨利·塞达德（Henri Cedard）。每天午饭后，他都会坐在自己的办公室里，撰写第二天的菜谱，把它们写到菜单簿上，然后送交王室审批。日常食品的订单将从主厨办公室传至供应主计处，主计处的工作人员再打电话照单订购。货物会送到白金汉宫路的贸易门，然后直接送去厨房。在那里，一名仓库管理员将把一件件物品分门别类地记录到账本上，每个月，代理审计长都要核对一遍账本。（主计处是一个纯粹的政务部门，部门的工作由代理审计长负责。）有一个大型冷藏室被用来储藏应季的鸡、牛肉、羊肉、松鸡、野鸡和鹧鸪。桑德灵厄姆、巴尔莫勒尔（Balmoral）、温莎的皇家花园和农场，会定期送来水果、蔬菜和肉类。无论主厨当天要求什么，他都必须把东西写入一张表格，然后由仓库管理员转交至代理审计长的办公室，以便分类入账，这样一来，理论上，每一种被送入宫中消费的食物都将记录在案。同样，从皇家的酒窖中调出的葡萄酒和香槟，也要在账本上进进出出；当然了，作为在王宫工作默认的好处之一，仆人们也可以偶尔为自己偷偷斟上一杯。

乔治五世和他的王后小心翼翼地远离公众，远离手下的工作人员，甚至远离他们的孩子。他们都认为，这种做法是君主制度所要求的。（另一方面，乔治六世则更和蔼可亲，更容易接近。第二次世界大战期间，他每隔2周在白金汉宫举办一次私人舞会。人们看见他在前面领跳康茄舞，后面跟着的是伊丽莎白王后和伊丽莎白、玛格丽特两位公主，还有他们的客人。舞蹈队伍会跳着离开位于宫殿一楼的弓室，在迷宫般的走廊里穿梭，给舞蹈伴奏的乐队则继续留在这个空荡荡的房间里演奏，直到最后，他们的君主会再次出现，有点上气不接下气。）但自相矛盾的是，这种疏远又总会伴随着持续的曝光。对此，我们只要瞥一眼 1927 年 5 月宫廷发布的一张一周通告，就能对乔治五世的日常安排略知一二。

5 月 2 日，星期一，国王和王后乘车从温莎前往白金汉宫，准时抵达并享用午餐。第二天早上，国王接见了首相斯坦利·鲍德温、马尔维纳斯群岛的新任总督和一名派驻中国的官员。当天晚些时候，他和玛丽王后在他们的女儿，还有家仆班子的男女侍从的陪伴下，在大理石拱亭出席了新拍的英国战争电影《掌旗副官》的慈善放映。星期三，他们在午餐时宴请葡萄牙国王曼努埃尔和王后奥古斯塔·维多夫人，而在此之前，国王夫妇已经在阿灵顿街的索尔兹伯里侯爵府邸用过餐了。

星期五，国王接见了意大利和巴拿马的新任驻英大使，以及他本人的外交大臣奥斯汀·张伯伦（Austen Chamberlain）。女王走访了马尔伯勒别墅，查看那里正在进行的改建工作，准备把这里用作威尔士亲王的住所。星期六，国王迎来了康诺特公爵的访问，并接待了陆军和海军的高级军官，以及即将辞去孟加拉总督职务的利顿伯爵。（玛丽王后又去看电影了，这次是去看美国情节剧《自我启动》的慈善日场。）最后，星期日早上，乔治五世和玛丽王后都去白金汉宫的私人教堂做礼拜，这一事实被刊登在了报纸上。那天下午，他们参观了皇家艺术学院的展览。

三个星期后的 1927 年 5 月底，伦敦林荫大道上聚集了大批人群，数量远远超过平日在维多利亚纪念碑周围的围观者和游客。他们到那里去，是为了目睹一位传奇人物。乔治五世向查尔斯·林德伯格颁发了空军十字勋章，“以表彰他最近从纽约到巴黎的飞行，对航空事业作出的宝贵而杰出的贡献”。[11]林德伯格的名气是如此之大——前一天他降落在克罗伊登时，成千上万欢呼的民众包围了跑道上的“圣路易斯精神号”——与国王和王后一起待了 20 分钟后，他就消失在王室侍从官的房间里，忙着给人签名去了。约克公爵和公爵夫人 13 个月大的女儿伊丽莎白公主，也被她的保姆带下来看了看林德伯格；林德伯格轻轻拍了拍她的脸颊。

每一年，国王前进的脚步都有迹可循。阿斯科特赛马周在温莎；考斯帆船赛周在怀特岛，在那里，他会在皇家游艇“维多利亚和阿尔伯特号”（*Victoria and Albert*）上生活，但是乘“不列颠尼亚号”（*Britannia*）去比赛；而后，国王要去诺福克郡或英格兰北部，庆祝“光荣的 8 月 12 日”拉开帷幕。接下来，便到了启程去苏格兰的时候了。

自 1852 年起，阿伯丁郡的巴尔莫勒尔（Balmoral）就归王室所有了，当时阿尔伯特亲王买下了这块地产，并委托阿伯丁的威廉·史密斯建造一座颇为坚固的苏格兰男爵官邸。（虽然挑选有天赋的建筑师，从来就不是英国王室的天赋之一。）每年 9 月，国王和王后都会去那里，参加布雷马皇家高地协会组织的年度聚会，以庆祝苏格兰的传统文化和体育活动，这些活动至今仍很盛行。

1927 年，乔治五世从兰开夏郡塞弗顿（Sefton）伯爵的艾比斯戴德（Abbeystead）庄园启程，前往巴尔莫勒尔，之前他一直在庄园里打猎；随后，玛丽王后、约克公爵夫妇和小公主伊丽莎白也加入了他的行列。旅途中，国王每到一处，都要举办仪式。在阿伯丁车站迎接他的是当地市长、警察局长和多名地方官；在即将离开阿伯丁，从距离最近的车站前往巴尔莫勒尔之前，在访问的最后一站巴拉特，迎接他的是皇家苏格兰团1营国王卫队的仪仗队和阿伯丁郡的治安长官。

玛丽王后的旅程也不例外。她在同一天离开伦敦，搭乘火车到约克郡的戈尔兹伯勒府（Goldsborough Hall）看望她的女儿。通往哈罗盖特的火车上有一座特别的会客厅，火车驶出国王十字车站时，市民们就站在两边的栅栏旁，目送王后离开。在哈罗盖特车站，当王后改乘汽车去往戈尔兹伯勒时，又有拥挤的人群在等着欢呼。5天后，当她到达巴尔莫勒尔时，皇家苏格兰团1营国王卫队已经在那里等着迎接她了。阿伯丁郡的治安长官也来了。

就像阿斯科特周期间待在温莎时的情形那样，每天晚上，乔治五世都在巴尔莫勒尔举办家庭聚会和晚宴。光是专程赶来参加布雷马高地运动会的人，就有2万之多。3点钟，乔治五世和玛丽王后乘坐一辆敞篷马车，在护卫骑兵的陪伴下来到现场，随行的有3个居住在苏格兰高地的宗族：巴尔莫勒尔家族、达夫家族和因弗考尔德家族。国王和王后缺席了节目的第一部分，也许是因为节目的开头是一场90分钟的风笛比赛。

在这么多的仪式庆典中，发生了一桩本身无关紧要的小事，但是由于它的平淡乏味，它的有失尊严，却产生了越发惊人的效果。星期六，布雷马高地运动会闭幕后，在巴尔莫勒尔广场举办了一场慈善义卖会，以帮助当地卡拉西村的教区居民。乔治五世来到一顶帐篷里卖花，他担任拍卖人，站了3个钟头。成百上千的人排队经过，为了购买他在巴尔莫勒尔种植的，或是从桑德灵厄姆、温莎送来的鲜花。德里克·凯珀尔爵士担任出纳员。想从国王那里买东西的人很多（这次义卖会的近5000张门票，已经以每人5先令的价格出售一空），所以，当现场供应的鲜花和苏格兰石南快要卖断货的时候，乔治就让他的随从砍下货摊前方用来装饰的石南，这样他就可以拿来卖了。在这之后，他又开始变卖那些盛着花卉的瓶瓶钵钵。国王私用金库的管理人弗雷德里克·庞森比爵士，拍卖了一幅出自温斯顿·丘吉尔之手的有关圣保罗教堂的油画；在弗雷德里克爵士指出，这幅画是独一无二的，是唯一一幅由财政大臣应当朝君主的要求绘制的画作之后，它的价格更是涨到了115基尼。王后和约克公爵夫妇也卖掉了各位王室成员捐赠的一批物品。在他们的摊位后面，伊丽莎白公主正坐在她的婴儿车里，玩一个跳着舞的娃娃。

这种从奥林匹斯山上下凡的现象是罕见的。乔治五世并不是一位人民的国王，但他迈出的每一步，几乎都成了公众话题：慈善义卖会结束几天后，他观看了一部关于第一次世界大战期间发生在科罗内尔、马尔维纳斯群岛的海战纪录片，这场电影的放映也随之登上了全国的各家报纸。受到广泛关注的，还有他后来与影片导演的谈话，他感到惊讶，原来电影中描述的许多事件都是在摄影棚内拍摄的；甚至连他穿上“苏格兰高地居民的传统晚礼服，配上苏格兰式的短裙和毛皮袋”这件事，也同样成了新闻事件。[12]

国王只有一处避难所，在那里，他可以摆脱礼节和官场的烦扰，它就是“亲爱的老桑德灵厄姆，我爱那里，胜过世界上的任何地方”。[13]对于乔治五世的孩子来说——他们当中有 5 个是在那里降生的——它被简单地称为“那座大房子”。爱德华八世后来还记得，“对我们来说，‘家’总是意味着桑德灵厄姆”。[14]乔治六世也写道：“我爱那个地方。”[15]

桑德灵厄姆是爱德华七世创造的。1862 年他成年后，维多利亚女王和阿尔伯特亲王决定，爱德华需要一所属于自己的乡村住宅，而且要离伦敦足够远，以使他们犯过错误的儿子回归正道。帕默斯顿勋爵提议，想把他在诺福克郡为他的继子修建的一座 8000 英亩的狩猎庄园卖给王室。阿尔伯特亲王同意了；尽管谈判还没开始，他就去世了，维多利亚女王却非常渴望看到丈夫的遗愿成真。庄园周围的乡村朴实无华，庄园中心的那幢 18 世纪的灰泥房子样貌丑陋，但好在一切都井井有条；既然阿尔伯特亲王已经认可了这个计划，这便足以让他的遗孀相信，22 万英镑的高价是值得的。第二年，爱德华与丹麦公主亚历山德拉结婚，而后夫妇俩就搬进了桑德灵厄姆。

有一段时间，他们试图改善这栋老房子欠佳的住宿条件。他们在院子里新建了两座较小的房子，分别是庭园别墅（Park House）和单身汉小屋（Bachelor’s Cottage），以接待满座的宾朋；主楼上也新增了一座供仆人使用的侧厅。但这还是不够。到 1868 年，他们已经有了 4 个孩子（在接下来的 3 年里又有了 2 个）；于是，他们决定用一处更适合的房子换掉桑德灵厄姆。

带着维多利亚王室善于挑选二流建筑师的本事，爱德华找到了阿尔伯特·詹金斯·亨伯特，他曾为阿尔伯特亲王工作过，目前正在弗罗格莫尔忙着修建亲王的陵墓。亨伯特想出了一套被佩夫斯纳称为“疯狂的詹姆斯一世时代风格”的设计方案。[16]再后来，诺福克郡的建筑师罗伯特·艾迪斯的零星扩建，又进一步加剧了这种狂热情绪——艾迪斯的传记作者温和地说他“是普及者，而不是创新者”——他在1883年建造了一间舞厅，又在19世纪90年代早期建造了一组新的卧室套间，两者都呈现过分矫饰的、伊丽莎白一世和詹姆斯一世时代的混合风格。[17]最终的结果是，一堆角楼、山墙、楣饰、烟囱杂乱无章地散落在那里；一连串室内装饰以彻彻底底的维多利亚时代风格，把詹姆斯一世、查理一世、安妮女王时代的东西，生硬地堆砌在一起。

但是对乔治五世来说，这就是家。至少，桑德灵厄姆庄园是这样的——当然，这还不是一回事。1910年爱德华七世晏驾后，他的遗孀亚历山德拉王太后，不愿意接受她已经不再是当朝王后的事实。也许是因为亚历山德拉未婚的女儿维多利亚公主鼓励了她，维多利亚公主和王太后住在一起，而公主并不喜欢自己的嫂子，如今在位的玛丽王后，形容她“死一般的无聊”。[18]7个月后，亚历山德拉还是搬出了白金汉宫，为新国王和王后让路，但她从没有搬出过桑德灵厄姆别墅。

乔治五世无法把自己的母亲请出去。亚历山德拉把丈夫的遗物封存了起来，一切都延续了爱德华七世活着时的样子，丝毫不变。国王、王后、他们的6个孩子、一名家庭教师、一名侍从官、一名贴身女仆和一名私人秘书，全都不得不挤进那座单身汉小屋——1893 年，乔治（当时还是约克公爵）结婚后，爱德华七世把这座房子赠给了乔治，还把它重新命名为“约克小屋”（York Cottage）。

每当国王夫妇来到桑德灵厄姆，他们就住在那里，而王太后和维多利亚公主却拥有那座大房子。“这是我母亲的家。我父亲为她建造了这个家。”每当怒不可遏的妻子建议他们也搬进去住的时候，乔治五世都会这么说。[19]

约克小屋也没有那么小，自 1893 年以来，它已经扩建了两次。不过，它还是多少有些逼仄：1924 年，剑桥的一位牧师来布道，他惊讶地发现这儿的客厅比他自己的还要小，而未来的坎特伯雷大主教科斯莫·朗，也曾经回忆起对国王夫妇宅邸的一次访问，当时他在这儿拜访了一位堂区牧师和他的妻子。①

约克小屋也不是英国的小特里亚农宫，那里仿佛是一座精致的建筑陈列柜，摆满了优雅的小玩意儿。事实上，这里只有彻头彻尾的丑陋。哈罗德·尼克尔森在 1952 年出版的乔治五世官方传记中，对此进行了详尽的描述：

这是一座阴郁的小别墅，四周环绕着几丛月桂和杜鹃，淹没在高大的巨杉树荫里，中间突然被一圈草坪和池塘隔开，池塘边，

---

① 来访的牧师被建议把传道时间精确控制在 14 分钟。如果少了，他们会有被国王指责太懒、没有好好准备布道的风险；如果多了，国王又可能会说，他们不知道什么时候该停下来。

一只铅灰色的鹈鹕垂头丧气地呆望着睡莲和竹子……进入别墅，房间里面环绕着熏黑的橡木墙裙，白色的壁炉架衬托着椭圆形的镜子，地上铺着道尔顿瓷砖，墙上开着镶有彩色玻璃的扇形窗，所有这些与瑟比顿或者上诺伍德的那些住宅相比，并没有什么两样。[20]

情况确实算不上理想。曾经在乔治五世统治早期担任国王私人秘书的弗雷德里克·庞森比爵士，不得不在自己的卧室里工作。大多数家仆住在附近的小屋里，因为约克小屋里面没有地方供他们居住。像桑德灵厄姆这样的大房子，居然住着“一位老太太和她的女儿”，与此同时，约克小屋却必须容纳一个带着六口之家的已婚男人，“尤其是这个男人还碰巧是国王”，这真是荒唐透顶，乔治五世的侍从官查尔斯·科斯特爵士，在一个卸下心防的场合表示。[21]有个好心人把科斯特的话转告给了维多利亚公主，公主发誓再也不跟他说话了。国王把科斯特教训了一顿，告诉他，谁住在桑德灵厄姆里面与他无关。

事实上，乔治五世随时都可以在诺福克郡租一栋尺寸体面的大房子。这样的房子有很多，特别是在战后。事实上，不愿意惹恼他那年迈、耳聋、令人敬畏的母亲，并不是他坚持留在约克小屋的唯一原因。他发自内心地喜欢拥挤的圣诞节庆典和混乱的周末派对，来访的王室成员会和他的母亲一起用餐，或是去相邻的宫殿膳宿。他喜欢这座只属于他自己的“阴郁的小别墅”。

1925 年 11 月 19 日，80 岁的亚历山德拉王太后在大房子里心脏病发作。她的儿子当时正在园囿里打猎，她立即差人去找儿子，于是，巡游狩猎队在约克小屋告别国王后，第二天一大早就解散了。国王和妻子在桑德灵厄姆度过了那一天余下的时间。那天下午晚些时候，亚历山德拉病逝了，当时国王夫妇都守在她的床边。

直到第二年春天，国王和王后才终于从约克小屋搬进了主楼，他们很不情愿。1926 年 3 月底，乔治五世在日记中吐露："很遗憾，今晚将是我们在这座度过了 33 年幸福时光的可爱的小房子里的最后一夜。"当这一天终于到来时，就连玛丽王后也因为要离开她"非常惬意、舒适的家"而难过不已。[22]

桑德灵厄姆虽然不那么小，却也并不舒适。一进去，是一条可以通过车辆的门廊——设计了维多利亚时代的火车站、爱德华七世时代的酒店设计师们，都非常喜欢这个设计元素——它通向一个巨大的空间，那里被称为沙龙，但实际上是一间伊丽莎白一世和詹姆斯一世时代混合风格的起居大厅，而且已经被布置成了一座室内的眺望台。在一条很长很长的走廊的尽头，出现了一间舞厅，那里也被装饰成了伊丽莎白一世和詹姆斯一世时代的混合风格，墙上挂着黑色的印花皮革饰品。餐厅四周镶有墙裙，还挂着一系列挂毯，上面的图案来自戈雅和其他西班牙艺术家的漫画；客厅里随处都是白色的粉饰灰泥和镜子。壁炉架的上方，挂着一幅亚历山德拉王太后的全身像，直到现在也依然挂在那里。

每年，国王、王后都会和他们的孩子、孩子的配偶、孙子，还有一些经过挑选的朝臣一起，在桑德灵厄姆度过圣诞节和新年。1926 年的圣诞节前后，诺拉 · 威格拉姆（Nora Wigram）和她的丈夫克莱夫（Clive）——一名皇家侍从官——来这里待了 11 天，她觉得这段经历既迷人，又可怕。之所以可怕，是因为她带来了威格拉姆家的 3 个孩子——一个 13 岁、一个 11 岁、一个 6 岁，在这里的大部分时间里，她都在心里嘀咕，担心孩子和自己会在国王面前出丑（其实他们并没有）。之所以迷人，是因为乔治五世和玛丽王后都是随和、慷慨的主人，他们总会询问孩子们是否感到舒适，并尽其所能地让威格拉姆一家感到宾至如归。他们一到，就被国王和王后领去了专门安排给他们的房间，等他们安顿好以后，乔治五世坚持要他们把孩子带下来与他见面，一起喝茶。

圣诞节前夕的下午，都用来给庄园里的所有工人分发牛肉，这是在马车房里进行的，参加聚会的宾客全体到场。6 岁的弗朗西斯·威格拉姆（Francis Wigram）在母亲的腿上坐了一个小时，与此同时，身穿蓝色屠夫外套的男人们正在把肉分给众人。诺拉·威格拉姆在有关此次访问的日记中写道："他（弗朗西斯）有时不得不在说话时保持克制。"[23]圣诞节的早晨意味着去教堂，意味着喝完茶后，在舞厅里聚会、索要礼物。"我被国王和王后的慷慨征服了，这些全是我得到的东西，"诺拉写道，"一条克什米尔披肩、一个玫瑰花钵、一个用玳瑁和象牙做的古董茶罐、一个灰色皮包、装满了一只晚装手袋的金丝透明绸、两个小搪瓷盒和一只烟灰缸。"[24]奇怪的是，6 岁的弗朗西斯得到了一支烟斗、一个烟袋和两只烟灰缸。

盛大的庆祝晚宴在节礼日举行，现场有爆竹和纸帽子。王后戴着教皇的法冠，威尔士亲王有一个企鹅的脑袋。只有国王得以幸免。之后，大家又回到舞厅，约克公爵夫人和4个王子聚集在舞厅的一头，唱起了歌舞戏院的粗俗歌曲（声音很低，这样国王就听不见了），其他人则围坐在一起抽烟、闲聊。国王打开留声机，播放了一曲《茶花女》，接着是《伏尔加船夫之歌》，然后，为了确保客人们注意到，他又播放了国歌。他放声大笑，大家也都跳了起来。

6年后，正是在桑德灵厄姆，乔治五世向帝国发表了他的第一次圣诞致辞。那是1932年的圣诞节，刚过下午3点，他在楼梯下方的一个小房间里，对世界四分之一的人口（至少是其中有无线设备的那些人）发表了演讲。除1张桌子、1把椅子和2个用澳大利亚胡桃木做的麦克风以外，房间里空无一物。这段3分钟的演讲词，是由拉迪亚德·吉卜林专门为这个场合而写的，在以祝福结尾之前，他称赞无线技术是“现代科学的奇迹之一”，因为它具有将世界各国团结在一起的能力。“我现在从自己的家里发自内心地说……祝大家——祝每一个人——圣诞快乐。上帝保佑你！”[25]

参加家庭聚会的其他人包括威尔士亲王，约克公爵和公爵夫人，年轻的伊丽莎白公主、玛格丽特·罗斯公主，以及格洛斯特公爵——他待在另一个房间里，通过无线电收听。演讲结束后，所有人都聚集到舞厅里，等待国王和王后在圣诞树下分发礼物。

桑德灵厄姆拥抱现代的另一个迹象是，这一年，圣诞树上的灯换成了电灯。

第3章
旧秩序的传承？

威廉·约翰·亚瑟·查尔斯·詹姆斯·卡文迪什-本廷克（William John Arthur Charles James Cavendish-Bentinck）21岁时，他的第二代堂兄去世了。他由此继承了一个公爵的头衔。

这不是意外。第5任波特兰（Portland）公爵是一个年老的单身汉，他唯一的亲兄弟在9年前去世了，没有留下子嗣。但是波特兰公爵的豪宅——还有苏格兰的一处大型狩猎庄园、诺森伯兰郡的一座城堡、格罗夫纳广场上的一座宅子，以及哈利街附近一些非常昂贵的房产——确实来得有些让人震惊。新上任的波特兰公爵对诺丁汉郡的维尔贝克庄园（Welbeck Abbey）毫不知情，这是家族的祖宅，18世纪，一位先祖通过一场精明的联姻得到了它，可是当他去接手时，他只发现了“一堆暗淡、粗大、丑陋的建筑，风格五花八门”。[1]眼前有城垛和山墙，有一座方形塔楼和意大利式的屋顶围栏，一座带扇形穹顶的哥特式大殿，还有一间洛可可风格的客厅，里面的壁画上绘有宝塔和东方相貌的人物。

好戏还在后头。第5任公爵是一个爱好建筑的隐士，他完成的工程包括一座世界上第二大的骑术学校（最大的在莫斯科），它通过一条长约1000码的隧道连接房子。另一条装有天窗、长达1.5英里的隧道，让这位古怪的公爵可以在不被察觉的情况下，乘坐马车去沃克索普火车站，到了那儿，马车会被抬上一辆平板货车，如此一来，他就可以去伦敦了。

那时，离群索居的公爵已经遁入西侧的一组卧室套间里去了，那些房间被漆成粉红色，室内没有任何家具。每个房间的角落都设有一个盥洗室，房间的门上还有一个黄铜的信箱，这样他就可以与他的员工交换信息了。

在从继承上述奇特遗产的震惊中恢复过来之后，第6任公爵便着手修复维尔贝克庄园。在此期间，前任公爵培育的屡获胜利的良种赛马，帮了他很大的忙。他有两匹德比赛马会的冠军，单是其中一匹马的后代圣西门，就赢得了近25万英镑的奖金：维尔贝克建有一组救济院，就是用赛马的一部分收益建造的，被戏称为“赢来的钱”（The Winnings）。

波特兰把维尔贝克的哥特式大厅改造成了主客厅，客厅里挂上了一套哥白林挂毯，那是第6任公爵同父异母的妹妹奥托琳·莫雷尔夫人发现的，当时挂毯被卷成一捆，放在了锡盒里。公爵又把堂兄未完工的小教堂，变成了一座舞厅兼画廊，把地下套房的剩余部分用来“吃晚饭，以及参加舞会时坐在外面”。[2]坐在外面，倒也会觉得挺有意思，因为墙上的玻璃柜里陈列着鸟类标本，还有圣西门和两名德比冠军的兽皮。

波特兰公爵生于 1857 年，也就是印度暴乱那一年。他继承公爵头衔，并开始探索他堂哥在维尔贝克的地下幻想世界时，是 1879 年的圣诞节。1913 年冬天，弗朗茨 · 斐迪南大公接受邀请，参加了在维尔贝克举行的一次狩猎聚会。在聚会过程中，一名装卸工被绊倒，意外地叩响了手里握着的两把枪，子弹从距离大公仅仅几英尺的地方掠过。后来，波特兰相当遗憾地写道："我常常想知道，如果大公当时就死了，而不是等来年死在萨拉热窝，这场大战是否能够避免，或者是否至少可以推迟。"[3]

但是维尔贝克的黄金时代，并没有在索姆河的泥泞中消亡。第一次世界大战爆发时，这位第 6 任公爵主持维尔贝克庄园的事务已经超过了 30 年，他还将继续主持庄园的事务，直到他于 1943 年去世，那时候，他也已经加入了预言旧秩序即将走向末日的行列。1921 年，在庆祝公爵的小儿子成年的土地承租人聚会上，佃户们送给了男孩一支猎枪，庄园工人送给了他一块金质猎人手表。可是波特兰公爵却发表了一篇悲观的演讲，这引发了全国媒体的报道。他预测，如果现行的高税率保持下去，如果现行的遗产税保持下去，大型乡间别墅的大规模倒闭，将是板上钉钉的事。[4]他告诉在场听众，尽管前景令人痛苦，但他已经预见，有一天，他的家人将不得不离开维尔贝克，到别处去寻找一个更小的新家。演讲的最后，他补充道："我不希望给这个快乐的场合蒙上任何阴影。"[5]也许这么说，已经有点晚了。

家仆班子的规模开始缩减：1932 年，他不得不解雇了一名司机。维尔贝克庄园的图书馆也开始出售多余的家具和书籍的复制本。他把庄园的偏远地带卖掉了，甚至连一些上等的葡萄酒、有年份的雪利酒、原本藏在维尔贝克酒窖里的马德拉酒，也统统被搬走了。

可是在其他许多方面，“一战”结束后，波特兰一家的生活与战前并无不同。狩猎聚会，是维多利亚时代晚期和爱德华时代的维尔贝克庄园生活的一部分，至今也仍然是这里的一大特色：1934 年至 1935 年的狩猎季——那时公爵都快 80 岁了——人们在庄园里猎捕了 5148 只山鸡、3268 对鹧鸪，这是自从公爵继承爵位以来，猎捕鹧鸪数量最多的一次。1928 年，《泰晤士报》上有人认为，在一家全国性的报纸上刊登这样一段话是有价值的：“昨天在维尔贝克庄园，波特兰公爵向 60 名已经工作 40 年或者更长时间的雇员，亲自递上了面值 5 英镑的钞票。”[6]

就像这场慷慨的赠予一样，1929 年，为纪念公爵主持庄园 50 周年而举办的庆祝活动，在规模上也与维多利亚时代并无两样。在维尔贝克的地下房间里举办了两场舞会，每一场都有大约 1000 名宾客出席。公爵的佃户们写了一篇华丽的致辞，对“这一喜事”表示欢迎并且向他表示感谢。[7]

“一年到头，我们总是在维尔贝克忙着招待或多或少的客人。”公爵在 1937 年写道。“冬天，我们经常举办狩猎聚会；夏天，我们不仅在复活节和圣灵降临周举办聚会，还在 8 月举办以前被称为‘表演周’的聚会。”[8]所谓的表演周，是为佃户举行的一年一度的农业展览，届时公爵会招待 700 名来客，与他们共进午餐。1928 年，维尔贝克举办了保守党协会的晚会，首相斯坦利·鲍德温来到庄园，向7万名观众发表演说；同年，公爵在维尔贝克宴请了乔治五世和玛丽王后；第二年，宴请的对象又换成了约克公爵和公爵夫人。

1934年，英格兰和澳大利亚的板球队在诺丁汉的特伦特桥展开交锋，波特兰公爵接待了两队队员，尽了东道主之谊。同年，澳大利亚传奇击球手唐纳德·布莱德曼也登门拜会了公爵。他在哥特式大厅里弹奏钢琴，并且告诉波特兰："我喜欢弹钢琴，胜过世界上的任何东西。"[9]1937年，比利时国王利奥波德三世偕母亲伊丽莎白，对维尔贝克庄园进行了一次私人访问。但是这次访问并不是很成功：母子俩都在旅途中感冒了，不得不待在室内，维尔贝克庄园为此发布了一则惊人而又平淡的公告："国王陛下有点轻微感冒，目前正在康复中。"[10]

1923年夏天，威尔士亲王第一次访问了维尔贝克。在沃克索普火车站，3000名挥舞着国旗的小学生，唱着《上帝保佑威尔士亲王》来迎接他。当王室一行人在诺丁汉郡北部的矿业城镇巡视了一天，最终到达维尔贝克庄园时，公爵高呼道："谢天谢地，总算结束了!"然而王子回答道："对你来说，这可能结束了，但对我来说，这永远不会结束。我的大部分日子都是这样，而且似乎没有尽头。"[11]1933年，他再一次来到这里住下，当时他乘坐私人飞机降落在这座庄园里，为一个阿根廷贸易代表团举办周末派对。

与维多利亚时代和爱德华时代相比，波特兰公爵现在的生活真的发生了很大变化吗？他还是在大宴宾客，打猎，敞开别墅的大门，欢迎王室成员，接受佃户的感谢。一小群家仆侍奉他穿衣、用餐，在他的壁炉里生火。他的花园和温室曾一度以每次1先令的价格向公众开放，以帮助女王地区护理学院——《泰晤士报》的报道称，“这个特价很受欢迎”——而另一小队工人则负责将这里归置得井井有条。[12]到了晚上，饲养员会巡视他庄园里的灌木林，保护它的鸟儿免受偷猎者的伤害。他的公爵夫人曾是亚历山德拉王后的领班侍者，并致力于慈善事业：她支持当地的矿工和他们的家人，为了皇家防止虐待动物协会的活动积极奔走，她还是英国皇家鸟类保护协会的第一任、也是任期最长的一任主席，从1891年一直担任到1954年她去世为止。

他们的儿子上了伊顿公学；20世纪30年代，他们的女儿在宫廷里担任了低等级职务。除了一些技术上的进步——出现了电气照明、汽车司机取代了马夫——“一战”之后的维尔贝克庄园和战前相比，在生活上又能有什么区别呢？

人们往往匆忙地将1918年至1939年这段时期，视为乡间别墅完全衰落的时期，这么做的时候，却经常将连续性忽视了。第5任巴斯（Bath）侯爵是另一位经历过维多利亚时代的人物——他生于1862年，于1896年继承了朗利特（Longleat）——“一战”期间，他在西线失去了长子和弟弟。1919年至1921年间，他被迫卖掉了朗利特的8600英亩土地。但是在两次世界大战之间的这段时间里，衰落这个词却很难被用来形容他的生活。侯爵在自己的庄园内雇佣了超过20名仆人——比起爱德华时代，人数确实下降了（1902年，他雇佣了43名仆人，包括1名厨师和1名马夫），但这并不是他在这片起居坐卧的土地上的全部生活。在正式场合，他的男仆们仍然穿着丝绸筒袜、漆革皮鞋和带徽章的帽子。当他幸存的儿子亨利在 1926 年，也就是大罢工那一年成年时，有 1000 名宾客在朗利特坐下来享用午餐——这和 1883 年，受邀参加庆祝他本人 21 岁生日的宴会人数是一样的。萨默塞特轻步兵乐队登场演奏了音乐。巴斯市和其他城镇发来了贺词，1500 名当地学童享受了茶点和烟花表演。

这种保持维多利亚时代规模的决心，与一种根深蒂固的保守主义是同步的，正是这种保守主义拒绝让 20 世纪的做派出现在庄园当中。第 11 任贝德福德（Bedfold）公爵拒绝在贝德福德郡的沃本庄园（Woburn Abbey）安装中央供暖系统，所以每到冬天，他的 50 多名家仆只好在包括浴室在内的各个房间里生火取暖，为此点燃了七八十堆柴火。他的女仆都得有 5 英尺 10 英寸高；用餐的客人依然会被安排一个私人男仆，他们用餐时，男仆会站到他们的椅子后面。当沃本庄园终于勉强通电后，每间卧室除有一盏电灯外，还配备了一支蜡烛，以便客人们用蜡封住他们的信函。在一位上了年纪的客人抱怨，蜡烛不能提供足够的照明后，公爵才下令在开关上加装硕大的珐琅牌匾，上面写着“电灯”。

1939 年，两次世界大战之间的所谓“漫长的周末”结束了，而列入 1918 年名单的 27 位公爵里，有 11 位依然健在。显然，第 7 任格拉夫顿公爵已不在其中。他在“一战”停战 3 周后去世，他的继任者们并不像他那样长寿：1939 年，继承这个头衔的已经是第 10 任公爵了。

自1918年以来，公爵们的地产已经有了一些缩减。1934年，第12任圣奥尔本斯公爵继承了哥哥的爵位，4年后，他出售了自己的贝斯特伍德小舍，搬进了蒂珀雷里的一座继承来的别墅。1927年承袭爵位的第11任利兹公爵，到了1930年，却把名下的一座14世纪建造的祖宅——北约克郡的霍恩比城堡（Hornby Castle）——连同另外2.4万英亩的地产和房产一起挂牌出售了。这次拍卖引起了一些关注，部分原因是再有一段时间，霍恩比城堡似乎就要被拆除了，但还有一部分原因则在于拍卖的规模。利兹公爵的冠冕和他已故父亲的加冕长袍，都被列入了拍卖物品之列：据匿名买家的经纪人介绍，这些长袍“将用于业余性质的戏剧表演”。[13]但是没有人解释过，那顶冠冕会用来做什么。而后，利兹公爵就迁去了南方的博尔迪盖拉，与寡居的母亲、来自塞尔维亚的妻子厄玛一道，沐浴地中海的暖阳去了。

接下来，还有一群不那么威严的乡间别墅业主，这个群体包括27名从男爵，是从德布雷特的名册中随机挑选出来的，从“一战”停战到“二战”爆发，他们的生活状态同样表现了延续性。1918年，这个群体的平均年龄与公爵相同——同为52岁。到1939年，27个人里面，有15个人的身子骨还很硬朗。

这只是最简单的快照，但它证明了划分历史时段的陷阱。20世纪20年代和30年代，许多——甚至可能是大多数——乡间别墅业主，都赞同80多岁的波特兰公爵对未来的展望。他们不是一群聪明的年轻人，也不是爵士时代的实业家。他们没有经历过世界大战，尽管他们的儿子即将经历；不过，他们可能在阿富汗、南非或者苏丹早年爆发的冲突中，曾经为国家效力。在两次世界大战之间的岁月里，他们居住在英格兰的小天地中，但他们却不是由它创造的。

只有为数不多的人意识到了，从一场战争结束到另一场战争开始之际，这两类乡间别墅的主人确实暗示了人们行为上的一点巨变。1918 年，英国贵族中没有一位公爵离过婚。到 1939 年，27 位公爵里已经有 4 位离婚后又再婚：威斯敏斯特公爵已经离过两次婚，而且他的第三次婚姻也没能维持多久。

从男爵们的例子，更是坚定了这样一种信念：婚姻已不再是牢不可破的结合。第一次世界大战结束后，离婚率在不断攀升。1918 年，交由遗嘱认证、离婚判决和海事法庭分部（俗称遗产、妻子和沉船法庭）审理的案件数量，在历史上首次突破了四位数。英格兰和威尔士的离婚总数，在 1919 年上升到 1654 起，1920 年上升到 3090 起，1921 年上升到 3522 起——与现在相比，这微不足道（2012 年，英格兰和威尔士每小时有 13 对夫妇离婚），但足以让当时的教会、政府感到不寒而栗。

司法部门抱怨，他们无法足够快速地处理如潮水般涌入的案件。1920 年，亚瑟·柯南·道尔是离婚法改革联盟的一名成员，他支持简化离婚手续，并提出了一个新颖的观点：

人们还没有普遍认识到，如果现在由于分居而绝育的大量男女被允许自由结婚的话，那么只需要几代人的时间，战争造成的全部人口损失就能得到弥补，社会的幸福和普遍道德亦将大大提高。[14]

一开始，人们把婚姻生活的破裂归咎于战争及其对家庭生活的破坏，但是战争结束后，每年的离婚率仍然在继续攀升。1933 年达到 4000 起，1936 年达到 5000 起——讽刺的是，就在这一年，英王爱德华八世决心迎娶离过婚的沃利斯·辛普森（Wallis Simpson），这差一点推翻了君主制度。

在一般公众的心目中，离婚和再婚，与跑车、可卡因、爵士乐密不可分。但是住在英格兰豪华宅邸里的古老家族仍旧被寄予期望，为社会地位不及他们的人群树立榜样。他们应该秉持 19 世纪建立的受人尊敬的资产阶级价值观，挺身而出，捍卫上帝、他们的祖国和家庭生活的神圣性。他们的不忠，当然是他们自己的事，但当他们把婚姻当作一种社会习惯而不是圣礼时，公众就会反对，甚至当公众迫不及待地冲过去，阅读日报上报道的关于他们的淫乱细节时，也是如此。公众期望看到的是，“不能和睦相处的丈夫和妻子就各走各的路好了，但是只要还在大房子里合住，两个人就应该彬彬有礼，互相尊重”。[15]

这些话是由康苏爱洛·范德比尔特（Consuelo Vanderbilt）写的，她在与第 9 任马尔伯勒公爵结婚 11 年之后，毅然抛弃了礼节和布伦海姆宫，于 1907 年获准合法分居。3 年后，她搬去了萨里郡的克劳赫斯特庄园（Crowhurst Place），那是一座被护城河环绕的浪漫别墅，正如她所写的那样：“用霍舍姆的石料搭建的高耸屋顶，带半木边框的镀银橡木墙，石砌的烟囱和镶嵌花饰铅条的窗棂……梦想成真了。”[16]她立即开始动手，继续完善这个梦想，而且得到了一位英国鉴赏家兼业余建筑师乔治·克劳利的帮助，克劳利在她之前就拥有了克劳赫斯特的租约。她可能是通过克劳利的作品——韦斯特伯里别墅（Westbury House）认识他的，那是克劳利刚刚为钢铁巨头约翰·谢弗·菲普斯和他的英国妻子玛格丽塔，在长岛建造的一座新查理时代风格的豪宅。他们俩一道，重新装修了这座小房子（按照康苏爱洛的标准，姑且算是一座小房子好了），增添了高高的烟囱、山墙、半木边框和亚麻镶板。马丁·康威为《乡间生活》杂志描绘了这座别墅，对它那饱经摧残的遗迹，如何“被重新赋予一种美，一种远远超出了当下这个新时代的美”赞不绝口。[17]

1919年，康苏爱洛爱上了法国飞行员雅克·巴尔桑，于是决定和桑尼·马尔伯勒（Sunny Marlborough）离婚。这种耻辱不像战前那么严重了（30多年后，她在写作时回忆道）；桑尼也愿意表现得像一个绅士，向她让步，为她提供常见的抛弃妻子的证据——完成“一笔有预谋的交易”，通常是指与另一个女人在旅馆里过夜，并确保让旅馆的工作人员注意到。然而他们发现，在经历了合法分居之后，桑尼现在无法被指控抛弃了他的妻子，不论他和谁睡过觉。因此，这对夫妇不得不再演一出戏，证明他们在法律层面上已经和解了。桑尼搬到克劳赫斯特住了几个星期：他的姐姐“好心地分担了我们的孤独”，康苏爱洛表示。[18]然后他“抛弃了”康苏爱洛，在克劳赫斯特留下一封信，信中仔细说明了目前的情况，大概是在他的律师帮助下写成的：

> 我们已经尽力修复过去，重新开始生活，但是我担心，在我们分居的漫长岁月里——至今已经超过12个星期——我们已经相距太远，无法再幸福地生活在一起了。
>
> 我很感激你在我们复合期间所做的一切，但我现在确信，我们的复合是不可能的。[19]

康苏爱洛回了一封信，带着比疏远她的丈夫更充沛的感情，来扮演她的角色。“我渴望你对我当面说话，而不是写信。现在看来这是一个遗憾，我们曾经再次相聚，但一切就这样结束了。再多说什么，怕是也没有用了吧。”几周后，她再次写道：“我写信是想请求你……回到我的身边。如果你愿意这样做，我可以向你保证，我无论如何也要使你幸福。”[20]

公爵回答道，这不可能。接着，他的公爵夫人提起了诉讼——不是为了离婚，而是为了恢复夫妻同居的权利。桑尼被要求在14天内表示服从。可是结果相反，他去了巴黎，跟在他后面的是一位名叫鲁本·巴特勒的英国私人侦探。在巴黎北站，巴特勒向等待着的两名法国私人侦探确认了公爵的身份。这三个人看到他在香榭丽舍大街的克拉里奇酒店开了一个房间，登记时，他的名字是“斯宾塞”，并加上了“与斯宾塞夫人”。两天后，他们又看见他和一名身份不明的女子一起走进了酒店。他们开了隔壁的房间，整夜监视着走廊；最后，他们看到他在第二天早上8点30分离开，那个女人也在 9 点 20 分离开。1920 年 11 月，康苏爱洛被判离婚。9 个月后，她嫁给了她的法国飞行员，从此过上了幸福的生活。

抛开那些要求在离婚法庭上弄虚作假的仪式不谈，抛开暗中串通、代价高昂不谈：单是侦探、没完没了的法庭听证会、法律团队，就已经够受的了。（桑尼和康苏爱洛都由国王的法律顾问来代表。康苏爱洛的法律顾问是爱德华·卡森爵士，他是英国最杰出的律师之一。）对于马尔伯勒夫妇这种地位的夫妇来说，最糟糕的事情是，这场闹剧是当着公众的面上演的。当康苏爱洛在法庭上撒谎说，她想要她的丈夫回来时，成千上万的陌生人在报纸上看到了这样一个标题——《一个徒劳的试图破镜重圆的故事》，康苏爱洛这么做的时候，“穿着黑色丝绸斗篷，搭着皮草披肩，戴着黑色无边帽”。[21]当法庭发现桑尼抛弃了他的妻子，与一个不知名姓的女人通奸时（这两个故事都不是真的），全世界的人都在早餐桌上讨论着这起案件的实情。

整个 20 世纪 20 年代和 30 年代，贵族经常出现在离婚法庭上，动辄公爵与公爵夫人离婚，伯爵夫人起诉伯爵，一个郡的上流社会隐藏至深的秘密，就这样大白于天下。1929 年，伦斯特公爵对他的公爵夫人提起了离婚诉讼，公爵夫人是一名音乐喜剧演员，原名梅·埃斯里奇，与此同时，公爵本人的娱乐活动奢侈无度，以至于他的债权人让他破了产。为了让对方消消气，公爵坦率地向那些债权人解释道，他正在考虑与一位富有的寡妇结婚，他做出了这些沉重的承诺，是基于他可以从这个来源获得的资金实力。但是他们并没有消气。[22]在1928年的一起案件中，作为共同被告的埃罗尔伯爵被法官描述成“一个非常坏的恶棍”。与他通奸的伴侣也没有好到哪儿去：她是“一个品行很差的女人、一个骗子”，她的丈夫很好地摆脱了她。[23]

第2任威斯敏斯特公爵休·格罗夫纳（Hugh Grosvenor）在战后经历了两次离婚。1919年，离婚法庭以抛弃妻子且行为不端为由，下达了允许他的第一位妻子康斯坦丝（Constance）再婚的最终判决。

第二年，公爵再婚了。他的新公爵夫人薇奥莱特·罗利（Violet Rowley）也同样刚离婚不久。《曼彻斯特卫报》写道，她是“一个非常漂亮的女人……她酷爱运动，尤其是高尔夫球和打猎”。[24]但是到了1925年，本德先生又一次登上了遗产、妻子和沉船法庭，被指控与一位“克罗斯比（Crosby）夫人”通奸。薇奥莱特向他讨个说法，却被告知，他可以随心所欲地生活。他甚至把薇奥莱特赶出了市内的宅邸，她只得在朋友西里尔·德拉蒙德的帮助下，从一扇窗户爬回屋里。[25]

不过，1918年至1939年，地主阶级的道德罗盘究竟发生了多大程度的偏转，对此我们不应高估。为了纠正本德糟糕的婚姻记录给我们留下的印象，且让我们想象一下1930年，第6任波特兰公爵站在维尔贝克庄园的地下舞厅里，当着1200名佃户的面，庆祝历经40多年风雨的幸福婚姻的画面。“我一生中发生过的最好的事情就是，”他告诉大家，“这位女士，我心中的女王，也是所有人心中的女王……同意做我的新娘。”[26]

然而，每当又有一位威斯敏斯特公爵式的人物出现，他们抛弃了开始惹他们厌烦的结发妻子，懂得讨好公众舆论，在蒙特卡洛的赌场里炫耀财富和情妇，便会有更多的家族正死死地抱住他们古老的房舍和仅剩的一线生机，巴望着银行不会取消抵押品的赎回权，木材的干腐病不会蔓延开来，巴望着他们所了解的那个世界能够再多延续一点点时间。他们没有登上头条。然而，是他们造就了英国。

第4章
修 复

对于31岁的建筑师菲利普·蒂尔登（Philip Tilden）来说，第一次世界大战的结束，为他的职业生涯提供了一个新的开始，而在战争开始之前，他的职业生涯曾一度几乎结束了。1914年，作为一名秉持工艺美术运动传统的设计师，他已经沿着自己的道路，建立了良好的声誉。他完成了一连串小合同，还有一项大合同——重建珀斯沃斯（Porth-en-Alls）。这是一座浪漫主义民间复兴风格的别墅，藏在康沃尔郡普鲁士湾的悬崖上，融合了现代的钢筋混凝土建筑与传统的花岗岩、橡木建筑的双重风格。

接着，战争便爆发了，与战争一同到来的还有一场大病，这让蒂尔登无法入伍。珀斯沃斯的工程陷入停顿，再也没能重新开始。蒂尔登的技艺逐渐失去了用武之地，他开始在德文郡务农。然而，他并没有完全放弃建筑艺术：1916年，他与戈登·塞尔弗里奇在丽兹酒店会面，这促成了一项委托，蒂尔登要为塞尔弗里奇位于牛津街的百货公司设计一座45英尺高的塔楼。可是这个项目最终也无果而终。

多年后，蒂尔登回忆起他和妻子听到教堂钟声穿过德文郡荒原，宣布“一战”停战时的情景，那一刻他们正在自己的土地上散步，他们当即决定，抛开“这一段混乱而费解的痛苦岁月的插曲”，转而关注未来。[1]“在世界这座大剧场里，灯光消失了，脚灯还亮着，幕布徐徐拉开，好戏要开始了。”[2]

战后，蒂尔登重新上演的职业生涯的第一幕，是由马丁·康威（Martin Conway）爵士执导的——他是艺术史学家、登山家、多产的作家、政治家，还是帝国战争博物馆的首任馆长——战争结束时，他正忙于修复肯特郡梅德斯通附近的中世纪废墟阿灵顿城堡（Allington Castle）。

1942年，克里斯托弗·赫西写道：“在过去的30年里，被修复、改造的城堡比以往的任何时期都要更多。”[3]康威和他的妻子卡特琳娜就是引领这股改造过去的时尚潮流的先锋。1905年，他们在《泰晤士报》上登了一则广告，询问一批可能出售的老宅子的消息，然后便买下了阿灵顿——康威后来说，这纯粹是为了让他们周末开着新潘哈德汽车去兜风时，能有事可做。6月的一个清晨，他们驱车到梅德斯通去看那个地方，当两人走近时，他们都觉得浪费了时间。“周围的环境简直糟糕透顶。”康威在1918年写道。这里有无人照管的农舍，一座生产沥青铺料的工厂“极其丑陋的附属设施”，田地里长满荨麻，还散落着新盖的、难看的啤酒花烘干室。“但是一切都在一个拐弯处柳暗花明，那东西突然出现在我们面前——一个美丽的梦。”[4]

这个美丽的梦，是一座始建于13世纪，16世纪又经怀亚特（Wyatt）家族改造过的、带护城河的城堡，它摇摇欲坠，周身布满了常青藤的遗骸。城堡的地板用脚手架勉强撑住，屋顶几乎不防水。“再没有什么比这儿更风景如画了，”康威表示，“但与此同时，也再没有什么比这儿更不宜居了。”[5]到了1914年，在建筑师卡罗的帮助下，康威清除了常春藤、农场建筑和工厂，改建了一条经过城堡的道路，挖开了填埋一半的护城河。怀亚特家族修造的长廊得到重建，几个房间也都修复完毕，可以入住了，做完这些，康威夫妇把他们在伦敦的房子租给了赫伯特·胡佛，而后便搬进城堡去了。

紧接着，“一战”就爆发了，不仅如此，康威也与卡罗闹翻了，他形容卡罗“生性好斗”。[6]直到停战前一两个月，菲利普·蒂尔登——他认识康威的女儿艾格尼丝——才得到康威的邀请，来这里看看他和阿灵顿是否合拍。几天后，蒂尔登拿到了每周2英镑的预付费用，搬来了肯特郡。一开始，他住在邻近的村庄里，后来则干脆搬入了城堡。他的工作是勘察城堡，继续完成漫长而缓慢的修复进程，并帮助卡特琳娜·康威把一片延伸至护城河的草地斜坡，变成一座令人神往的正经花园，花园中将有长长的步道、圆形的百合花池，还有低低的、银灰色的薰衣草篱栅。

蒂尔登经常与马丁·康威意见不和，康威看不出妻子建造花园的用意（花园完成之前，他总会提出自己的想法），而且对于他的建筑师来说，康威改造阿灵顿城堡的方法也有些太过于实用主义了：

（康威说：）“我们把所谓的‘反刮铲学派’的理论置于不顾。根据他们的观点，我们不应该用出自相同设计的新作品来替代旧作品。我们的翻新、修缮，显然都应该符合现代的风格，而且是眼下时兴的风格。但我的原则是，我必须保留所有现存的旧的特质，不过在那之后，我就可以自由地做我喜欢做的事了，我并不是要重新创造业已消失的东西，而是要达到控制全局的目的，也就是说，要造就一个美好的整体。”[7]

蒂尔登可能会抱怨，作为防火措施，康威坚持采用钢筋混凝土的天花板和地板，却把卧室变成了一个个冷冰冰、有回音的盒子。他看见取代木梁的钢梁，看见窗户如何从外墙上被凿出来，不禁皱起了眉毛。康威的回答则是，“好几代人都在墙上凿过洞，既然他们可以根据需要，想在哪儿凿，就在哪儿凿，那么我们也可以这么做。”[8]他可能也不赞成卡罗解决底层房间潮湿问题的方案，按照那种方案，竟然要用沥青覆盖一层混凝土，然后把它抹上墙去，有几英尺高。然而，这对他的客户来说没什么要紧，他想要的是温暖、光线和舒适。与此同时，康威的女儿艾格尼丝正在大英博物馆和公共档案馆里奔走，以揭开阿灵顿城堡的身世之谜。原来，城堡的历史可以追溯到诺曼征服时期。修复工作花了四分之一个多世纪才完成，直到 1933 年卡特琳娜 · 康威去世前不久，蒂尔登还在为这件事忙碌。

“在停战后的最初几年里，”他回忆道，“我发现我的工作主要是修补各种已经破烂的东西。”[9]康威认为蒂尔登立下了很大的功劳。“阿灵顿城堡的修复，”他在回忆录中写道，“刺激了其他类似的事业。”[10]这种说法有一定道理，但是拯救一座城堡，将其改造成一座乡间住宅这件事，其实还有着非凡的起源。19 世纪 70 年代，性情古怪的第 3 任布特（Bute）侯爵和他那更为古怪的建筑师威廉·伯吉斯，实际上重建了科赫城堡（Castell Coch）——卡迪夫郊外山上的一座 13 世纪的废墟——把它变成了一处亚瑟王传奇中的神话场景，有城垛、吊桥和闸门。到了 20 世纪 20 年代，布特的儿子竟然还在奋力完成卡迪夫城堡的华丽改造，这是半个多世纪前，伯吉斯委托给他父亲的工作——富有异国情调的中世纪风格随处弥漫，营造出了彻头彻尾的怪异气氛，在墙壁上，在天花板上，只见雕刻出来的猴子和绘出铠甲的骑士正一起放浪嬉戏。

1902 年，《乡间生活》杂志的所有者爱德华·哈德森，委托他最喜欢的建筑师埃德温·卢琴斯，对林迪斯法恩岛上一座都铎时代的破败城堡进行改造。10 年后，林迪斯法恩城堡竣工，却得到了褒贬不一的评价：建筑评论家劳伦斯·韦弗给予了它有保留的赞许，他指出，哈德森“没有在安装现代设施方面提出苛求，相形之下，有些人坚持往最古老的建筑中塞入现代设施”；1918 年夏天，利顿·斯特雷奇住进了林迪斯法恩，他尖锐地批评道：“这地方光线极为昏暗，没有地方坐，除了在你的脚下、头上和周围有许多石头外，什么都没有，这让人心烦意乱……不，这绝对不是一个舒服的地方。”[11]

在英格兰，在康威居住的这片地方，被视为榜样的不是阿灵顿城堡，而是赫弗城堡（Hever Castle），这是位于伦敦以南 30 英里的一座戒备森严、有两道护城河环绕的庄园。赫弗城堡拥有得到成功修复的大部分先决条件。一方面，它有非同一般的建筑渊源。城堡的一些部分的历史可以追溯到1270年，另一些可以追溯到15世纪末至16世纪初，当时这里仍属于博林家族。直到很久以后，正如一本维多利亚时代晚期的旅游指南所说，赫弗城堡依然是“后世城堡式宅邸的优秀样本”。[12]

另一方面，它还能勾起浪漫的联想。安妮·博林就是在那里度过了童年，亨利八世曾经在两个人恋爱期间，到赫弗城堡来拜访她。（据说她的鬼魂会在平安夜出现，哀伤地围绕场地飘荡。）1539年，安妮的父亲去世后，这座城堡开始归国王所有，再后来，国王又把它作为离婚协议涉及的一部分财产，赠送给了克利夫斯的安妮。

本来，它有可能就此成为一处惬意的乡间住所。都铎时代留下的博林家族的宅子尚能居住，家具也布置得颇有几分样子，尽管1907年的一篇文章提到，它正在被“卑微的农夫们①使用，他们的鸭子和鹅会到古老的护城河中游泳，他们的厨房是曾经傲人的城堡大厅……他的玉米和土豆就堆在满是回忆的房间里”。[13]

1903年，也就是康威夫妇发现阿灵顿的两年前，赫弗迎来了得到成功修复的最后一个先决条件：一位富有的主人。事实上，

① 19世纪90年代，这些“卑微的农夫”向公众展示了赫弗城堡，以及维多利亚晚期的旅游指南中描述的“一些可疑的都铎王朝的遗迹”。游客获准参观安妮·博林当年下榻的公寓，门外写着“1584”（但她其实是在1533年被处决的）；还有所谓的1557年，克利夫斯的安妮去世时居住的房间（但她其实是在切尔西去世的）。

威廉·华尔道夫·阿斯特（William Waldorf Astor）有的可不仅仅是钱。1848 年，他在纽约出生；1890 年，他继承了大约 1 亿美元的财富，一举成为美国最富有的人之一。但是他对自己的出生地并没有好感；同年，他携家挈眷迁往英国，声称“美国不是一个适合绅士居住的地方”。[14] 1893 年，他买下了白金汉郡的克莱夫登（Cliveden）庄园。10 年后，他加入英国国籍，将赫弗城堡纳入了自己的名下。

阿斯特和他的建筑师弗兰克·皮尔森，保留了博林宅邸最初的样子，几乎原封不动地延续了房子的外观。不过，他们还是调整了室内的陈设。一番改造之后，城堡里随处可见用意大利胡桃木或英国橡木制作的镶板，崭新的格瑞林风格的木雕，用维罗纳大理石砌成的烟囱。墙上装饰了挂毯和都铎时代的人物肖像，这些都是阿斯特为了唤醒赫弗有名的过往岁月而购买的；在城堡的入口，一套套盔甲在负责守卫。护城河的另一边，出现了一整座模仿都铎时代风格的村庄，里面都是佣人的办公室和客房，全部由皮尔森设计，由多达 750 人的工匠大军建造，巧妙地解决了为访客和大量雇员提供额外住宿的问题。“我简直无法相信，它们是在短短几个月之前建造的，”阿斯特在 1907 年写道，“它们看起来是那样古老、漫无章法，又是那样个性张扬，仿佛是在不同的年代里一个一个成长起来的，就像在旅途中，我们有时看到的那些掩映在领主老爷的城墙下的古老村庄一样。”[15]

这种布局产生的如诗如画的魅力，是显而易见的（一如其背后封建时代的古风遗韵）。尽管皮尔森坚持认为，把村庄建在护城河外的真正原因在于阿斯特本人，他害怕被人谋害性命，所以才把村庄安排在那里。他还在城堡里安装了一套令人望而生畏的电动大门，在院子里养了一群警察，以防有人闯入。他喜欢在晚间向客人炫耀城堡，但是一等他们离开，便会在客人身后升起吊桥。

赫弗城堡不再允许外来游客随意观光了，这引起了当地人民的不满；阿斯特对安全的痴迷，为身为赫弗之主的他赢得了一个绰号——威廉·“被围墙包围的”·阿斯特。① “二战”结束后，菲利普·蒂尔登回首往事，为当初摇摇欲坠的老赫弗城堡的逝去而悲叹，“我在19世纪90年代第一次看到它时，它灰色的裙边扫过护城河水，四周是恍如蓝色利剑的野鸢尾花……如今，它已经变成了一座微型的纽约大都会博物馆。”[16]这座城堡有点不够英国，阿斯特似乎有点用力过度了，他在肯特郡乡村的中心地带创造了一座镀金时代的豪宅，却没有履行位高而任重的贵族义务，而这种义务本来会让镀金变得更加讨人喜欢。

“被围墙包围的”阿斯特死于1919年。从他买下赫弗城堡，到他撒手而去的16年间，一种被菲利普·蒂尔登称为“名副其实的修复浪潮的感染”，开始席卷伦敦周围各郡。蒂尔登自己则在为康威家族修复阿灵顿城堡。沿肯特海岸而下，亨利·比查姆从弗兰克·坦南特手中买下了中世纪的林姆尼城堡（Lympne Castle）——它壮观地坐落在罗姆尼湿地的高处，从那儿可以远眺英吉

① 这是拿阿斯特的中间名开了个玩笑，用拼写、读音相似的“被围墙包围的”（walled-off），替代了本来的“华尔道夫”（Waldorf）。——译者注

利海峡对岸的法国——在此之前，坦南特拯救了这座城堡，并委托有“苏格兰的卢琴斯”之称的罗伯特·洛里默爵士，按照工艺美术运动的风格，对城堡展开了一场温和而体贴的修复。①

往西几英里的地方，坐落着博丁安城堡（Bodiam Castle），向这座城堡伸出救助之手的是乔治·纳撒尼尔·寇松（George Nathaniel Curzon），他是第1任寇松伯爵、第5任斯卡斯代尔（Scarsdale）男爵、第9任从男爵，而且从1921年开始，他还已经是第1任凯德斯顿的寇松侯爵了。他的家族血统可以追溯到诺曼征服时期，德比郡的凯德斯顿庄园（Kedleston Hall）是他们家族的祖产，自诺曼征服以来，无论这处地产以何种形式存在，寇松家族几乎在同样长的时间里，一直占据着这里。② 寇松已经收购了一座城堡：1911年，有传言说，建于15世纪、地处肯特郡的塔特舍尔（Tattershall）城堡，即将被卖给一个美国的辛迪加财团，该财团计划拆除它，将它运过大西洋。恰在此时，寇松走上前来，为国家拯救了塔特舍尔。他说，这些建筑“向我们诉说了我们祖先的英勇和力量”。[17]果然，人们从提尔伯利码头的包装箱里找回了4个烟囱

① 林迪斯法恩城堡、林姆尼城堡后来都因为战争而易手。哈德森自己没有孩子，于是打算把林迪斯法恩留给他的朋友沃尔特·康格里夫将军的小儿子比利·康格里夫，孰料比利于1916年在法国被杀。5年后，哈德森把这个地方卖掉了。坦南特家的儿子马克也在1916年被杀；第二年，他们就把林姆尼城堡出售了。

② 寇松的性格出了名地冷漠，他在贝利奥尔学院读书时，别人写了捉弄他的打油诗，这些打油诗里的描述伴随了他的一生：

我名叫乔治·纳撒尼尔·寇松，
我可是天底下的人上人。
我的脸蛋儿粉红，头发油亮，
我每周都去布伦海姆宫吃饭。

部件，于是寇松率领装饰了英国国旗的凯旋车队，回到了塔特舍尔。

大约在1905年，寇松第一次见到了博丁安城堡，这是一座14世纪的浪漫废墟，位于肯特郡和苏塞克斯郡的交界处。（带着他个性里特有的快乐的自我主义，马丁·康威爵士声称，是对阿灵顿的一次访问，促使寇松动了修复塔特舍尔和博丁安的念头。）他说道，这栋建筑让人着迷，“一下子把我们送回了那些古老的日子，当时爱德华三世还在国外南征北战，驼背理查还在为非作歹，为了王位孤注一掷”。寇松想买下城堡，但是城堡的主人，第1任阿什库姆（Ashcombe）勋爵拒绝出售。[18]他没有放弃，1917年，阿什库姆的儿子终于同意出售。2年后，作为历史建筑修复者而声名远扬，曾经为寇松修复过塔特舍尔的建筑师威廉·威尔，开始了一项谨慎的修复计划。他指挥挖掘了护城河和地下室，廓清了树木和常青藤，修补了城堡的石造部分。

就在这个时候，寇松与邻近的城堡主人们产生了分歧。他曾经动过搬去博丁安城堡的念头，但后来打消了，这也许是因为1916年他父亲去世后，被誉为“德比郡的荣耀”的凯德斯顿庄园，连同那些令人惊叹的罗伯特·亚当设计的家具，全都归他所有了。更何况，他还租赁了伊丽莎白时代晚期兴建的、位于萨默塞特郡的蒙塔丘特别墅（Montacute House）。他并不需要再住到一座城堡里。正因如此，对于邻居们受到的“名副其实的修复浪潮的感染”，他作出了讽刺性的回应，并表示，他避免了“那些可能会轻易堕落为考古罪行”的行为，决定任由博丁安城堡缺少屋顶、遍地残垣。[19]菲利普·蒂尔登完全同意他的看法，对他没有尝试重塑城堡内饰的做法大加赞赏。“直到现在，它仍然是一座永恒的、令人十足满意的废墟，”他写道，“一切都无可指摘。”[20]

没错，在20世纪的第二个和第三个十年里，英格兰东南部盛行的修复城堡之风，还有其他更宏大的先例，但是马丁·康威爵士的阿灵顿城堡确实在其中扮演了重要的角色。1911年，身为统一主义者的议会议员克劳德·洛瑟（Claude Lowther）来阿灵顿吃午饭。“我们整个下午都在讨论修复古宅的问题。”康威在日记中写道。[21]当时，洛瑟刚刚买下苏塞克斯郡的赫斯特芒休城堡（Herstmonceux Castle），这是一座建于15世纪、用红砖砌成的豪宅，位于阿灵顿以南30英里处。自1777年以来，它就一直处于废墟状态，它的主人感到修复它的成本过于高昂，便索性将它拆除了一大半，只留下砖墙和塔楼组成的外壳。

洛瑟是个古怪的人——他会穿上一身正式的朝臣制服，也就是说，黑色齐膝马裤、黑色丝织长袜和带扣的鞋子，迎接周末到访的来客。他还在赫斯特芒休城堡养了一只公羊作为宠物，在挂毯和他专门为城堡买来的古董家具之间，那只公羊被允许大摇大摆地走来走去。“考古学也好，历史学研究的正当性也罢，他全都漠不关心。”康威评论道，但是他的语气里并没有一丝批评的色彩。在20世纪的第二个和第三个十年里，洛瑟和他的建筑师塞西尔·帕金斯很少关注过去。他们清扫庭院，拓宽护城河，降低河堤，以求改善风景。他们在另一处地方建造了一间全新的大会客厅，他们引入了许多新的建筑元素，既有一堵古老的墙壁——被认为曾经是黑斯廷斯城堡（Hastings Castle）的一部分，也有一段了不得的楼梯——来自西奥伯德（Theobalds），一座 16 世纪由伯利勋爵修建的奇迹般的别墅。结果，用康威的话来说，“赫斯特芒休成了英格兰最美丽的风景之一”。[22]

继续沿肯特海岸而下，在阿灵顿东南 30 英里处，还有一座城堡正在修缮。每到周三下午，游客们可以爬上索武德城堡（Saltwood Castle）的城墙，眺望英吉利海峡和对岸的法国，欣赏迷人的景色，同时导游会给他们讲这里的故事：英王亨利二世的 4 名骑士在 1170 年 12 月 29 日的黎明离开索武德，前往坎特伯雷大教堂，在那里，他们杀害了托马斯·贝克特大主教。尽管 1580 年的一次地震严重摧毁了城堡，大大削弱了它作为住宅的吸引力，这座 12 世纪的古堡还是在时过境迁之后留下了碎片，一起留下来的，还有日后修建的城堡门楼。直到 19 世纪 80 年代，它一直是一片浪漫的废墟，在此之后，迪德斯（Deedes）一家把门楼改造成了一个家，搬了进来。

然而，随后的事情证明，维护索武德的费用和在这儿生活的不适，是他们难以承受的。日后成为记者的威廉·迪德斯（William Deedes）曾在这里度过一段童年时光，他写道：“水顺着墙壁往下流，没有电，也没有煤气，只是为了去除潮湿，我们就得在每个房间里生火。”[23] 1926 年，索武德被卖给了雷金纳德·劳森（Reginald Lawson），他的家族拥有《每日电讯报》，他的得州妻子伊娃（Iva）酷爱城堡。

对于劳森一家来说，一座城堡是不够的。1929 年克劳德·洛瑟去世后，赫斯特芒休流入了市场。洛瑟对这所房子的修复远远没有完成，它的大厅仍然缺少屋顶，即便如此，伊娃·劳森还是说服丈夫买下了赫斯特芒休。可是，这对夫妇的计划在1930年12月的一天突然结束了。当时，雷金纳德没有及时回到索武德去喝下午茶，在随后的一场搜索中，人们发现他的尸体躺在附近的树林里，头部有一处枪伤，旁边放着一把开了火的猎枪。验尸官宣布，雷金纳德死于意外事故——雷金纳德的哥哥也在14年前开枪自杀，但这一事实在调查中并没有被提及——而后，伊娃再次将赫斯特芒休推向了市场。它被只有一条腿的从男爵、议会议员保罗·莱瑟姆（Paul Latham）爵士买下，最终，莱瑟姆爵士和他那位热爱古董文玩的建筑师沃尔特·戈弗雷，在1911年完成了由洛瑟开始的修复工作。

那些年里，还有一个修复城堡的工程值得一提。事实上，不止是一提。1931年，在从巴黎飞往伦敦的旅途中，随笔作家E. V.卢卡斯从家乡肯特郡的上空，透过飞机舷窗往下看，竟然看到一座巨大的城堡从湖中升起，他当即欣喜若狂。"我听说过这样的奇迹，但只是在大歌剧和幻想作品的世界里，"他说道，"这难以置信，超凡脱俗。你不禁要揉揉眼睛。"[24]

这座超凡脱俗的要塞，正是梅德斯通附近的利兹城堡（Leeds Castle），它是一座浪漫的堡垒，建在一连串小岛上，那些小岛又处于伦河形成的一片湖泊里。在中世纪的大部分时间里，利兹城堡都是英格兰王室的下榻之地。它曾经属于卡斯蒂尔的埃莉诺，她去世之后，1299年，她丧偶的丈夫爱德华一世又与第二位妻子——法兰西的玛格丽特在这儿度过了蜜月。再后来，英格兰国王将这座城堡当作赠予王后的产业，就成为一种传统。一些主要的建筑是在 16 世纪早期，为亨利八世和阿拉贡的凯瑟琳兴建的；到了 17 世纪 30 年代，又开始了新一轮的建设高潮，不过那个时候，它已经转入了私人手中。

1822 年，这座城堡已有相当一部分破败不堪，城堡的主人费因斯 · 威克姆 - 马丁（Fiennes Wykeham-Martin）花了一大笔钱，用一幢含城垛、角楼的乔治时代风格的中世纪式建筑，代替了损毁的部分，此举几乎毁了他自己。幸好他儿子精明的婚姻帮助家族恢复了富有，可是到了 20 世纪 20 年代，威克姆 - 马丁家族还是在这场保卫利兹城堡的战斗中，逐渐败下阵来。1921 年，查尔斯 · 威克姆 - 马丁试图将“这座美丽而历史悠久的城堡”带家具租出去，但无论尝试长租还是短租，都没能成功。[25] 1923 年，他又尝试了一次，这一回他有意让大家知道，如果他再找不到私人租户，就准备接受学校或者其他机构的报价。然而，还是没有人出手。

2 年后，他又试了第三次。各种中介，还有地产经纪公司的奈特、弗兰克和卢特利，都使出了全力。他们宣称，利兹城堡是“金雀花王室和都铎王室的宅邸……是这个国家最美丽的、仍有人居住的城堡之一”。（实际上，威克姆 - 马丁夫妇已经有很多年没有住在这里了。）它坐落在一座“地势连绵起伏的森林公园”里，拥有“许多座雄伟的大厅、1 组精致的卧室套间、6 间娱乐室、1 座教堂、20 个主卧和次卧”。

仍然没有租客出手，城堡似乎注定要继续沉入深渊了。不料，突然之间，1927 年 2 月，全国的报纸都刊登了一则消息，利兹城堡已经被私下卖给了威尔逊·菲尔默（Wilson Filmer）夫人和她的丈夫，价格为 20 万英镑。新主人计划把城堡改造成舒适的现代住宅。

奥莉芙·威尔逊·菲尔默的人脉很广，在接下来的半个世纪里，她将把利兹城堡当作自己的家。那时候，利兹城堡的状况很糟糕，威尔逊·菲尔默夫妇为了城堡的现代化，投入了一大笔资金——根据一种说法，大约为 10 万英镑。他们的建筑师欧文·卡里·利特尔 60 多岁了，是个平凡的人。好在威尔逊·菲尔默请来与他合作的，是一位更加卓越的建筑师及设计师——阿尔芒·艾伯特·拉多，他与自己的长期客户、时装设计师珍妮·朗万合作设计的“优雅展馆”，曾经在 1925 年的巴黎装饰艺术与现代工业国际博览会上引起轰动。这个法国人以前没有在英国工作过（利兹城堡是他在这个国家接手的唯一任务），但他在巴黎很有名，在那里，他的莱瓦洛瓦工作坊雇佣了 200 名金属加工工匠、家具木匠、雕塑家和编织工；在纽约也是如此，他的作品于 1925 年 6 月在大都会博物馆展出。他的作品采用昂贵的材料——象牙与丝绸、鎏金木料和青铜，但是表现了新古典主义风格的返璞归真，并时而受益于冷酷、高雅的装饰派艺术的狂飙突进，以及曲尽风致的新艺术风潮。

其实，拉多诠释都市复杂性的独特设计烙印，并不十分适合肯特郡中部的这座古堡。对于亚瑟·威尔逊·菲尔默来说，他也称不上是一个无可厚非的候选者，因为菲尔默的个人品味倾向于古风。我们不清楚是谁把两个人撮合到一起的，尽管科尔·波特是他们俩共同的熟人。然而，在欧文·利特尔的帮助和自己客户的指导下，拉多成功地将工艺美术运动的中世纪意韵、法式的哥特情调和好莱坞的戏剧化风格，一并融入了重新改造的利兹城堡。

他的主要任务是改造利兹的观景凉亭，这是一栋状如 D 形的建筑，位于一座小岛上，通过自身的双层石桥与城堡的其他部分相连。凉亭有一段复杂的过去。它建于 13 世纪末，原是诺曼人的一座城堡的主楼，16 世纪 20 年代由亨利八世改建，又在 1665 年的一场战争中，被荷兰战俘焚毁，直至 1822 年，威克姆－马丁一家在修建新城堡时，将其改造成了住宅的办公室。结果，拉多拆掉了它，在原地创建了一组全新的卧室套间、一组客房和一组接待室。城堡的小礼拜堂则被改造成了一个镶有墙裙的书斋，里面配有收音机，可以将音乐传遍整座城堡。那间由爱德华一世主持建造、亨利八世使用过的大会客厅，被改造成了一座晚间沙龙，尽管拉多对它的处理方式——引入了雕花橡木梁和一件硕大的 16 世纪的石制烟囱——让人联想起了都铎时代常见的大殿。与之形成对比的是，奥莉芙的更衣室呈现优雅的新乔治时代风格，她那嵌着缟玛瑙的浴室则是纯粹的装饰派艺术。

大部分五金器具、亚麻镶板和橡木横梁都是全新的，是直接从拉多的工作坊里搬来的。它们确实好极了。安装工程结束几年后，其中的一座木制旋梯还让《乡间生活》杂志的克里斯托弗·赫西出了洋相。他肯定是因为旋梯模仿了摄政时代的特征，而把这东西错认成了当年的原物；镇守旋梯的是一名看起来久经战阵的十字军战士，它手握利剑和盾牌，倚靠旋梯的中柱，脚边卧着一头狮子，俨然是一名活生生的十字军战士。就这样，拉多和他的客户以一种完全属于那个时代的典型方式，将新作品与真正的古董结合了起来。有些烟囱碎片取自城堡的不同地方，还有一些是从法国进口来的，散发着淡淡的枫丹白露宫的气息。一同买来的还有古董家具：从法国、西班牙、英国等地采购的 17 至 18 世纪的桌子、床、橱柜，还有 19 世纪的枝形烛台。采购清单上最令人印象深刻的一件，当属从剑桥郡索普庄园（Thorpe Hall）购得的那间镶了墙裙的起居室，它建于 1653 年至 1656 年间，原来的主人是担任克伦威尔时代首席大法官的奥利弗·圣约翰；1928 年，它从怀特与阿洛姆公司被买来，安装在了城堡的主客厅里。

20 世纪 20 年代后期，利兹城堡是一个热闹非凡的地方，当地的工人，伦敦、巴斯的承包商，法国、意大利的专业手工艺人，在这儿并肩出入。电和水都被引入了城堡。湖泊上修建了一座新的桥梁，以便铺设轻轨，将材料运抵现场，并带去多余的碎石。工程办公室设在漂浮的驳船上。主要的承包商是伦敦的吉布尔父子公司，每周的工作日，他们的人就住在附近，间或会乘坐一节标有“利兹城堡”字样的南方铁路的火车专列去往梅德斯通。威尔逊·菲尔默夫妇则会在伦敦度过工作日，到周末再过来检查成果，有时还会带着奥莉芙第一次婚姻的两个小女儿一起过来。

工程进展很快，才到 1928 年，也就是利兹城堡出售一年后，观景凉亭的改造就完工了，足可以让亚瑟和奥莉芙在那儿宴请宾客，拉多就是他们的第一批客人之一。斑马和美洲驼被引入了庭园，一起出现的还有24只火烈鸟，它们享受了几个月的湖光水月，然后拍拍翅膀飞走了。

1931年，建筑师欧文·利特尔走向了生命的尽头。威尔逊·菲尔默夫妇的婚姻也是如此。他们离婚了，亚瑟搬去了约克郡；而奥莉芙，这一潭湖水的主人，留在了肯特郡，继续守护着她宛如仙境的堡垒。她的第三位丈夫就是前文述及的苏格兰从男爵阿德里安·贝利爵士，离婚的同一年，两人走进了婚礼殿堂。他们生了一个儿子，为他取名“高文”——对于一座梦幻城堡的继承人来说，这是一个合适的名字。

天平的一端是环绕着辽阔的护城河、状如城堡的利兹，另一端则是庄园主们的宅邸，它们可能始建于中世纪晚期，也可能把历史追溯到伊丽莎白时代或者詹姆斯一世时代。又或者，它们可能兼具了三个时代的元素，乃至于还镶嵌过一些乔治王朝时代的墙裙，而如果那里竟没有另添几笔维多利亚时代的风情，那么它看起来，一定会更好一些。这些乡间的小房子，不仅比大房子多，价格也要更便宜。它们吸引了不同级别的救助者。

弗雷德里克·迈里克－琼斯（Frederic Meyrick-Jones）牧师就是一个完美的例子。迈里克－琼斯修养良好，爱好运动，对古董文玩富有品味，还具备强烈的社会良知，从他身上，能看出20世纪早期尚且强劲的基督教的影子。

1908年，已经结婚生子的迈里克－琼斯租住了诺福克郡的霍姆庄园（Home Place），这是工艺美术运动期间，由爱德华·舒尔茨·普赖尔设计的杰作。他在宅邸里摆满了古董，把它变成了一所学校，专门教育那些没法在公立学校学上一段时间的难相处的男孩。① 据他的一位朋友回忆道，虽然他再没有重拾牧师的旧业，为人们医治灵魂，“他却再没有停止过向所有享受其友谊的人，灌输基督徒生活的真正标准，而且相比于言传，他更多是靠身教”。[26]

第一次世界大战结束后不久，迈里克-琼斯和他的妻子搬到了英国西南部，他们决定修复伍德兰德庄园（Woodlands Manor），一处地处威尔特郡米尔的中世纪庄园。从18世纪晚期开始，伍德兰德一直属于迈里克家族。它被认为是“威尔特郡最古色古香的民居之一”。[27]然而，它之前被租给了当地的农夫，房屋的情况现在很糟糕：地板腐烂，墙壁凸出，一些伊丽莎白时代引入的几何形状的精美石膏装饰正在瓦解。租客竟然把那座14世纪的小礼拜堂用作了奶酪商店。

1920年，迈里克-琼斯和妻子开始了他们的事业，他把这称为“由两个业余爱好者修复这座古老极了的小房子”。[28]小礼拜堂不再需要被用作奶酪商店了——因为在战争期间，当地农场的奶酪产量逐渐减少——不再被需要的还有那位农夫，他的租约在1921年4月到期，这使得夫妇两人可以拆掉房间里排列的货架，移走一个填满了伊丽莎白时代的壁炉的现代烘箱。他们用一根精雕细刻的

① 霍姆庄园，也被称为沃伍德和克林庄园（Voewood and Kelling Place），原本是为另一位名叫珀西·劳埃德的牧师建造的。但是庄园建成后不久，隔壁就开了一家疗养院，劳埃德夫人担心会从邻居那里感染结核病，便坚持让丈夫把房子租了出去。

16世纪的横梁，取代了为防止墙壁向外凸出而杵在那儿的铁棒。他们修补天花板，重新铺设墙砖，往窗棂上安装了17世纪制作的小玻璃窗。

原先通往外面楼梯的门廊一度被堵住了，现在终于又打开了，而且安上了一扇打过饰钉的旧门，变成了一处小阳台。阳台上竖起了伊丽莎白时代的栏杆，这是他们多年前在伍斯特购置的。另外，阳台还镶嵌了一些中世纪瓷砖，上面印有康沃尔公爵理查德的家族纹章，这是他们从附近萨默塞特郡的一座小修道院弄来的。在烟囱上方，他们装上了一座从剑桥购买的大型天使雕像。1924年，迈里克－琼斯在描述他的修复工作时写道，如果我们在聚会中碰巧发现了雕刻精美的灰色橡木，“要忍住不把它插入某个地方，可不是一件容易的事！”[29]

迈里克－琼斯确实有很多“聚会”①。这里有挂毯、锡镴和铁器，有查理一世风格的桌子和乔治王朝早期风格的胡桃木，还有橡木床架和中世纪彩绘十字架屏风的碎片。他还从英国西南部各郡搜集来古建筑的碎片和打捞出来的沉船宝物。“任何时候，但凡有机会，旧门——尤其是带有钉饰的门——就会从任何可能的渠道进入我的收藏，”他写道，“还有16、17世纪的窗户、铰链、门闩，以及门框、冕牌玻璃，以及其他一切早期的、家用的，乃至于可能有用的东西——越旧越好。”[30]

那位耐心的土地租用人戴先生，允许迈里克－琼斯的建筑工

① 双关语，“聚会”（gathering）兼有“收集”的意思。——译者注

在奶酪店礼拜堂下面的房间里干活，那里现在被装修成了厨房。炉灶被撤走了；接着，一个门上装有亚麻镶板的碗橱被移开，露出另一条被挡住的门廊，迈里克－琼斯又在这里装上了亨利八世时代的橡木门框，安了一扇年代久远、打过饰钉的门，而且更多地用到了他自己的收藏品。

1921 年 4 月，在失去了他的奶酪商店和厨房之后，戴先生终于搬出了这里。当天晚上，迈里克－琼斯就亲自拎起一把大锤，往墙上砸去。眼见伍德兰德两层楼高的大厅，已经被改造成了一组卧室和接待室，于是随后的整个夏天，他那支由工人、泥瓦匠组成的小队伍，都在忙着将改建的部分恢复原貌：

破门而入，引入更多阳光的荣耀时刻开始了。隔板被无情地击碎——可真是上好的柴火！楼上卧室的地板被掀翻了。这层地板让屋里的高度降低了一半。遮蔽屋顶的卧室天花板也被拆掉了。还有 19 世纪的楼梯……突入房间里的那一段被卸了下来——放到别的地方再用一回吧。[31]

在似乎无处不在的菲利普·蒂尔登的建议下，牧师恢复了能俯瞰大厅的室内眺望台，为此使用了 3 扇卧室的门板，结果发现，它们原本是眺望台上装有亚麻镶板的屏风。

1924 年，迈里克－琼斯夫妇搬入了伍德兰德，里面摆满了他们收集到的各种英国家具和回收来的有历史年头的家用设备。不过，庄园内部的一些设备也遭到了破坏：例如，1929 年，伍德兰德庄园里一件最好的伊丽莎白时代的烟囱，就被送去了威尔逊·菲尔默的利兹城堡，之所以卖掉它，据说是为了筹得资金，继续修复这座别墅。

“二战”结束时，这对已经上了年纪的夫妇，搬到了另一处历史悠久的住所，这次是在多塞特郡的沙夫茨伯里；可能是因为没地方住，也可能是因为缺钱，弗雷德里克卖掉了他们的一部分收藏品，其中有5张17世纪至18世纪的橡木床架，包括1张17世纪30年代的四柱床和床上的华盖。他仅仅为这批货出价185英镑。

并不是只有像弗雷德里克·迈里克－琼斯这样肌肉发达的牧师，拯救了那些规模较小的乡间别墅，把它们变成了膜拜古董文玩的神龛。以伍德兰德为中心，方圆20英里的范围内，迈里克－琼斯就有两个很好的榜样在激励着他。其中一个是萨默塞特郡的莱特·卡里（Lytes Cary），那是一座中世纪庄园的遗迹，从1907年起，得到了维多利亚时代的著名医生之子沃尔特·詹纳（Walter Jenner）爵士的精心修复。另一个好榜样是威尔特郡精美的韦斯特伍德庄园（Westwood Manor），它坐落在埃文河畔的布拉德福德附近，是中世纪晚期风格和詹姆斯一世时代风格的完美结合，然而在19世纪的大部分时间里，它都被用作农舍和苹果店。1911年，它被外交官埃德加·利斯特（Edgar Lister）买下，而根据韦斯特伍德的常客，詹姆斯·里斯－米尔恩的说法，埃德加·利斯特“由衷地厌恶和鄙视”现在的日子，同时“自得其乐地沉浸于过去的时光”。[32]

就像迈里克－琼斯一家在伍德兰德庄园一样，詹纳和利斯特也自由地使用了许多取自不同时代的设施和家具——用以创造一种氛围、一种对过去的浪漫回忆，但并不试图触摸真实的过去，或者重建一个旧时代。这不是要批评他们：毕竟他们又不是在建造博物馆。

但是，对过去的迷恋可能会发展到异乎寻常的地步。在整个英格兰，古老的谷仓、农舍里的旧石瓦被相继搬走，回收利用，连上面覆盖的苔藓也被一道回收，好给它们所覆盖的屋顶带去一种真实的古铜色——这些屋顶将得到仔细的修复，最终塌陷在正确的位置上。碎裂的砖块不再被丢弃，相反，它们被搁在一边，直到热心的古董玩家来把它们抱走，砌成新墙，当然，它们将被不真实地重新码放，以确保颜色一致。风吹日晒、歪斜翘曲的旧木材被置于显眼的位置；干净、平整的木材反倒只被用在看不见的地方。此类“修复”的每一处细节，无论是里子还是面子，都必须是古老的。更重要的是，它必须看起来很古老。

《乡间生活》在1924年刊登的一篇文章中，描述了巴西尔·艾奥尼迪斯为自己修复豪布里奇庄园（Howbridge Hall）的故事，那是一座地处埃塞克斯郡威瑟姆的伊丽莎白时代的乡间别墅。文章羡慕地提到，修复过程中没有使用任何新东西，连门把手、铰链、指板和壁炉栅栏上的瓷砖都不例外。后来，艾奥尼迪斯为克拉里奇酒店设计的装饰派艺术作品，以及为萨伏伊剧院设计的金银内饰，都戏剧性地放弃了这种信而好古的路线，但是在当时，他甚至不愿意看到用电动或气动的响铃系统来召唤仆人，在他的房子里，只有铃铛在所有的房间拉响——“他们能分辨出是谁在拉扯铃铛，是以什么样的脾气在拉扯铃铛”。[33]每一根拉绳都出自古老的缝纫技法，餐厅里用的是安妮女王时代的斜针绣法，维多利亚时代的十字绣法更是无处不在。建筑师阿尔伯特·理查德森爵士拒绝在他1919年购买的位于贝德福德郡安特希尔的林荫道别墅（Avenue House）中，安装电力或任何现代化设施，在接下来的45年里，他偏好蜡烛和油灯，像利斯特一样沉浸于过去的岁月。他还喜欢在家里穿乔治王朝时代的古装。

他们为什么这么做？为什么政治家、女继承人、牧师，都把自己的财富和未来倾注到修补废墟的事业中去？“我们不得不年复一年地节省开支，”康威在1932年写道，“回首过去，我也会问自己，这样做是否值得。”[34]

人们很容易将这一切归因于战争。这些破碎的石头和银灰色的橡木横梁，在某种程度上代表了英国，1918年之后，面临威胁的它们变得愈加珍贵。但许多伟大的修复工程——阿灵顿、赫斯特芒休、林姆尼之类的城堡，还有韦斯特伍德庄园——早在1914年之前就开始动工了。人们最好还是将这些修复工程，视为反城市、反工业、反现代的传统做法的一部分，其渊源可以追溯到19世纪的浪漫主义运动及其后继者——工艺美术运动。不过，战争无疑使这种情感变得越发强烈了。在艾斯菲尔德，约翰·巴肯发现了与某种深刻的事物重新联结的感觉，这种感觉被其他经历过战争的人所分享，他们选择在大客厅里饮茶，在护城河畔观赏天鹅，而不是享受爵士时代的纵欲狂欢。当然，也有一些人同时选择了二者。

人们也更加清楚地认识到，他们正在失去什么，以及为了挽回失去的一切，他们已经做过什么，没有做过什么。1912 年发生了一系列建筑丑闻，包括塔特舍尔城堡的壁炉被拆除一事，这导致人们奔走呼吁，希望赋予中央政府相关权力，去收购受到威胁的历史古迹。这项法案通过后成为法律，即《古迹法案》（Ancient Monuments Act），其中也包括了这样一些计划，比如，要为具有国家重要性的古迹编列清单和计划表。一旦一幢建筑被列入计划表，业主也已得到通知，再破坏它就是犯罪。不过，别墅却没有被列入法案的保护范围；因为把别墅列入的做法，会被视为“英国人无法容忍的国家干预”。[35]

随着保护古迹的计划表在“一战”之后浮出水面，还出现了要求国家出手，拯救具有历史价值的宅邸的呼声。1920 年，古迹咨询委员会（Ancient Monuments Advisory Committee）成立；1921 年，该委员会建议扩大 1913 年法案的权力，把保护范围扩大到住宅建筑，并给予业主补偿：

> 古老的乡间别墅和庄园无疑具有头等重要的意义，应该纳入任何保护计划之中。维护一座大型乡间别墅，很可能成为一种日益沉重的负担。国家应做好准备，对业主的贡献——因其具有的历史、艺术价值而维持一幢建筑，但建筑本身已不能满足现代的要求——予以认可。[36]

1923年，莱瑟勒斯（Lascelles）子爵，即后来的第6任哈伍德（Harewood）伯爵，提出了这样一种观点，要么像全国托管协会这样的组织，应该设法筹集资金，去维护那些遭到遗弃的历史建筑；要么国家“在认识到高雅建筑具有的社会和艺术价值之后，应减轻那些允许公众参观其遗产的业主的经济负担”。[37]

所有这些策略都会得到采纳，虽然并非在不久后的将来。与此同时，公众的讨论提高了具有历史价值的宅邸的知名度，而供应持续超过需求的地产市场又意味着，对于那些爱好古物、腰缠万贯的人来说，可以淘到便宜货了。

一条常见的线索是，许多来拯救城堡、庄园的人，都是乡间别墅生活的新手。弗雷德里克·迈里克－琼斯是一名牧师。马丁·康威是一名牧师的儿子，多亏了他富有的美国岳父的慷慨资助，才能买下阿灵顿城堡。弗兰克·坦南特的钱，是从化工制造这一行赚来的，他的继任者、林姆尼城堡的主人亨利·比查姆的钱，则来自专利药品。克劳德·洛瑟是一位海军军官的儿子——不过他也承认，他还是一位贵族的孙子，因为他的父亲是第2任朗斯代尔（Lonsdale）伯爵和一位歌剧演唱家的私生子。奥莉芙·威尔逊·菲尔默有一半美国血统，伊娃·劳森完全是美国人。

1919年，马尔伯勒公爵在引用丁尼生的名言“旧秩序改变了，让位给了新秩序”时抱怨道，旧秩序注定要灭亡了，遗产税扼杀了它。他问道，什么样的新秩序将取代它？“那些历史悠久的别墅，那些永远纪念着英国人民心中往事的丰碑，在被改建成博物馆以后，难道只是人事代谢的遗迹了吗？”[38]

马丁·康威自有答案。“如果说旧秩序改变了，”他写道，“将被赋予永恒地位的，也并不是野蛮和入夜的文明，而是表现得同样伟大的另一种神圣力量……人事代谢，自古皆然。”[39]

第 5 章

一种新文化

菲利普·沙逊（Philip Sassoon）爵士，20 世纪最伟大的乡间别墅鉴赏家之一，拥有庞大的财产和显赫的血统。他的家族已经为巴格达的哈里发们当了 1000 年的御用银行家。19 世纪，他的曾祖父从波斯移居孟买，建立了一个强大的贸易帝国，人们都说："银和金，丝绸、树胶和香料，鸦片和棉花，羊毛和小麦——任何运过海洋和陆地的东西，都会经过沙逊公司的手，或是打上这个公司的标志。"[1]他的祖父投身于慈善事业，由此为自己赢得了从男爵的头衔，他的父亲爱德华爵士迎娶了罗斯柴尔德家族的艾琳。威尔士亲王，即日后的英国国王爱德华七世，曾以这位女士的名字命名他的游艇。

爱德华·沙逊爵士于 1912 年去世，比他的妻子晚了 3 年。他留下了 18 岁的女儿西碧尔和 23 岁的儿子菲利普。爱德华爵士还留下了位于公园巷的一栋豪宅，它是在 19 世纪 90 年代为兰洛德·巴尼·巴纳托建造的；除此之外，他还留下了一笔天文数字的财富。爱德华爵士名下的地产，价值超过了75万英镑。

父亲死后不到一年，西碧尔嫁给了洛克萨维奇勋爵乔治·乔门德利，他是乔门德利侯爵的继承人，在诺福克郡和柴郡拥有大片房产，包括帕拉迪奥的杰作霍顿庄园（Houghton Hall）。西碧尔得到了父亲财产的四分之一；其余的归菲利普——新继任的从男爵菲利普·沙逊爵士所有，不过，这笔钱将由信托人保管，直到他过完30岁生日才能接手。在此之前，他只能勉强度日，每年收到1.2万英镑的津贴，远远超过今天的100万英镑。1913年11月，洛克萨维奇夫妇出发前往印度，将在那儿度过6个月的蜜月，菲利普爵士送给他们一辆白色的劳斯莱斯汽车作为结婚礼物，供他们在印度期间使用。

菲利普爵士继承了肯特郡海斯的议会选区，他的父亲曾是自由党统一派的议会议员。（与他竞争议会席位的对手，是室内装潢师西碧尔·科尔法克斯的丈夫阿瑟·科尔法克斯爵士，据说后者无趣到甚至可以挖通英吉利海峡的隧道。）在菲利普的余生中，他将成为海斯选区的保守党议员，成功赢得7次大选。他没有选择住进那座摄政时代建于桑盖特的哥特式别墅，肖恩克里夫小舍（Shorncliffe Lodge），虽然他父亲曾把这儿用作选区的基地。菲利普爵士又买下了一块270英亩的地产，住在那里，不仅可以俯瞰罗姆尼湿地，还可以看见英吉利海峡和对岸法国的灯光。他委托赫伯特·贝克为他建造一座名为贝尔凯尔（Belcaire）的周末度假别墅。他常常说，那里“地处世界的边缘”，宁静得连“博韦的狗吠都听得见”。[2]

贝尔凯尔是一座令人愉快的红砖别墅，带有那种荷兰式的山墙，让人联想起贝克在南非长达 20 年的建筑师生涯。1914 年，贝尔凯尔还没有完工，沙逊就去了法国，作为英军总司令道格拉斯·黑格的私人秘书，度过了战争的大部分时间。即使身在国外，即使世界大战激战正酣，这个年轻人（战争爆发时他才 25 岁）仍然在远程指导，督建贝尔凯尔的花园，他还设法委托一位加泰罗尼亚艺术家何塞·马里亚·塞特，为他的新客厅创作了一系列引人注目的讽喻壁画。在金色、棕褐色和黑色的画面中，法国被德国鹰骚扰得疲惫不堪，千钧一发之际，她的盟友——呈现为一群赤裸的孩子——带着喷射火焰的火炮来帮助她，只见敌方的一对巨型大象顺理成章地乖乖举起前脚，搭在了壁炉台上。

1915 年，首相赫伯特·阿斯奎斯顺道参观了贝尔凯尔，当时别墅的主人尚远在国外，在看到墙壁“被涂成高度抛光的褐黄色，上面的壁画颜色更深，画出了不同姿势的大象”之后，首相惊得目瞪口呆。与他同行的游客，戴斯伯勒夫人和司法部长约翰·西蒙爵士，简直无法用语言来形容他们的“恐惧和厌恶”。[3]等到沙逊休假回家时，他的性格变得更加谨慎了；可是就连他也无法掩饰自己对塞特所作所为的震惊。他半开玩笑地说，壁画“太可怕了”，并告诉他的朋友路易斯·马雷特爵士，他们把客厅弄得太黑了，“你必须在大中午掏出手电筒，否则就会像迷路了一样”。[4]不管他是否感到失望，“一战”结束后，他仍然委托塞特装饰了其公园巷豪宅的巨大舞厅，这一次，塞特采用了一种更奇妙的色彩组合，蓝色和银色，画中有许多骆驼，还有更多的大象，它们旁若无人地经过寺庙，穿越荒漠。

1918年12月，在“一战”后的卡其布大选中，沙逊以5382票击败了工党候选人，保住了他在海斯的席位。（有关他的表弟西格弗里德可能会反对他的传言，被证明毫无根据。）在继承遗产的同月，他决定扩建和改造贝尔凯尔，并将其重新命名为林姆尼港（Port Lympne），意在指代罗姆尼湿地被排干之前，在附近矗立的古罗马勒马尼斯港（Portus Lemanis）。

不过，菲利普爵士到底还是无法忍受塞特的大象，即使周围配上了大理石雕像和一面面镜子，最终，他让人用奶油色、亮白色和灰白色的涂料，把象群一股脑儿抹去了。他以华丽风格的作品弥补了象群的缺席，并于1931年委托年轻的雷克斯·惠斯勒装饰了他的台球室。惠斯勒把林姆尼港的台球室改造成了一间帐篷房，天花板上绘有一幅采用错视画法的巨大的天顶画，画的是一个遮阳篷，这可能是考虑到，房子的主要功能是作为沙逊的避暑之家。在四周的墙壁上，这位年轻的艺术家创造了一长排奇怪的河畔景观，许多真实和想象中的人物在里面比肩接踵：有他们共同的朋友杰拉尔德·伯纳斯，但呈现的是他小时候的样子；有惠斯勒最喜欢的一家伦敦苏活区的餐厅，“埃菲尔铁塔”的老板；还有一位穿戴丧服的神秘女子，靠在一个刻有“悼念”字样的骨灰瓮上。詹姆斯·吉布斯的田野圣马丁教堂，在这幅描绘城市的河畔风景画中占据了突出的地位，它高高地耸立在从威尔顿伸展过来的帕拉迪奥桥后面。把目光移向远处，就可以看见伯纳斯自己的乡间别墅——法灵登（Faringdon）；同样在那里，还可以看见一群身穿黑袍的牧师，以及一位穿着考究、坐在18世纪马车里的女性。就像惠斯勒的壁画经常给人的印象一样，在某个容易遗漏的地方，潜藏着一个故事，一段只要我们能找到它，就能让一切串联起来、浮出水面的叙事。

剧院的感觉在室内洋溢，乃至于延伸到了外面那座15英亩的花园中。在园林设计师诺拉·林赛的建议下，沙逊重新布置了花圃。在房子后面，蒂尔登开辟了一条通往悬崖的陡峭石阶，沿途设有弥漫古典气息的亭子和喷泉。下方是一片开阔的露台，早在战前，贝克就来这儿标注了游泳池的位置，如今，蒂尔登在这里创造了英格兰最激动人心的浴场之一，不仅如此，浴场的两侧还有地势抬高的四分之一大小的泳池，有围了栏杆的台阶和喷泉，远远望去，所有这一切似乎漂浮在沼泽之上，置身其中，则可以远眺英吉利海峡和地平线上加来海峡的海岸轮廓，欣赏恢宏壮阔的美景。①

蒂尔登认为，林姆尼港是沙逊对战争的回应，是一种挑战，一种宣告，“一种新的文化已经从旧的病榻上冉冉升起，带着新的渴望……（每一个）头脑都要适应这种新的想象力的爆发”。[5]其他人的反应从惊讶到嘲笑，各不相同。较之阿灵顿城堡经过精心构建的复古主义，以及战后巴肯这类人士想要伸手攫住的英格兰乡村的浪漫神话，林姆尼港可谓站在了二者的对立面。它是一座典型的局外人的乡间别墅，是一座舞台，主人自己可以在这儿扮演

① 不过，浴场的“漂浮”并不充分：当蒂尔登把它灌满水时，它显示出从山上滑落下去的迹象，因此不得不缩减它的大小。

英国的从男爵。但更重要的是，它可以吸引那些渴望享受主人的盛情款待的人士，从四方涌向林姆尼港，从温斯顿·丘吉尔到劳埃德·乔治，再到阿拉伯的劳伦斯和查理·卓别林，都登上过这座出自沙逊非凡幻想的舞台，做了心甘情愿的演员。

在那个时代的几乎每一本回忆录里，都有沙逊熠熠生辉的影子。他从未结婚——事实上，他没有表现出任何明显的性倾向，尽管一直有谣言说他是同性恋。围绕他的生活产生了许多传说。比如，在20世纪30年代的福克斯顿，坊间传言，他会在黑种阉人的陪伴下，去玛莎百货买衬衫。在关于他的故事里，每一个的内容都差不太多。那些认识他的人经常提及他的淫荡和印第安血统，通常并不是像弗吉尼亚·伍尔夫那样，用丑陋的语言直呼他（伍尔夫称他是“一个没有教养的白教堂区的犹太人”），而是会用到当年的那种隐晦、非正式的种族主义言辞。[6]他浑身充满“异国情调”，是一个“东方人”。“这是一个奇怪、孤独、不像英国人做派的小个子。”哈罗德·尼克尔森写道。[7]对他的了解不亚于任何人的罗伯特·布思比曾说，他“不是英格兰的一部分，他所崇拜的神也不是我们的神”。[8]然而有趣的是，西碧尔·沙逊与英国贵族的联姻，分明意味着她身上没有半点异类的气息。

作为一个美国人，奇普斯·钱农同样是一个局外人，他对林姆尼港的主人感到好奇、不确定和钦佩，曾经在不同的时间称他为“最古怪的恶人”和“这个时代最令人兴奋、最撩人心弦的人物之一”。[9]1939年6月，年仅50岁的沙逊死于流行性感冒引发的并发症，钱农在他的日记中写了一篇有条有理的讣告，称赞他的智慧和友善；钱农注意到，沙逊渴望成为这个社会的伟大一员——王室成员总是光临他的别墅，对于他们，沙逊比对其他任何人都更加忠诚——钱农还得出了公正的判断，虽然沙逊的政治生涯并不光彩夺目，但他的品味和对艺术的热情，就是他的伟大成就。“他真正喜爱的是装饰珠宝的大象和反差强烈的色彩——奇谲而瑰丽。”[10]

沙逊有时也能克制住自己，尤其是当他和珠宝装饰的大象、反差强烈的色彩待在一起的时候，他还想往他的收藏中增添一种最转瞬即逝的艺术品——英国人的国民性。林姆尼港并不是他唯一的乡间别墅：1912 年他父亲辞世时，他继承了赫特福德郡特伦特庄园（Trent Park）的租住权。特伦特庄园是一座巨大的维多利亚时代风格的别墅，用淡紫色的砖砌成，坐落在恩菲尔德猎苑南端，占地达 500 英亩。特伦特庄园在 19 世纪 90 年代进行了现代化改造，而后便骄傲地拥有了 30 间卧室、一座浩瀚的湖泊、日式水景花园和网球场，以及一座“外观奇丑无比”的塔楼。[11]这里距离伦敦只有 45 分钟的车程（“距离英格兰银行 13 英里”），并且安装了一切能想到的现代化设施：电灯、电梯、电话和中央供暖系统。还有 10 间带家具的房间，供来访宾客的司机使用。[12]

有 10 年时间，沙逊都不知道该拿特伦特怎么办才好。他名下有林姆尼港可供游玩，有公园巷 25 号的另一处住所用来摆满 18 世纪的珍宝。1916 年他本人尚在法国时，特伦特登上了广告，将带上全部家具对外出租；其中的一些家具后来在 1919 年被卖掉了。

1924 年，第二轮更大规模的家具拍卖开始了，当时沙逊正在处置一大批藏品，包括 18 世纪的法国艺术品塞夫勒、中国明代的瓷器、博韦挂毯和一批 17、18 世纪的英国桌椅。这笔买卖引起了各界人士的强烈兴趣，人们安排了一辆长途汽车，负责在新巴尼特火车站接车，在参观和售卖的日子里，把到访的顾客送去 3 英里外的庄园。

处置这样的财产通常是厄运的先兆，预示着地产的解体、豪宅的拆除，或者是将宅邸转让给机构使用。但是特伦特庄园的情况却并非如此。随着林姆尼港差不多完工，沙逊在 1923 年买下了特伦特的永久产权。大约同一时间，他又从威廉·肯特近来拆除的皮卡迪利大街的德文郡别墅（Devonshire House），买来了砖块、石头和内部陈设，正如他的堂弟西格弗里德·沙逊在其《德文郡别墅临拆挽歌》中写的那样，这些东西“在原来的地方透露出一股公爵范儿，它们端庄得体，坚如磐石”。[13]在半心半意地小修小补了一阵，试图缓和特伦特那种过犹不及、糟糕透顶的维多利亚时代风格，却于事无补之后，1925 年他放弃了，从此开始对庄园展开大规模的彻底改造。

这么做的结果，正如克里斯托弗·赫西在 1931 年所报道的，是一座伟大的、全然秉承英国传统的乡间别墅，映入了人们的眼帘，它身上没有一丝帕拉迪奥风格的戏法儿，或者是那个自我觉醒时代的特征，要知道，这些特征在那个时代有数不胜数的例子。每个人都认为，菲利普·蒂尔登在特伦特庄园做了沙逊的建筑师，可是蒂尔登——他通常不会在把功劳据为己有时吞吞吐吐——却没有在回忆录中提及这一事实（甚至是这栋房子），而赫西说话的口气，也好像沙逊自己才是负责人似的。但不管是谁负责建造了新特伦特庄园，他们都把它改造得很漂亮。那座奇丑无比的塔楼被推倒了，威廉·肯特的德文郡别墅用到的玫瑰红砖，被用来重新装饰外墙，新房子四周时而开有一扇扇石头窗户，还有腰线和飞檐作为点缀，这些也全都是从早先的德文郡别墅上取来的。在房子内部，沙逊安装了一座橡木楼梯，楼梯上安有德文郡别墅的螺旋栏杆，接着，他为主会客室镶上了墙裙，将它们漆成柔和的蓝色、灰色或黄色。那里没有大象，也没有摩尔式的天井。雷克斯·惠斯勒再一次被请了过来，但这一次，他的作品仅限于壁炉架上绘有古代奖杯的墙裙镶板。家具的品质都很好，但这种品质可能是那个自从 18 世纪初以来，一直住在特伦特的家庭，在多年中日积月累所形成的。

如果特伦特庄园是另一座戏剧舞台，那么戏剧的主题就是英国地主阶级的生活，由沙逊担任主角。“菲利普爵士打造了一座庄重而朴实、实用又文明的建筑，”赫西写道，“可以被视作一个完全未受时尚和幻想影响的英国民用住宅的理想案例。”[14]

不过，那种幻想还在潜滋暗长，甚至在特伦特庄园也是如此。确切地说，沙逊的动力并不只是想给人留下深刻印象，而是想取悦别人；这种动力辅以他庞大的财富和冲动的天性，产生了惊人的后果。1933 年的一天，雷克斯·惠斯勒建议，花园中的一些雕像如果能镶上镀金，发出熠熠光彩，看起来应该会很不错。第二次他再去的时候，一位身材魁梧的领头的角斗士，已经手持一把金光闪闪的利剑和一块看上去宛如金质盘盖的盾牌，站在那里了。

“我得说，他的想法比我还大胆!”惠斯勒在给朋友的信中写道。[15]

这些镀金的雕像引发了有关特伦特庄园的各种故事。据说，排水管是金色的；公园里公鹿的鹿角也是金色的，因为它们的主人喜欢它们在阳光下闪闪发亮的样子。有一次，沙逊命人把英国国旗从屋顶的旗杆上降了下来，因为他觉得国旗的颜色与日落的颜色相冲突。

这些故事没准儿是真的：毕竟谁也摸不准菲利普·沙逊爵士的脾气。例如，有这样一件事就是真的，他曾经在特伦特湖上养过几只朱鹭和火烈鸟，而且每次他一到那儿，都会亲自去喂他那一小群帝企鹅、跳岩企鹅和黑脚企鹅。另外，还有这样一件真事，1934 年，肯特公爵偕公爵夫人去特伦特度蜜月，为此，沙逊特意从瑞斯特庄园举办的拍卖会上，买下了 3 座 18 世纪的前任肯特公爵的纪念碑，将它们搭建起来，让新婚夫妇感到宾至如归；非但如此，他还会在一夜之间，让人在庭园里栽好花圃。罗伯特·布思比谈到了这样一次经历，一天深夜，他赶在其他家庭成员前面，先行到达了特伦特。第二天一大早，他就被车道上轮子碾过的声响吵醒了。“我起床，穿着晨衣出去，发现有 6 辆马车从林荫大道驶过来，车上载着刚从考文特花园市场买来的盛开的鲜花。一支园丁大军（总共有 18 个人）正等着把它们种到精心准备好的狭长花圃中。等其他客人开始来用午餐的时候，花儿全都已经栽种好了。”[16]

随着建筑师和客户不断探索乡间别墅的新定义，许多新的乡间别墅在两次世界大战之间的日子里建成，这种新定义考虑到了变化的需求和社会结构，考虑到了在这样一个世界里，过去已不再是唯一的风格指南。

英国战后建筑的特点是不确定性，这意味着，没有一种风格在新的乡间别墅建筑领域占据垄断地位。那些在战前就为自己开创了事业，按照雷恩复兴风格建造住宅的斫轮老手，到了战后继续以几乎相同的风格进行设计，尽管随着越来越多的乡间别墅流入市场，他们这一派在不可避免地走向衰落。

与此同时，工艺美术运动也在继续吸引着喜欢把自我沉浸在乡村浪漫之中的人士。

20 世纪 20 年代，贯彻工艺美术风格的最伟大的乡间别墅，格洛斯特郡的罗德马顿庄园（Rodmarton Manor），在战前就开始设计，直到 1929 年才竣工。之所以经历了如此漫长的孕育期，完全是因为对传统工作方式的坚持。建造过程中没有雇佣承包商，这放在 20 世纪早期，对于如此庞大的工程来说，简直反常至极。所有的石头和石板都在附近开采，用马车运到工地，再交由当地的石匠处理。用于横梁、椽子的木材，在庄园里被切割和风干。圆锯不能被允许用来塑造木板的形状——因为用了圆锯，就有了一种工业加工的味道，而且它会使工匠与他的材料之间出现隔阂。这么一来，工匠们只得就地挖出一个锯木坑，让两个男人用两只手把住锯子，拼命锯好每一根木材。金属制品也交给了当地的铁匠来制作，罗德马顿工地的领班亲自负责工程监督。

这一切的背后有一种严肃的考虑。罗德马顿俨然是一家教育企业，是一种改变世界的无声尝试。如果传统手工艺正在消亡，那么它们必须得到复兴，它们的复兴依赖于庄园里的工匠和生活在周围村庄的妇女。赋予他们制造美丽事物的技能和信心，他们就会把他们的知识进一步传递给他人。

这就是工艺美术运动一直梦想的那种激进、冒险的社会改革。人们很少能看到它变成现实；但是，其他建筑师的动机，与其说是想改变世界，不如说是为了实现那种心心念念的可能性，让民间建筑变得古色古香，战后，他们把同样的传统理念继续灌注工作之中。奥斯瓦尔德·米尔恩就是一个这样的人，19 世纪 90 年代末，他曾受聘于亚瑟·布洛姆菲尔德爵士，还在卢琴斯的办公室工作了好几年。“一战”停战后，他重拾 1904 年以来一直从事的手艺，继续建造带有些许工艺美术风格的乡间别墅，也是从这时起，他开始了自己的创业之路。1919 年，他与从卢琴斯办公室认识的保罗·菲普斯合作，携手建造了一系列令人愉悦，但谈不上富有灵感的乡间别墅。其中最有趣的一座——说它有趣，不仅是因为地点和客户，也是因为米尔恩对工程的处理方式——是南德文郡海岸的科尔顿鱼庄（Coleton Fishacre）。

科尔顿鱼庄的选址令人印象深刻，它坐落在一处逼仄的临海峡谷里，峡谷的地势一路下降，最终沉入了一处小型海湾。欣赏它的最佳角度是从海上，就像米尔恩的客户，鲁伯特（Rupert）和多萝西·多伊利·卡特（Dorothy D'Oyly Carte）夫人第一次从海上看到它时那样。那是 1923 年，当时他们正乘坐游艇，在布里克瑟姆和达特茅斯之间航行。鲁伯特·多伊利·卡特的父亲是剧院经理理查德·多伊利·卡特，他与吉尔伯特和沙利文的独家商业协议，促成了这家著名的歌剧公司的成立，以及萨沃伊剧院和萨沃伊酒店的修建，所有这些地方现在都由鲁伯特负责管理。

对于一对夫妇和他们的两个十几岁的孩子来说，科尔顿鱼庄可谓是一处周末度假的胜地。这是 20 世纪 20 年代的老式做派，缺乏冒险精神：米尔恩打心眼儿里信奉菲利普·韦伯的格言，“除非我的工作看起来平庸无奇，否则我是不会满意的”。不过话说回来，拿页岩砌成的石墙（呈现出庄园里上好的工艺美术风格），未涂油漆的橡木窗棂，用德拉波尔石板搭建的陡峭屋顶，确实带给人一种静谧的感受。这是一座既不过分古雅，也不过分现代的别墅。

每逢周末，这处度假胜地就变成了一所住宅，这时候的它更像是一座乡间别墅，而不是背靠海滨的度假屋。它大得足以同时容纳一个由 4 人组成的室内家仆班子——男管家、女管家、女仆和厨师，以及 1 名司机、6 名园丁。房子建好后不久，多萝西夫人就永久地搬去了那里，不过她的丈夫仍然住在伦敦，每周五晚上开车回家。他们用游艇和园艺来消磨时光——鲁伯特雇有一位园林裁剪师，名叫孔唐。到了 20 世纪 30 年代，科尔顿的花园已经打理得足够完善，并且在女王地区护理学院的帮助下，面向公众开放。一家人有时去大海里游泳，有时去他们在小海湾里用混凝土建造的潮汐泳池里游泳，还有些时候，会忙着招待来自艺术世界的各位友人。事实证明，这里有桥牌派对，有音乐会，有所有的一切，唯独没有快乐。1932 年，多伊利·卡特夫妇的儿子迈克尔死于车祸，儿子去世后，夫妇俩的婚姻也没能维持多久：1936 年，两人分居；5 年后，鲁伯特与多萝西夫人离婚，理由是妻子与人通奸。

罗德马顿和科尔顿用其各自不同的方式表明，“一战”结束后，乡间别墅的生活传统仍然是恋旧的，它被禁锢在一片宁静而谦逊的、对于过往岁月的爱慕之中。在一些建筑师的手中，它确实如此。这里有太多的用茅草覆盖屋顶的宅邸——简直是摄政时代的那座茅草屋在 20 世纪的翻版——带有光滑陡峭的屋顶和铅皮覆盖的花格窗，背对着未来的美丽新世界。与此同时，宅邸的主人们却正通过无线电，收听有关金融市场灾难和欧洲各地恐怖事态的最新消息。主人们的无线电伪装在刻意磨损以显古风的橡木“古董”橱柜里，由发电机供电，而发电机又暗藏在半木结构的、采用股票经纪人式都铎风格的车库里面。

当然，也有现代主义者存在。在两次世界大战的间隙，现代建筑运动风格的乡间别墅开始拔地而起，散落各地，它们有闪亮的白墙、平屋顶和水平的玻璃饰带，但公众却总是对它们的出现反应惊愕，常常表现出彻头彻尾的敌意。地方议会不愿意为这些试验颁发建筑许可证，老一辈建筑师也谴责这种风格不合适、有外国之风、有悖于传统。1934 年，雷金纳德·布洛姆菲尔德爵士——战前，他建造了大量保守的雷恩复兴风格的豪宅——对他口中所谓的“现代主义”发起了猛烈的攻讦，谴责那些看起来像钉上柱子的长方形盒子、上头覆盖生日蛋糕的糖衣、屋子里俨如手术室的怪房子。“平屋顶具有什么特别的优点吗?”1930 年，《乡间生活》杂志抛出了这个问题，并立即给出了自己的答案：

"压根儿没有。"[17]几年后，它又宣布："这种类型的房子……不能像使用当地材料、按照传统风格建造的建筑那样，融入英国本土的景观。"[18]具有讽刺意味的是，这正是2个世纪前，人们对帕拉迪奥主义的批评。而帕拉迪奥主义现在是最受尊敬的乡间别墅风格。

毫无疑问，现代主义建筑看起来很不寻常，尤其是当它们从乡村的田园景观中赫然崛起的时候。在英国出现的首批大型现代主义别墅之一，是伯克郡纽伯里附近的克洛斯德普（Crowsteps），它是由苏格兰约翰·伯内特爵士及其合作伙伴公司的托马斯·泰特设计的。1927年，泰特开始在"银端"工作，"银端"是弗朗西斯·克里托尔的工厂为工人们兴建的现代主义风格的定居点，克里托尔的公司生产金属窗框，他的产品似乎给那个时期的每一座现代建筑都增添了光彩。这里的房屋是平顶的，有三角形凸窗和粉刷过的墙壁，其中包括一排排的"小屋"，每一座里面有3间卧室，另外还有会客厅、起居室和洗涤室；带4间卧室的别墅，大概是为克里托尔的高级员工设计的；最后，还有员工村里最豪华的别墅，时髦且优雅的城堡，它的屋顶、阳台呈现出水平的线条，这一点又借助钢制框架的窗户——没有使用垂直的玻璃格条——在视觉上得到了加强（这当然是由克里托尔设计的）。

泰特在克洛斯德普的客户艾伦·西蒙斯（Alan Simmons）博士受到了"银端"的启发。泰特交给他的那座仿佛金字形神塔的建筑，与其说是乡间别墅，不如说是坐落在自家土地上的豪宅（在早期的照片中，它孤零零地矗立在那里，光彩夺目，但实际上，它构成了城镇边缘一片绿树成荫的新建郊区的一部分），而且同样毫不妥协。建筑作家兰德尔·菲利普斯写道：“这栋房子不仅招致批评，它也向批评提出了挑战。”[19]一系列拾阶而上，带有日光浴露台和阳台的亭子，俯瞰着一个长长的混凝土砌成的泳池。将整座别墅包裹起来的水泥底漆混合了一点赭土，焕发出奶油色的光泽。进门之后，映入眼帘的是单层的墙裙和餐桌，它们都是为别墅特别设计的，涂上了黑色纤维素漆，“以防止灼烫的盘碟留下印痕”，楼梯两侧用实心墙代替了栏杆，配有朱红色的扶手。女仆们的卧室在别墅的顶层，她们有自己的一间客厅，紧邻厨房，而厨房又在餐厅的隔壁。从20世纪20年代开始，这种实用的设计在新建的别墅中逐渐变得普遍起来，即使是最大、最豪华的别墅也不例外。

如今，我们已经很难再感受到，当年人们初见克洛斯德普这类房子时的惊讶了。那种惊讶的程度，会超过我们的想象。如果有人想要举一个例子，说明在两次世界大战之间的那些年里，新式建筑具有多么彻底的非英伦风格，那么至高楼（High and Over）就是这样的一个例子。即使是在它建成80多年后的今天，它那坚硬的白色棱角，连同酷似失明、目不转睛的窗户，仍然叫人瞠目结舌。我们兴许会觉得，这令人兴奋，这是最具挑逗性的建筑。但是在当时人的心目中，这并不是乡间别墅应有的样子。无论如何，这都不该是一座出现在英国乡村的房子。委托设计的客户是一名地地道道的英国人，非但如此，这个人比大多数人更关心历史先例。伯纳德·阿什莫尔（Bernard Ashmole）生于英国埃塞克斯郡，当他决定在白金汉郡通勤地带的中心位置——阿默舍姆给自己建一所新房子时，他已经 35 岁了。他的孩子年纪尚小，他本人刚刚被任命为伦敦大学学院的古典考古学教授。

阿什莫尔是作为古钱币学和古典雕塑方面的专家而声名鹊起的，在 1929 年回国，出任伦敦大学学院的教授之前，他在罗马英国学校当了 3 年校长。正是在那儿，阿什莫尔第一次见到了他未来的建筑师，一名才华横溢的年轻的新西兰人——埃米亚斯 · 康奈尔。

阿什莫尔选择康奈尔作为他的新房子的建筑师，是一个相当勇敢的决定。这个年轻人还没有建造过任何有存在感的作品，他的观点极其前卫，他的设计深受勒柯布西耶的影响，然而后者的作品却在英国建筑界引发了从愤怒、恐惧到茫然不解的各种反应。

关于至高楼最有趣的事情之一，是它的平面图。正如它的名字所暗示的那样，这座别墅高高地矗立在山上，俯瞰着米斯伯恩山谷。它的布局呈 Y 字形，周围有 3 排大致等长的耳房，彼此间隔 120 度，从一个六角形的大厅辐射出去。它看似朴实无华，有平坦的屋顶，还有覆盖了水泥砖的钢筋混凝土框架，可是，它虽然在平面图上表现了一种宏观的对称，却又小心翼翼地在细节上推陈出新，试图打破这种对称。每一排侧翼的耳房，都有各不相同的开窗方式；南向的耳房被用作阿什莫尔的图书馆，在那里，一处棱角分明的凸窗张扬地耸立在外，东北方向的耳房被用作餐厅和厨房，可是从这儿又扩建出一片区域，里面隔成了几间家庭办公室，它们只是些低矮的一层平房，却在不经意间，突破了整排耳房的平衡感。最引人注目的，是一对由石柱支撑、形状扁平的混凝土骑楼——或者叫天棚好了，它们就像巨大的飞机机翼一样，盘桓在南向和西北方向的耳房上方。尽管它们的风格与当下的机器时代有明显联系，但之所以建造它们，主要是为了悬挂阿什莫尔孩子们的吊床，为他们提供荫凉。骑楼的其余部分各具用途，包括一间通风良好（相互保持了适当的遥远距离）的六角形日间育儿室和一间夜间育儿室，以及保姆的卧室。一部电梯会把饭菜从一楼的厨房送到楼上。

中央的六边形大厅还有三个面，与耳房里的起居室、餐厅、图书馆互不相连，它们也要派上用场。其中的一面装上了镀铬的钢制大门；另一面通向一座露台，露台又把人引向了花园；第三面安了一座多边形的玻璃楼梯，当阳光照进阿默舍姆时——这种情况并不多见——它会让阳光播洒开来，散入大厅和楼梯上方的二楼。二楼布置了4间主卧室：主人的卧室和更衣室设在南侧，恰好位于图书馆的上方，里面还带了一间嵌入式的淋浴房——放在1931年，这可相当新奇。

大厅本身构成了整个房子中最优雅的内部。在镶嵌着玻璃的黑色大理石地板的中央，康奈尔埋设了一座玻璃盆景，里面有一眼喷泉，喷出的水流可以达到二楼画廊的高度。到了晚上，喷泉还会被灯光照亮。通往餐厅、图书馆和起居室的一扇扇门——所有的门都可以折叠起来，这样就汇聚成了一个宽敞的娱乐空间——都由钢和玻璃制成，玻璃的内侧表层喷有不同样式的半透明纤维涂料。主卧室的灯光隐藏在天花板的玻璃镶板后面，装饰也琳琅满目，从餐厅的纯橙色墙壁，到起居室——也安装有内置的无线设备——的铬黄色、绿玉色的纤维涂料，各处都不相同。“我们英国的市镇和乡村无法接受这种新式建筑。”雷金纳德·布洛姆菲尔德爵士宣称。它太世界主义了，“作为一个以自己国家为荣的英国人，我厌恶且鄙视世界主义”。[20]

现代主义乡间别墅是一种不同寻常的东西。它们的主人不得不面对这样一则事实：他们到乡间隐居的新寓所，不仅藐视了建筑界的权威原则，而且违背了英国乡间别墅最具有吸引力的特质——它有能力带给人们稳定感和延续性，有能力为人们提供庇护所，在文化和社会变革的旋涡里，扮演静止的中心。

有时，这些拥有者无法调和新鲜事物的冲击与过往岁月的吸引力之间的紧张关系。最终，萨里郡的乔德温兹（Joldwynds）就发生了这样的事情，它可以说是所有现代主义乡村别墅里最伟大的一座。乔德温兹里应有尽有：12 间卧室、6 间浴室、5 间起居室、家庭办公室、车库、3 间公寓、1 个游泳池、1 个硬地网球场和20 英亩的林地，万一那15 英亩的美丽花园失去了魅力——自然是不可能的——那片林地也可作为一处值得探索的乐土。借用一位地产经纪人的详细描述，这幢锃光瓦亮的白色豪宅是一座“来自未来的备受瞩目的乡间别墅”。[21]

它的建筑师是当时最受追捧的乡间别墅建筑师之一——奥利弗·希尔（Oliver Hill），“二战”结束后，他的作品要么是浪漫的茅草屋，要么是像理查德·诺曼·肖、雷金纳德·布洛姆菲尔德和埃德温·卢琴斯爵士的作品那样，风格正式而且洋溢着新乔治时代风格。（实际上，卢琴斯是他父母的朋友和邻居。）1925 年，在参观了巴黎装饰艺术与现代工业国际博览会之后，希尔的作品开始显示出亲向现代主义的势头，尽管在此之后，他也从没有排斥过传统风格。看起来他渴望试验，只是缺乏机会以及必不可少的支持自己的客户。

1930 年，他的客户找到了他，当时，一位富有的律师威尔弗雷德·格林（Wilfred Greene）和他的妻子南希安排了一次周末度假，地点是霍姆伯利－圣玛丽，在萨里郡吉尔福德东南大约 10 英里处。那里已经有一座维多利亚时代的宅邸了，那是一幢非常漂亮的建筑，周围遍布绿地、山墙和高得惊人的烟囱。这座老宅子是菲利普·韦伯在 1873 年建造的。但对格林一家来说，它太大、太不实用，也太过时了，于是他们决定放弃它。

取代韦伯家原先住所的乔德温兹别墅，是一座熠熠生辉的丰碑，是全英国最好的现代主义别墅之一。希尔采用的砖块是用水泥和金刚砂浇筑的，砌好后又加以打磨，直到墙壁像白色的大理石一般光彩照人。入口的立面朝北，装了一扇绿色的铜门，门的两侧有一对瞪羚的雕塑，以衬托出完美的效果。同时，作为整幢建筑着意营造的动态旋转概念的枢纽，那里还矗立着一座半圆形、塔状的两层玻璃楼梯。整个入口正面有效地组成了一条圆弧，楼梯、屋顶上的圆鼓（那是一个水箱）、线条柔和的凹形护墙，全都旨在突显这一主题。

希尔喜欢使用华贵、奇异的建筑材料，这使得那些更注重

“思想正确”的同时代人，对他的作品持怀疑态度。在乔德温兹，他尽情地放纵自己。进入象牙色的门厅后，地上镶嵌着珊瑚和翡翠。这条路通向客厅，那里铺着澳大利亚的胡桃木地板，摆满了由希尔设计，用白桦、桉树和缅甸紫檀木制成的家具。餐厅里的家具还装饰着白牛犊皮做的软垫，贴上了象牙色的鲨革。

不幸的是，格林一家不喜欢它。威尔弗雷德对异国木材的高昂价格和建筑工程的低劣质量很生气。他抱怨道，一块柏油从厕所的天窗上掉了下来，刚好落在他的马桶座上，“现在还在那里”——直到希尔亲自把它取走。他还批评了石油驱动的中央供暖系统，往里加多少石油，它就会喷出多少烟雾和污秽。南希·格林把评论局限在室内装潢上，她向希尔详细介绍了“你为我们设计的家具的优缺点”。但并没有什么优点：所有的东西都太高、太重了。不可否认，最终的结果是，这座宅子很上镜，她承认道；但“不幸的是，乔德温兹别墅是用来住的，而不是用来拍电影的”。[22]1937 年，在这个最可爱不过的电影布景里生活了 4 年之后，格林一家终于卖掉了所有的东西，离开了。

第 6 章
卢琴斯

在 20 世纪，与乡间别墅联系最紧密的一个名字，是埃德温·卢琴斯（Edwin Lutyens）爵士。这是一位荒诞而可爱，信奉切斯特顿主义的保守派，却又有着真正可怕的幽默感。“一条所有人都无法理解的鳕鱼”，这是他对加里克俱乐部里的一条鱼的评价，而一张甘地骑骆驼的素描则被他题写了这样的配文，“你应该去迈索尔看看”。他的个人生活被他与艾米丽·利顿夫人的不幸婚姻所支配，在和他生了 5 个孩子之后，1913 年，艾米丽·利顿宣布，自己一直讨厌性。“如果我们的爱情要继续下去，那么就我而言，必须要断绝我们的肉体关系。”[1]

尽管生于更早的 1869 年，卢琴斯却是爱德华时代的人物，他有着爱德华时代对财富的热爱，爱德华时代的浪漫主义，对英格兰的过去也有着爱德华时代的感知。除了少数例外，他最伟大的建筑作品都是在 1914 年之前设计的。截至那时为止，卢琴斯作品的原型已经被创造出来，并臻于完善：其中之一便是坐落在白金汉郡、呈现出朴素的新乔治时代风格的纳什宫（Nashdom）。这座被粉刷成白色的别墅酒店，是为公主阿莱克茜丝·道格劳奇建造的，公主洋气的名字掩盖了她的出身，她其实是一名兰开夏郡的女继承人，本名叫作芳妮·威尔逊。另一件作品是 1901 年，为股票经纪人赫伯特·约翰斯顿设计的沼泽宫（Marsh Court），它位于汉普郡，带有高耸、曲折的烟囱，彰显出自由的都铎时代风格。还有一系列优雅、出众，始建于威廉、玛丽和“亲爱的小安妮女王”时代的别墅，诸如肯特郡的大梅瑟姆府（1907—1909）、桑威奇的萨鲁塔什酒店（1911）和德比郡的埃德纳斯顿庄园（1912—1914），等等。

最重要的是，他提炼出古英格兰的那种用橡木房梁构建起来的、充满诗情画意的浪漫情调，这在整个 20 世纪 20 年代至 30 年代，始终是一股强大的文化力量——这种浪漫情调的源头，是威廉·莫里斯的反工业主义、反城市主义主张，以及早期的工艺美术运动，但是在住宅的营造领域却达到了新的高度。代表作品有曼斯特德苑（1896 年建于萨里郡，主人是卢琴斯的长期合作伙伴格特鲁德·杰基尔）、迪奈瑞园（1899—1902 年建于伯克郡，主人是他的赞助人和拥护者，《乡间生活》杂志的所有者爱德华·哈德森）和大迪克斯特别墅（1910 年建于苏塞克斯），后者本是一幢 15 世纪的宅子，后来，卢琴斯从肯特郡搬来了一座木头结构的、自耕农风格的厅屋，与原先的宅子合为一体。1913 年，劳伦斯·韦弗已预见到，正在修复这座别墅的蒂尔登将会受其熏陶，他写道：

“随着时间的推移，毫无疑问，许多像大迪克斯特这样的别墅将得到拯救，不再被人忽视，并将再次展现出中世纪后期令人愉快的精工细作。”[2]

卢琴斯对“一战”停战后的英格兰的伟大贡献，还表现在其他方面。战后，他在国内最受赞誉的一幢建筑作品，是这样设计的：里面有大理石楼梯和一组达到国事规格的高档客房，有冷、热自来水和一座由格特鲁德·杰基尔设计的花园，还挂着当代主要艺术家的肖像画，包括约翰·拉威利爵士、格林·菲尔波特、阿尔弗雷德·明斯和威廉·尼克尔森，但是从来没有人登上过楼梯，也从来没有人在客房里踱来踱去过。这就是玛丽女王的玩偶之家（Queen Mary's Dolls' House），一件雷恩复兴风格的建筑作品，但只有实物的十二分之一大小，是由卢琴斯在1921年至1924年间设计完成的，1924年，它在温布利举办的大英帝国展览会上展出，受到了人们的极口揄扬。超过160万游客观看了这一“微型奇迹”，《泰晤士报》如此称呼它，“一个在20世纪住宅的建筑、装饰、陈设等方面，已然臻于极致的时代典范”。[3]

卢琴斯的其他战后作品，都是真正意义上的符号性作品。1919年6月28日凡尔赛条约签署后，到了7月初，首相劳埃德·乔治请他为7月19日的和平日游行设计一座临时搭建的小型灵堂。他同意了，但是提议道，那不应该是一座灵堂，严格来说，灵堂是在瞻仰仪式和葬礼上抬放棺材或者雕像的地方；那应该是一座为安葬在其他地方的人设立的象征性的纪念碑——衣冠冢。

这座用木头和石膏砌成的丰碑，以一种无人能够预见的方式，触动了公众的想象力。它的碑座被花环和鲜花覆盖。伦敦的公共汽车驶过时，男人们都脱下了帽子。媒体亦为之喝彩，几周内，内阁便一致同意，卢琴斯应该再设计一座永久性的衣冠冢，一个第一座衣冠冢的复制品，用以矗立在白厅，作为英国官方的国家战争纪念碑。

卢琴斯还为在法国修建军人公墓的帝国战争陵墓委员会提供了咨询，这项工作为他赢得了爵士头衔。在他设计的作品里，有一种“大战之石”，被放进了所有规模较大的墓园里；有数十座铭记局部战争的纪念碑；有高达75英尺的“印度之门”，亦称“全印度战争纪念拱门”（All India War Memorial Arch），与新德里市中心的那座凯旋门一样大；最后，还有1932年才揭幕的感人而宏伟的蒂耶普瓦勒纪念碑（Thiepval Memorial），用以纪念索姆河战役中的失踪人员，这是英国在这个世界上建造过的最大的战争纪念碑，碑上铭刻了72099个名字。

到了20世纪20年代，卢琴斯要为企业设计建筑，要受名望所累，还要在新德里完成政府大楼的建造工程，这些事务占据了他大量的时间，导致出自卢琴斯之手的乡间别墅的数量开始下降。（当然，这也是因为对新建乡间别墅的需求在下降：购买旧别墅的价格要低廉得多，市场上的供应量也很充足。）就他作为建筑师的职业生涯来说，他已经达到了一个奇怪的阶段，客户们正在纷纷搬离，并把卢琴斯为他们建造的别墅卖掉。

不过慢慢地，他又重拾战前的杰作。卢琴斯曾经的客户朱利叶斯·德鲁（Julius Drewe）是一位茶叶进口商，食品杂货生意的成功让他得以放心隐退，专心致志地投入一项工作——追溯家族的血统。家里一位和他有共同兴趣的兄长，咨询过一位专业的宗谱学家，对方告诉他，德鲁家族是一位名叫卓戈（Drogo）或者德吕（Dru）的先祖的后裔，德吕是一名诺曼底的男爵，随征服者威廉来到英格兰，他的后代卓戈·德·泰涅（Drogo de Teigne），定居在德文郡的德鲁斯汀顿教区。对此，朱利叶斯确信不疑。1910 年，他在德鲁斯汀顿买了地，同一年，他还决定在高出海面 900 英尺、高出树木繁茂的峡谷 200 英尺的一处风景壮美的胜地，为自己建造一栋住所。

那年夏天，卢琴斯开始为德鲁设计草图。这是这位建筑师迄今为止接到的最大的委托合同。德鲁的预算是别墅本身 5 万英镑，庭园 1 万英镑。这可是一笔巨款，但后来，德鲁又想要一栋大房子。事实上，是一座城堡，以纪念（并宣传）他与该地跨越几个世纪的纽带。“我真心希望他不要一座城堡，”卢琴斯在给妻子的信中写道，“只要一座漂亮可爱的别墅，里面有很多不错的大房间。”[4]

结果，卢琴斯为卓戈城堡（Castle Drogo）订制的原始计划，一个带有中央大厅的扩散式的 U 形平面图，只完工了一半，即使在那时，预算也已经达到了之前的 3 倍，这其中有一部分原因是德鲁决定用真正的、坚固的花岗岩，取代卢琴斯计划中的空心墙。战争使建筑工程陷入停顿。由于物资匮乏，德鲁积极鼓励工人们参军。（例如，他拒绝在卓戈城堡雇佣任何单身男子，坚持认为他们应该一起参与战斗。）1917 年，他的长子阿德里安在伊普尔被杀。德鲁的女儿回忆道："对我的父母来说，生活中的欢乐已不复存在，一切都变得安静了许多。"[5]但工程还是在 1919 年恢复了，很快，卓戈城堡便做好了准备，可以让德鲁一家在 1927 年迁入新居。

它真的是一座城堡，有城垛、有塔楼，前面的门上有一只取自德鲁家族纹章图案的狮子，后面则安装了一道重达 644 磅的吊闸门。不过，卓戈可不仅仅是一座建立在过时的历史主义流沙之上的玩具堡垒。无论卢琴斯自己对于维持社会和建筑界的现状怀有怎样的期望，现状都已经开始在他周围碎裂了，他实现了一种全新的、原始的、非常现代的基元主义，由此定义了城堡的本质，在剥离了它的外层之后，重新诠释了它，以使它适应一个 20 世纪的富裕家庭的需要。卓戈城堡是一部充满戏剧性又模棱两可的杰作，它唤起了人们对过去的回忆，同时又否定了过去。它通过结构、材料建立了与中世纪的纽带，同时摒弃了 19 世纪晚期的那种朦胧、理想化了的浪漫主义，取而代之的是一种完全现代的理念，这种理念的一分一毫，都像建造它的花岗岩块一样冰冷无情，一样棱角分明。

走进城堡里面，到处都是惊喜。点缀着浅碟状穹顶的宽阔通道，或者消失在意想不到的角落里，或者遁入了远处——那可能隔着相当长的距离，因为厨房距离餐厅大约有 50 码远。墙壁像悬崖一样陡然竖立，地板在长长的阶梯尽头蓦地下降。拱顶和拱门相互交叉，仿佛中世纪教堂的圆顶地下室，而上面的主楼梯，表面上在围绕一个坚实的核心盘旋而上，实际上却掩盖了里面那座完整的供仆人使用的楼梯。天花板经过每个转角后都有所变化，从方格到穹隆，再到橡木搭建的横梁，但始终保持其原先的高度，所以当你站到下面时，从地板到天花板的距离恰好是 27 英尺。

对卓戈城堡了解得越多，就越会意识到卢琴斯的成就。那倚靠砖石结构达到的近乎不自然的精确，容纳了拱顶、拱门和穹隆的完美规律，穿透了墙壁，使阳光洒满屋内房间的高大窗棂，所有这些都提醒我们，这完全是 20 世纪的理念。与此同时，克制的处理、装饰的缺席、室内铺设的冷酷的花岗岩，表明了这不是复古主义的苏格兰式贵族风格的作品。这座别墅既不是“真正的”城堡，也不是愚蠢的赝品：卢琴斯成功地打造了一座现代的建筑，同时传递出一种穿越时间、坚不可摧的观感，而这正是朱利叶斯·德鲁需要借以证明其血统的那种东西。

从 1919 年开始，到 1944 年去世为止，卢琴斯一共参与了 200 个建筑项目，但只有几个项目是乡间别墅。战后，他只建造了两座全新的乡间别墅，都是与其他建筑师合作，为了不同的客户建造的。然而，就在乡间别墅这种建筑样式注定将陷入危机的时刻，它们却跻身于卢琴斯设计过的最大的别墅之列。

第一座是格莱斯通府（Gledstone Hall），它是为一位白手起家的棉花大亨设计的，这位大亨的职业生涯简直可以画成一幅漫画。1860 年，阿莫斯·尼尔森（Amos Nelson）出生在兰开夏郡的一个工人阶级家庭。他 8 岁开始工作，到 21 岁时，已经从微薄的收入中攒够了钱，与做纺织工的父亲合伙开了一家小型棉花制造厂。

1946 年，他以 370 万英镑的价格出售了这家工厂，这是截至当时金额最大的一笔工厂交易。

1919 年，尼尔森买下了位于约克郡的一处地产，占地 9000 英亩的格莱斯通庄园（Gledstone Park），其核心是一座 18 世纪 70 年代建造的古典乡间别墅，据说是由约克的卡尔设计的。他委托当地的建筑师理查德·杰奎斯对房子进行现代化改造，然后，随着任务规模的扩大，他说服杰奎斯，使他相信让一位更有经验的乡村住宅建筑师来帮忙，会是个好主意。1920 年 12 月，卢琴斯在前往印度的"喀里多尼亚号"游轮上完成了设计，当时他发现自己的处境有些尴尬，因为他的客户就是与他同船的乘客。"我必须努力把他的兴致维持在海浪以上的高度，"他在写给妻子的信中说道，"但是主啊！在船顶上的那个热得冒烟的小房间里，我简直汗流浃背！"[6]

卢琴斯的流汗是徒劳的。尼尔森认为，改造的成本将会令人望而却步。话虽如此，他还是想要一座乡间别墅，以反映他的身份地位和政治抱负。1922 年 1 月，他被封为骑士，但是在那年 11 月的议会选举中，他却作为保守党参选失败。所以在 1922 年到 1926 年间，旧的格莱斯通庄园被换了新地点的新房子取代了，新房子是由卢琴斯设计的，但是杰奎斯也给予了帮助。（旧宅子在去留之间闲置了几年，终于在 1928 年被拆除。马厩则幸存下来，后来被单独改造成了一栋房子。）

格特鲁德·杰基尔是一个更著名的合作者，她没有实地参观，就邮寄了一份园圃的种植计划。格莱斯通是杰基尔和卢琴斯的最后一次合作，他们的合作关系可以追溯到 1889 年，当时这位时年 20 岁的建筑师，刚刚设计出他的萨里郡式的乡土之风，他称杰基尔为“土疙瘩阿姨”，因为杰基尔的花园设计已然以不事雕琢的艺术气息而名声在外。格莱斯通的花园合乎建筑法度，显得既正式，又完美；相比于杰基尔，花园的风格更接近卢琴斯的路数，只见一条又长又窄的运河从别墅的南端探出，突显了庄园的南北中轴，在河道之外，还建有一座石边的圆形百合花池。

围绕房子的设计产生了更多的问题。卢琴斯选择带给访客一场盛大而兼收并蓄的视觉体验，这也是 19 世纪，访客对于一位棉花大亨并非祖传的宅院可能怀有的期待：这是一栋严格对称的新帕拉迪奥风格的宅邸，带有陡峭的法国式屋顶，两侧有亭台楼阁，还有一座形制巨大、矗立着爱奥尼亚石柱的通车门廊，它也是卢琴斯在英格兰建造的唯一的柱廊。那半似城堡、半似宫殿的大门，掩盖了一则事实，那就是，格莱斯通实际上比它看上去要小，而且至少从它的规划来说，也要比看上去更现代化。首先，这里只有 7 间卧室。厨房几乎就在餐厅的隔壁——这样端上来的就不会是温吞吞的食物——虽然厨房、佣人大厅和其他家庭办公室占据了一侧的耳房，但它在另一侧的对应物却很不真实，只不过是一面屏风墙，用来遮住一方小小的院子和阿莫斯爵士的车库。

室内结构很简单，只有一个房间的进深，一条横道东西贯穿。有一间天花板很低的中央门厅、一间餐厅、一间客厅和一间带台球桌的大型游戏室，从所有这些房间都可以俯瞰朝南的花园。还有一间晨用起居室和一座图书馆，嵌在两侧耳房形成的夹角中。

卢琴斯制作的大理石地板兼有黑白两种颜色，相当亮眼。其中，大厅的地板是典型的帕拉迪奥棋盘风格；主楼梯则铺着黑白相间的台阶，正如佩夫斯纳所说的那样，“看起来十分漂亮，走在上面会不禁一路低头，让人脖子发麻”。[7]为了向爵士时代致敬，一楼的走廊被赋予了一种醒目的黑白旋转的图案，最后以一簇宛如泪珠的大理石纹样达到高潮。

不过，在经过这样一番修饰之后，格莱斯通还是少了些幽默感，这里的风格显得缺乏智慧，没有那种信手玩赏某一种装点手法的感觉，而正是这种感觉构成了卓戈城堡的个性。好在尼尔森对结果倒是很满意。1935 年为《乡间生活》拍摄的一组照片，展示了几间点缀着精美古董和仿古家具的房间，一张门厅走廊里的长桌，还有餐厅里的一张小红木餐桌和一块圆形地毯。老宅子里的几块乔治时代风格的烟囱碎片，在新房子里找到了用武之地。从那位太太出现在照片中的次数来看——她在楼梯上摆姿势，坐进沙发里，和抱着她孩子的保姆交谈——尼尔森同样为他的新妻子感到骄傲。在结婚 52 年后，尼尔森的第一位夫人于 1931 年去世，6 个月后，尼尔森找到并迎娶了她的继任者，没过多久，她就为已届古稀之年的尼尔森生下了第 7 个孩子。

出自卢琴斯之手的另一座大型乡间别墅，是比斯特附近的米德尔顿庄园（Middleton Park），它是为 25 岁的第 9 任泽西（Jersey）伯爵设计的。1938 年，它宣告竣工（仅仅 13 年后，它就作为一幢具有非凡价值的建筑，得到了法律条文的保护，这想必够得上是某种纪录了），它是又一场合作的结晶，这次的合作对象，是建筑师本人的儿子罗伯特。

很长一段时间以来，这两个卢琴斯家的男人经历了一段艰难的岁月。1920 年，才十几岁的罗伯特离开了剑桥，和比他大 7 岁的化学学者伊娃・卢布里金斯卡私奔了，伊娃给自己涂指甲，还是一名波兰的犹太人。他们在爱丁堡结了婚，有反犹太思想的卢琴斯发现，他很难原谅儿子。事实证明，这段婚姻并不幸福，但这对于父子俩的关系并没有帮助，这证明把事情搞砸了，并不会使犯了错的儿子原谅不赞成自己的父亲。20 世纪 20 年代，罗伯特靠做记者（他是《每日邮报》的主要撰稿人）和室内设计师为生。1933 年，他没有经过任何正规培训，就进入了建筑行业。他为玛莎百货的几位董事会成员及其亲属做室内设计，因此得以在 20 世纪 30 年代，参与了一系列玛莎百货的商店设计工作。

1923 年，他们在米德尔顿庄园的客户继承了泽西伯爵的爵位，当时他只有 13 岁，而后他又在很年轻的岁数上结了婚。1932 年 1 月，格兰迪（Grandy）（在爱尔兰的贵族里，泽西伯爵也同时是爱尔兰利默里克的格兰迪子爵）和帕特里夏・理查兹（Patricia Richards）结婚，当时他刚刚 21 岁，他的妻子更是只有 18 岁。他们名下拥有 3 座乡间别墅，主要住所是米德尔顿庄园。当年，这是一栋令人赞叹的乔治时代风格的豪宅，宅邸的中央是一片穹顶，两翼通过迂曲的柱廊与之相连。除了米德尔顿，他们还坐拥奥斯特利庄园（Osterley Park），这是一座伊丽莎白时代的宅子，由罗伯特・亚当在 18 世纪 60 年代翻修过，1939 年，伯爵将它面向公众开放。另外，他们还拥有格拉摩根（Glamorgan）的巴格兰别墅

(Baglan House)，那是另一栋乔治时代风格的宅邸，每年夏天，他们都会去那里待上几周。

和其他许多贵族一样，在经济大萧条的那些年，泽西伯爵似乎也感到了经济上的困窘。1933年，米德尔顿庄园的领班园丁因为“削减开支”而被解雇；[8]第二年，汉普顿父子公司在米德尔顿举办了为期9天的拍卖会，吸引了来自全国各地的买家。泽西伯爵出售了数千件物品：一整套24把齐本德尔式红木椅子；亚当设计的墙边餐桌和英王乔治一世时代的镀金木质烛台；一对印度象牙扶手椅（单是一把椅子就卖了280基尼）；还有客房里的物什——来自全部44间客房。从家庭图书馆中取出的藏品，包括关于服装、旅行的珍贵著作，查尔斯·狄更斯的初版作品，以及皇皇800卷之众的议会辩论实录。一同出售的，还有一包内容驳杂的图片和绘画。售价最高的一幅画卖了94基尼，那是19世纪皇家艺术学院院长马丁·希爵士为第5世泽西伯爵的妹妹莎拉·贝利夫人所作的一幅肖像画。

这笔交易没有预示着米德尔顿庄园作为地产的解体，也没有预示着房主将会踏上一架飞往蒙特卡洛或者欢乐谷的航班，相反，它为另一种全新的开始注入了资金。1935年，老宅子被拆除，一座崭新的宅邸开始动工。泽西伯爵一开始咨询的是罗伯特·卢琴斯，但爱德华·哈德森建议他把老卢琴斯也请过来。不管怎么说，这一合作关系巩固了父子之间令人不安的和解，虽然罗伯特日后慷慨地解释道，这远不是什么平等的联手。在以第三人称描写自己时，他承认自己的角色只是在“大相径庭的几代人”之间斡旋，而且“他的主要愿望……就是站得离他的父亲足够近，近到可以看见父亲工作的真正样子。最重要的工作都是由父亲完成的”。[9]

米德尔顿庄园很大，而且修建它就是为了娱乐。朝北的面向十一湾的入口立面有120英尺长，藏在它后面的房间的规模、数量，纵使放在一个世纪以前建造的乡间别墅中，都不会显得格格不入。高大的窗户上装有百叶窗，有斜脊的屋顶上开了一排平顶的采光窗，使房子有了一丝法式的气息，不过这与罗伯特·卢琴斯的观点相矛盾，罗伯特认为，他父亲在米德尔顿庄园营造了一种“典型的英式风格”。[10]

内部空间被仔细地划分成各个区域，所有的拱门和拱顶都装饰了有趣、简化的几何图形，它们表明，在接近70岁的时候，卢琴斯依旧在他擅长的游戏里处于巅峰。西侧的布局体现出传统的男性情结，有相互连通的书房、吸烟室和图书馆。一间巨大的客厅，占据了南侧布局的中心地带，在一楼的一系列接待室的尽头，是一间餐厅。楼上有8间主卧室，每一间都配有独立的浴室。此外，还有提供接待的耳房，包括4间房舍，供来访的仆人、女佣和司机使用。这里没有马厩，取而代之的是足以停放9辆汽车的车库。

1937年1月，在米德尔顿庄园尚未完工的情况下，泽西伯爵和伯爵夫人离婚了，6个月后，格兰迪娶回了一位美国电影明星。①今天，弗吉尼亚·切瑞尔（Virginia Cherrill）尤其因为两个角色而

① 格兰迪的第一位伯爵夫人也于那年夏天再婚。两人一生中，总共曾与另外7位配偶缔结过婚姻。

为人所知：一个是在查理·卓别林拍摄于 1931 年的经典电影《城市之光》（*City Lights*）中，由她饰演的失明的卖花女；另一个是加里·格兰特的第一位妻子。结婚仅仅 7 个月，她就离开了格兰特。

埃德温·卢琴斯不喜欢她。他叫她“一个没有头脑的普通小女人，不知道英国人的家应该是什么样子的”。[11]罗伯特也觉得她很难缠，抱怨她坚持要在米德尔顿庄园开鸡尾酒吧和其他好莱坞特色餐厅。不过，这幢房子最精美的内部装修之一，却可能是由弗吉尼亚负责的，那就是她的浴室。1946 年，这被《乡间生活》杂志恰如其分地描述为“两次世界大战之间掀起浴缸狂热的一则显著例证”。[12]墙壁是用粉红色玛瑙和白色大理石砌成的，水龙头是用镀金的青铜制作的，淋浴间是用镜子围起来的，这可谓是一件英国装饰风格的华丽作品。有人怀疑这是一个例子，说明罗伯特确实介入了这场两代人之间的协作，参与了别墅的设计。

伯爵和他的好莱坞伯爵夫人注定不会喜欢上米德尔顿庄园。“二战”爆发前，他们只在那里待了两夜。然后，格兰迪就去参军了。弗吉尼亚则与一名波兰飞行员跑了。1946 年，夫妇俩离婚。同年，伯爵便将米德尔顿庄园卖给了实业家沃尔。

1944 年元旦，卢琴斯死于肺癌，被誉为继雷恩之后英国最伟大的建筑师。（雷恩是现代英国乡间别墅的发明者，也是世界范围内最知名的英国建筑师。）但是在所有的赞扬声中，他偶尔也会承认，自己活得太久了。一位讣告作者写道，他似乎是过去那个时代的建筑风格的最后一位伟大代表。[13]事实上，格莱斯通和米德尔顿浮华的古典主义，似乎业已属于另一个时代，那时它们还全然是新潮的。那些在战争期间选择自行建造乡间别墅的人，可能也会喜欢大理石的大厅、有爱奥尼亚柱式的门廊，但归根结底，对于他们来说，方便和实用要比富丽堂皇更重要。

第 7 章

制订计划

“如今，我们不能容忍建在地下的厨房，也不能容忍厨房和餐厅之间有长长的走廊。”《理想之家：给那些渴望获得迷人住所的人的手册》的作者巴伦写道。[1]

许多老旧的乡间别墅的主人，不得不在“博物馆地毯上的泥巴和城堡废墟”[2]之间寻求平衡——这是哈罗德·尼克尔森对西辛赫斯特城堡的内部生活的描述——但他们仍然采用了现代化的生活设备，保证了居家的舒适。房子越老，要做到这一点就越难。到了 20 世纪 20 年代，光、阳光和空气，以一种中世纪和都铎王朝的祖先无法理解的方式，受到人们的重视。浴室也是如此。

快速变化的房地产市场是推动变化的一个因素。那些祖祖辈辈都满足于不便且费力的供暖、照明、管道系统的家庭，现在让位给了不那么宽容的新房主，“其中的大多数人对于这些房屋代表的无价的建筑美学遗产，充满了热情与活力，但是也意识到了其中的缺陷……这应当得到补救”。[3]我们很容易想象出这样一个画面，拉特兰公爵或者贝德福德公爵正准备用蜡烛和油灯，在贝尔沃城堡或者沃本庄园照明；但要想到菲利普·沙逊爵士或者贝利夫人在林姆尼港或者利兹城堡也这么做，就不那么容易了。在阿灵顿，马丁·康威爵士从一开始就明确表示，虽然他打算保护城堡的每一处古旧的风貌，但是在需要的地方，他会毫不犹豫地安装新的门、窗户、楼梯等设施，或者说是“把这个地方变成一个完全温暖、干燥、明亮、舒适的家”。[4]

变化正在悄悄酝酿。1929 年《理想之家》出版时，像都铎王朝那样，把厨房设在地下室，甚至是单独的另一幢建筑里的做法，已经显得不无荒谬了；同样，人们也不再沿用曾经最受欢迎的维多利亚时代的设计，在厨房与餐厅之间故意安排一条迂回的路线，好让烹饪的气味远离主屋。现代乡间别墅是为了现代生活而设计的。

但对那些有幸拥有一座宽敞的老宅子的人来说，他们的房子建在了仆人的薪水很便宜，还不会考虑家用便利设施的年代，因而选择是有限的。房主可以拆除自己的房子，然后另起炉灶，或者只把不方便的部分拆掉。位于布里斯托尔附近，呈现出维多利亚时代盛期风格的廷特菲尔德（Tyntesfield），墙上的油漆还没干，就被刚把它建成的吉布斯一家拆掉了。有一座 1917 年建成的巨大的圆顶温室，因为风暴的破坏、战时劳动力的短缺、园艺学潮流的变化，而成了牺牲品；1935 年，赫然耸立在其门廊入口处的宏伟的哥特钟楼，在被发现有干腐现象后，随即遭到拆除，屋顶的轮廓也做了相应的调整。

不要那么激进，也别那么昂贵，成了一种更受欢迎的趋势，人们一边小修小补、凑凑合合，一边改变、模糊了房间的历史功能。在 17 世纪的长廊和都铎时代的大会客厅里，可以摆放台球桌或者书柜。（书确实能用来装饰房间。）一列房间可以改造成一条走廊；借助隔墙和假天花板，可以让宽阔的卧室变得更易于打理，也为引入一两个盥洗室提供了机会。

对于一个古老的祖先遗产的拥有者来说，最棘手的问题之一，就是如何最得宜地利用好大厅。这个俨如洞穴的空间也许呈现出中世纪的风格，裸露着椽子，一端是带屏风的过道，另一端是讲坛。它可能有一座巨大的精雕细刻的楼梯，有大理石的地板和亚当设计的天花板。任何一座自命不凡的豪华宅邸，都不可能没有这样的大厅。

然而，较起真儿来，要它究竟有什么用呢？这座中世纪的大厅或许曾经是领主老爷在庄严的华盖下，主持全家聚会的地方——可是在 20 世纪，即使是最具有戏剧色彩的古风爱好者也会发现，他们很难复制这样的往事。几个世纪以来，大厅已经演变成一个准公共入口空间、一个仆人的等候区，可是等到 19 世纪早期，高效的掣铃系统被采用以后，仆人便可以留在悬挂绿粗呢的门房里等候了。维多利亚时代的人们满怀憧憬地注视着神话中充满欢乐的英格兰，据说那里居住着仁慈的地主和心存感激的佃户。他们试图保留大厅的某种公共功能，在那儿举办佃户出席的晚宴，每逢圣诞节，还要在燃烧的圣诞柴火面前，召集村里的孩子们领取橘子。用帕金的话说，古老的大厅是“善良而古老的英国好客之风的典型写照”。[5]多产的维多利亚时代建筑师乔治·吉尔伯特·斯科特也同意这种观点。“一个大土地所有者的住宅永远不应该没有（一座大厅）。”1857 年，他如是宣称。“它的废弃伴随着古老的好客之风的衰败，没有它，好客之风就无从谈起。”[6]

总的来说，20 世纪的发展与帕金、斯科特的想法是一致的。一些乡间别墅的主人把他们的大厅分隔开，也许是水平地增加一层卧室，也许是——这不太常见——垂直地创造一列大小可控的接待室。但在 20 世纪 30 年代，在贵族宅邸的大厅墙壁上，仍然可以看到有年头儿的盔甲、鹿角和古代武器，在那个出游变得更加频繁的年代，偶尔还能看到朱鹭或犀牛的头，壁炉旁则铺着一张虎皮地毯。一层涂漆可能会让一切变得明亮起来。洛锡安侯爵在签了一份为期多年的租约，把他在诺福克的地产承包出去之后，于 1932 年搬回布利克灵府，他拆掉了大厅里的彩色玻璃——这是一种詹姆斯一世时代风格和乔治时代哥特风格的出色混合体——又把大部分肖像画取下来，涂成白色。1911 年，赫尔曼·穆特修斯在他的《英国住宅》（*Das Englische Haus*）一书中告诉德国读者，英式的府邸已然变成了“关于辉煌的过往岁月的记忆中心”。[7]

20 世纪的人们也明白，就如何处置大厅这个问题而言，有一个简单的答案——住到里面去。

这是他们的父母和祖父母发现的。维多利亚时代的乡间别墅的性别分区——女性的客厅、闺房，男性的图书馆、吸烟室、台球室——意味着不管在哪里，家庭和来客都开始把大厅用作中立领土。大厅里可以安装一架风琴或者三角钢琴——毕竟这里有足够的空间——既然已经做到这一步了，不妨再增加一些椅子和沙发，让客人们可以坐下聆听音乐。20 世纪 30 年代，查尔斯·特里维廉（Charles Trevelvan）爵士频频在沃灵顿（Wallington）灯火通明的大厅里举办舞会、猜字游戏和其他游戏派对，尽管那里的音响效果非常糟糕，以至于独奏会开始时，全体宾客经常要转移到客厅去。

“这类大厅里总是摆放着一架演奏音乐的三角钢琴，有时还有一张台球桌。”穆特修斯记录道。“大厅往往变成了别墅里的一处多功能空间，以便带给人们舒适，在这儿，家庭的每个成员都可以随心所欲地按照他喜欢的方式，度过他的时间。”[8]正是这种灵活性，这种确切职能的缺失，吸引了人们：在较小的乡间别墅中，在 20 世纪 20 年代开始为人所知的所谓“休息室大厅”（lounge hall）里，甚至有可能放了一张餐桌，这也让大厅的功能回归了它的中世纪本原。有时候，高背沙发、写字台，还有必备的带有工艺美术运动风格的壁炉架，又让大厅变成了一间接待室。对此，建筑评论家哈利·古德哈德－伦德尔惊愕不已，他抱怨这种奇特的就座方式，“不像是在自家的起居室里，倒像是在外头的会客厅里……可是早餐过后，又只见一队女仆端着便盆从卧室里蜂拥而出，各种好看的尽收眼底”。[9]

至于对现代乡间别墅的其他要求，人们普遍同意，大小很重要；不过，究竟多大才合适，人们就很少能够达成一致意见了。回到 1919 年，人们可以宣布，庞大的乡间别墅早已成为过去，但现实仍在暗示，对于中产阶级来说，最低限度的住房必须包括3到4间起居室和10间卧室，为幼童配备日间、夜间育儿室，并为仆人们提供住所。16年后，保守党政治家塞缪尔·霍尔（Samuel Hoare）爵士卖掉了他的家庭住宅诺福克郡的塞兹特兰府（Side-strand Hall）和连带的20英亩花园，抱怨说那里有大宅子的种种不便，却“一点也没有乡村生活所必需的宽敞空间”。[10]他和他的妻子宁愿换一座“小特里亚农宫，它应该坐落在我家的树林中央，远离道路和现代世界的噪声”；[11]1938年，他们委托约翰·西利和保罗·佩吉特在塞兹特兰的剩余地块上，为他们设计了一座可人的单层别墅，这是他们计划在夏天使用的一处狩猎小屋。

坦普尔伍德（Templewood）的中心，正如人们称呼它的那样，是一间大约40英尺长、30英尺宽的中央会客厅。“这才是一座小型乡间别墅所需要的大单间，而不是似乎更受维多利亚时代的英国人喜欢的网状隔间。”霍尔写道。[12]会客厅向一座朝南的凉廊敞开，所有其他房间都围绕这座凉廊展开。向西看，那里有一座小小的门厅，还有衣帽间、卫生间、许多间女仆房和一间客房。东侧一带分布着塞缪尔爵士和他的妻子莫德（Maude）夫人的独立卧室，一间小餐厅，一间地处东北角的厨房，一间与餐厅相连、正越来越受时人欢迎的备餐室。北面其余的地方，则被食物柜、酒窖、扫帚、日用织品柜和一间仆役大厅占得满满当当。别墅里有4间浴室，分别供塞缪尔爵士、莫德夫人，以及他们的客人、仆人使用。如果有批评者抱怨坦普尔伍德太小，塞缪尔爵士说道，“我的回答是，现在的房子无论多小都不算小。”[13]不管怎么说，毕竟这里还有一座大车库，可以为员工和额外的来客提供更多的住宿。

这座别墅只可能有一种建筑风格。第一次世界大战期间，塞缪尔爵士在罗马负责率领一个英国情报机构，他借机前往维琴察，探访帕拉迪奥留下的建筑作品。从那时起，他就把帕拉迪奥尊为“乡村生活艺术的大师”。诺丁汉郡本地的圆厅别墅努瑟尔宫，在 1929 年被拆除后，霍尔买下了努瑟尔宫的门廊、用于制作栏杆和窗饰的铁器、守护行车道的斯芬克司雕像和其他多件石雕。20 世纪 20 年代末，赫伯特 · 贝克拆毁了约翰 · 索恩爵士设计的英格兰银行，这又为坦普尔伍德的凉廊、入口立面提供了爱奥尼亚石柱。其余的工作则由西利和佩吉特完成。

新建的乡间别墅都更趋向于紧凑和方便。像米德尔顿庄园这样的巨型怪物十分少见。用作大型农庄的总部，与其 1914 年以前的祖先具备了一样职能的崭新别墅，也不例外。庞大的乡间别墅让位给了更易于照管的乡村住宅，它们或许仍然配有大型花园，但已经没有了 20 世纪初作为标配、可供租佃的广阔地产。占地面积小的房子供暖成本更低，需要的员工也更少（这意味着更低的工资和食品开支)，而且通常更容易管理。自然光很重要，即使对于那些不喜欢在自家屋顶上，像在轮船上一样搭建日光甲板的人来说，也是如此：高大的窗户，光线充足的卧室、走廊，是这一时代的主流。“我们今天首先想到的，”1937 年，《乡间生活》杂志上的一位匿名评论家，在讨论当代乡村住宅应该是什么样的时候说道，“是生活的便利设施和技术——房屋应该如何规划，不仅要充分利用场地、光线、空气和景观，还要在投入使用后保证高效、经济。”[14]

大厅仍有其作用。房子应该“不要太大，以免浪费”，另一位《乡间生活》杂志的作者兰德尔·菲利普斯写道，“但也要足够大，大到既可以向来客表达慷慨的欢迎，也可以作为家庭聚会的场所。”[15]当然了，这种模糊的说法在实践中，几乎意味着无可无不可。洛尼亚（Rhowniar）是奥斯瓦尔德·米尔恩的住宅，俯瞰着阿伯多维高尔夫球场和大海，它有一座长长的外厅，实际上是一层的走廊；步入别墅内部，就能看到米尔恩设计的一座“内厅”，它在20世纪20年代广受称赞，因为它“陈设舒适，可以当作客厅来使用”。[16]

南德文郡海岸的阿什库姆塔（Ashcombe Tower），是由布莱恩·奥洛克在1933年至1936年为当地的议员拉尔夫·雷纳少校建造的，其内部的大厅被简单地重新命名过。以为东方蒸汽轮船公司设计现代主义风格的轮船而闻名的奥洛克，建造了一所外面通体散发工艺美术运动气息，里面又全然是一派现代主义风格的别墅，把过去和现在结合起来的，是一座40英尺长、22英尺宽，可以从其中一端进入的中央大厅，他则轻描淡写地把整座大厅称作“大房间”。玛丽昂·多恩设计的隐蔽的照明设备和低矮的沙发、地毯和窗帘，以及壁炉上方悬挂的一个电子时钟，奠定了现代感的基调；但当时的人们很快就注意到了，“大房间”与都铎时代风格的宅邸中的对应建筑，在位置、功能上的相似之处。对于这样一种传统空间的引入和再造，有人评论道，“考虑到我们已经抛弃了许多从 18 世纪继承下来的建筑样式，在今天显得很自然。”[17]

阿什库姆塔融入了典型的 20 世纪 30 年代的华丽风格：可以看见内置的卧室家具、深红色的胡桃木镶板、隐藏在楼梯平台正下方的鸡尾酒吧、一根镶有镀铬球形柱头的螺旋楼梯中柱。它基本采用了伊丽莎白时代的“H”状平面图，但是在经过调整后，适应了 20 世纪的使用需求。一间卧室和一间书房，占据了 H 上方其中一侧的大部分空间，另一侧的空间则留给了一间餐厅，下面的两侧空间分别是厨房和家庭办公室；中部的横杆便是“大房间”。

不过，我们不应该作过度的比较。这栋房子旁边是一座专门建造的壁球场，带有淋浴间和更衣室。20 世纪 20 年代至 30 年代，德文郡的乡间别墅中一共出现了 6 座壁球场，这一座就是其中之一。20 世纪 20 年代，在苏格兰的一场乡间别墅聚会上，一位名叫马乔丽 · 默里的年轻女士发现，自己在和一位相貌十分英俊的年轻人一起打壁球，这是她一生中从未玩过的一种运动，而那位年轻人后来成了英国壁球冠军。几十年后，马乔丽 · 默里回忆道：“他以极大的耐心和善良经受住了这一幕。”[18]

阿什库姆塔的一楼全部布置成了客房；还有雷纳夫妇的卧室套间，里面有几座内置衣柜和一间蓝色、粉色搭配的浴室；在与他们的卧室相对的别墅另一端，有 2 间分别供日间、夜间照看孩子的育婴室。阁楼上有 5 间佣人房、一间儿童游戏室和另一间浴室。别墅还设有附属建筑，包括一个可停放 4 辆车的车库，并且配有汽油泵。

另外，阿什库姆塔又完全属于它的那个时代，这么说是因为它与户外环境的关系。餐厅里有一对巨大的法式落地窗，恰好面对朝南的凉廊，一家人可以在那里享用早餐，同时还能欣赏海景；就在它的旁边，在餐厅和侧翼的服务区形成的夹角地带，奥洛克设计了一座游泳池。

有时候，人们能感觉到，似乎是“一战”停战后的一代人发明了“新鲜空气”一说。在加州，理论家们，比如，《取法自然，吃出健康》（*Diet for Health by Natural Methods*）一书的作者，菲利普·洛弗尔医生就提倡，获得美好生活的秘方是水果、蔬菜和充足的阳光，而瑞士的许多私人诊所则率先采用日光疗法来治疗结核病。在德国，汉斯·苏伦的原作 *Der Mensch und die sonne* 于 1924 年付梓，3 年后又出版了英文译本，名为《人与阳光》（*Man and Sunlight*），在此期间，已经有 67 个版本问世。苏伦俨然把太阳崇拜变成了一种宗教，他怀着弥赛亚一般的热忱，扮演了大祭司的角色。“太阳的爱好者们，你们好。”他在前言中写道，“你们心中怀着热烈的渴望！渴望温暖的阳光、蔚蓝的天空，渴望光芒与自然；渴望得胜的力量、属灵的崇高和赤子的信心。”[19]在英国，建筑师奥利弗·希尔以一种与 21 世纪的感情格格不入的方式，把他对裸体主义、青春期少女和摄影的兴趣结合在一起，他预测，“最大限度的阳光摄取，以及娱乐、锻炼、舞蹈、游泳、壁球等方面的设施，将是现代住宅需要提供的重要因素。”[20]

太阳崇拜对乡间别墅及其建筑式样产生了奇特的影响。最先进的现代主义风格的别墅，配备了大阳台和屋顶的日光甲板：在埃米亚斯·康奈尔设计的至高楼中，盘旋在平坦屋顶上的飞机机翼一般的天棚，就是一个较为极端的例子。一些别墅——不仅仅是现代主义者的作品——配备了睡廊，这是从气候更可靠的加利福尼亚州引进的新事物。比杜尔夫夫妇在罗德马顿庄园的卧室里——那大概是一座人们想象中典型的、非现代主义风格的乡间别墅——就有一间这样的睡廊。

兰德佛（Landfall），一座 1938 年至 1939 年兴建的别墅，高踞于奥利弗山上，左右松树成林，可以俯瞰多塞特的普尔港，它是一栋属于太阳崇拜者的房子，但是在同时期独一无二。主要的起居区域——一间宽敞的楼梯间和一间甚至更宽敞的客厅——完全正对着一座朝南的露台，它们摆放了雪松框架的平板玻璃屏风，屏风可以在轨道上运行，轨道则可以卷起来。楼上的几间主卧室也一律朝南，由一座长长的阳台连接起来，在卧室上方，希尔用玻璃造了一间日光浴室，并且在屋顶上也规划了一片露台。另外，就好像所有这些享受露天生活的机会还不够似的，别墅外部还搭建了一座混凝土的螺旋楼梯，把露台、阳台连为一体。在其他方面，兰德佛也抓住了时代精神：这里有玛丽昂·多恩的地毯、搭配合宜的家具、鸡尾酒柜和收音电唱两用机，还有一个投影仪，它“安置在楼梯下面，透过墙上的两个孔，把影像投射到窗前的屏幕上”。[21]

还有游泳池。在维多利亚时代晚期和爱德华时代的乡间别墅景观中，它们是一种罕见，但并非不为人所知的特色设施，当时它们往往被称作浴池，被小心翼翼地隐藏在树林里，或者是公园中的神殿里。当然，观赏性质的湖泊一直都有，但是它们常常能从别墅里看到，因此并不适合游泳或洗澡。第一次世界大战结束后，专门建造的游泳池开始越来越多地出现。到20世纪20年代，两座卢琴斯在战前设计的别墅都带有游泳池：一座是汉普郡的沼泽宫；另一座是位于肯特郡，呈现新乔治时代风格的维特沙姆别墅（Wittersham House），它还因为有一座“外景房”而为人称道。在林姆尼港，菲利普·沙逊爵士设计了一座令人难以置信的悬垂泳池，它坐落在林姆尼湿地的上空。

它们还在历史建筑上引发了热烈的响应。格洛斯特公爵的巴恩威尔（Barnwell）和威尔士亲王的贝尔维德尔城堡都有游泳池。1921年，盖伊·道伯为格洛斯特郡的沃明顿庄园（Wormington Grange）新建了一座游泳池，当时他正在那儿负责建造一座凉廊和一座规则式园林。16年后，奥莉芙·贝利在利兹城堡建造了一座露天游泳池，里面装有水下灯光和一个海浪发生器，这是英国的类似泳池里最早的一个。埃塞克斯郡肖特格洛府（Shortgrove Hall）是始建于安妮女王时代的一座老宅子，如今归阿黛尔，也即梅耶夫人使用，是她为了改善妇女的健康、工作条件而开展活动的基地，内部设有游泳池、硬地网球场、槌球草坪和板球场。梅耶夫妇显然在对待他们的娱乐时，态度很认真。

伊舍附近的一座乡间别墅，曾经在《泰晤士报》上刊登过一则售卖广告，标题是“有35英尺×20英尺的美丽游泳池，掩映在鲜花盛开的园林里”。到了20世纪30年代，房地产经纪人把游泳池（甚至是修建游泳池的潜力）吹捧为一笔巨大的资产。苏塞克斯高地上有一座木质结构的老宅子，与庭园里的一座旧采石场一同出售，经纪人随即热情地指出，这里将是建造游泳池的完美地点。1938 年，坎特伯雷和福克斯顿之间有一座 16 世纪的别墅，占地 20 英亩，也在广告中强调“庭院里有一座温水游泳池”。[22] 切姆斯福德郊外有一座 200 英亩的 15 世纪别墅，带有 5 间卧室，它不仅提供游泳池，还配有一间土耳其浴室。

切姆斯福德别墅里还有一个“维他玻璃日光休息室”，这一特色让人想起了伊夫林·沃发表于 1928 年的小说《衰落与瓦解》（*Decline and Fall*）中的“国王的星期四”，就是匈牙利人奥托·西勒诺斯为玛戈特·贝斯特 – 切特文德设计的那个“惊人的钢筋混凝土作品”。现实中的别墅就是这样，“随着铝制的百叶窗升起，阳光会通过生命玻璃倾泻进来，房间顿时洒满了有益的光线”。[23] 维他玻璃是英国在 20 世纪 20 年代发明的，与普通玻璃不同的是，它允许紫外线通过，这些“生机勃勃的”射线晒黑了皮肤，使体内产生维生素 D，帮助人体形成健全的骨骼和牙齿，据称，它甚至能提高血液的杀菌能力，有助于血液抵抗感染。维他玻璃还将户外的景色引入屋内。即使不走到阳台上，也能吸收所有这些温暖、有益健康、具有治疗作用的光线——在一个凄凄惨惨的英国的夏天，这绝不是一件坏事。

电力被公认为是最清洁、最高效的家庭能源，尽管有一点粗俗，但是在 1918 年以后，它通常都会安装在新建的乡间别墅里。对于进步主义者来说，在由酚醛树脂和色彩鲜艳的纤维素组成的美丽新世界中，它是不可分割的一部分，它预示着一场家庭和审美的革命，为室内喷泉提供了变幻不定的照明系统、内置的无线设备和加热板，以及只需按一下开关，就能滑动开来的客厅窗帘。对于保守派来说，这至少意味着污垢少了，而且再也不用请灯工了。

最早用于路灯的公共电力供应装置出现在1881年，大约在同一时间，一些乡间别墅也安装了某种形式的电灯。其中之一是诺森伯兰郡的克拉格赛德（Cragside），1880年12月，它的主人，发明家、实业家和"现代魔术师"威廉·阿姆斯特朗（William Armstrong），为它安装了水力发电装置，点亮了许多间起居室。（克拉格赛德还拥有召唤用餐的电锣。）大约一年之后，在赫特福德郡的哈特菲尔德府（Hatfield House），索尔兹伯里侯爵夫人也加以效仿。尽管这套装置会发射蓝色的火花，而且时常出现故障，还导致一位园丁触电身亡，但它的电力供应足够稳定，稳定到让1890年拜访这栋房子的奥古斯特·黑尔留下了深刻的印象。"所有的窗户都在黑暗的墙壁里闪烁着光芒。"他回忆道，"金色的画廊里有数百盏电灯，就像是威尼斯的辉煌灯火。"[24]

英国的用电量在两次世界大战之间激增。用户数量从1920年的75万，增加到1938年的900万，是世界上增长最快的。1926年，《电力（供应）法案》出台，英国成立了一个中央电力委员会，它开始为大约600家私人公司和地方政府提供的电力设施（以及不同的电压）设立标准。

但这些进步惠及的是城镇，而不是乡村。从定义就能知道，乡间别墅的位置通常意味着，它必然远离电网，如果最近的配电点距离房子超过四分之一英里，那么连通输电线路就是不经济的，这可能会使用电的单价从 1 便士上涨到 6 便士，甚或是 9 便士。沮丧的土地所有者们眼睁睁地看着成列的输电塔和输电线穿过他们的庭园，却被告知他们距离干线太远，无法从这一进程中获益。

即使在有电灯的时候，业主们也经常把新技术和旧技术混在一起。例如，20 世纪 30 年代，都铎时代风格的朗梅尔福德府（Long Melford Hall）安装了电灯，但只在大会客厅、客厅和餐厅安装；其他的高档房间仍然用煤气照明；厨房、卧室依旧用煤气、蜡烛照明。20 世纪 20 年代早期，曾有一段时间，汽油照明风行一时。1921 年 2 月，《泰晤士报》评论了它越来越受人们欢迎的情形，引用了白金汉郡的一所都铎时代风格的乡间别墅作为例子，在那里，“横梁结构的天花板、墙壁、开放式的壁炉是旧的，中央供暖系统、汽油照明装置则构成了新的风景”。[25]

对于大多数想要电力供应的乡间别墅所有者来说，唯一的选择是安装私人发电设备。到 1905 年，至少已有 400 座别墅拥有了自己的发电设备。1938 年，第 9 任曼彻斯特公爵的祖宅——剑桥郡的金博尔顿城堡（Kimbolton Castle）也安装了私人发电设备。金博尔顿是一座巨型别墅，由范布勒、霍克斯莫尔在 1707 年至 1714 年间，在原先的基础上，为第一任曼彻斯特公爵大幅度改建而成。新建的发电设备必须为 350 个照明点提供电力，这一事实说明了它的规模。这套设备是全自动的，由一块蓄电池和两台亮闪闪的李斯特牌（Lister）发动机组成，两台发动机被安装在一个改装过的马厩中，分别能产生7.5千瓦和16千瓦的电力。单靠电池本身，便可以提供多达40盏灯的负载；如果打开更多的灯，或者把电暖炉连接到散布在房子周围的18个加热点中的一个，又或者如果电池的电量下降，那么功率较小的那台发电机就会自动启动。而如果城堡需要更多的电力，较大的那台发电机就会启动，较小的那台则会关闭；在极少数情况下，当电力严重不足时，两台发电机还会同时运行，共同产生23.5千瓦的电力。

"像一般的大型乡间别墅一样，"1939年，一篇介绍金博尔顿的发电系统的评论，用热情的笔调写道，"电力得到了这些家用设备的充分利用，而且做得非常出色。"水被泵到城堡的中央供暖系统——可能是石油，也可能是煤——的周围；有一间小车间，配备了一台机动车床和一张锯床；"厨房里安装了一个供临时使用的小型电饭煲，还有一个很大的电冰箱"。[26]

如果是建筑规模小一点，特别是距离近到可以直接连接输电干线的房子，甚至还有可能产生更大的野心。庄园别墅（Manor House），位于马尔伯勒附近的西威克，曾是一间分为5个隔区的可爱农庄，它的外部立面是乔治王朝时代的风格，内部结构是13世纪的风格，1938年，它接通了输电线路，实现了全电气化。电暖炉和低温对流加热器的结合，使得需要把房子划分成不同区间的中央供暖系统变得不再必要，不仅如此，这种结合也让"在这类宽敞的房子里，冬天通常都会感到寒冷"的情况，一去不复返。[27]接待室里的灯具要么是悬挂在中央的枝形吊灯架，要么是蜡烛形的壁灯；卧室里则使用了隐蔽照明；另外，室内还安装了4台热水器，包括楼上主浴室的 100 加仑热水器，以及仆人卧室、厨房的 30 加仑热水器。

获得电力供应并非故事的全部。一家专门为乡间别墅安装电气设备的公司，在广告中声称，他们的系统“在安装过程中，不会损坏建筑物的结构和装饰”，强调这些并非没有原因。[28]除了这些困难，业主还必须在建筑上安装电线——如果是新房子，或者进行重大修复，这么做还算容易，但如果涉及拆除洛可可风格的灰泥，或者是在巴洛克风格的壁画上凿出一条通道，那就不是一项轻松的工作了。莱斯特郡斯坦福府（Stanford Hall）的导游曾经讲过这样一个故事：20 世纪 20 年代，布拉耶（Braye）勋爵夫妇为了不破坏 18 世纪留存下来的精致的灰泥装饰，不得不在长长的舞厅里铺设电缆，并且对于如何做到这一点感到一筹莫展。后来有人想出了一个好主意：他们撬起一端的地板，把一只死兔子扔进了洞里；然后他们撬起另一端的地板，用一根绳子系住一只雪貂的颈圈，把它放进去。当雪貂设法穿过木板，到达兔子身边时，电缆也随之被拖拽了过去。问题解决了！

通电后的一个不寻常的副产品，是乡间别墅用上了泛光灯照明。1931 年，国际照明大会在英国举行，以纪念法拉第发现电磁感应，解开发电机、变压器的背后原理 100 周年。作为庆祝活动的一部分，组委会特别安排，使用泛光灯照亮全国各地的一系列地标和纪念碑，从爱丁堡城堡（Edinburgh Castle）到斯托克纽因顿的市政浴室的外立面，以及卡姆登镇采用了新式装饰艺术的卡雷拉斯烟厂，一共投入了300盏大功率电灯，每分钟变换4种颜色，可产生双色效果。总共有14个伦敦自治市和54个城镇参加了这项计划，还有数百座城堡、大教堂和教堂共襄盛举。

正如《伦敦新闻画报》的一位记者所说的，在伦敦市中心，第一个晚上就有数十万人参加了游行，目睹了首都如何“被一根魔杖点亮”。[29]整个9月，圣保罗大教堂和雷恩市教堂的尖塔，一直在军队的探照灯下熠熠生辉。圣詹姆斯公园（通过煤气灯而不是电力）变成了一处“晚间仙境”。[30]伦敦塔、塔桥、大本钟、纳尔逊纪念柱和国家美术馆，都被泛光灯一一照亮。《泰晤士报》写道，议会大厦泛出“古老的象牙色，融入了柔和的夜色之中”。西敏寺“看上去愈加神秘，除了那空心的白色围墙外，似乎所有的东西都消失了”。[31]在月光和250盏泛光灯的交相辉映下，白金汉宫光彩照人，成了当晚最美丽的一景。在威斯敏斯特大教堂273英尺高的钟楼上，公众可以看到一盏盏明亮的灯火在城市的各处角落闪耀，这是10年之后，德国对英空袭之夜的一次怪异的带妆彩排。

几个不赞成的声音提高了声调。对活动成本的抱怨被一项公告平息了，所有人——设备制造商、安装承包商和维修工人——都将免费提供后续服务。《英国眼科杂志》义愤填膺地出面取消了几处照明，斥之为“不过是一缕刺眼的光”，然后又不情不愿地承认，“偶尔它会突显出某些通常无法观察的建筑特征”。[32]建筑协会主席霍华德·罗伯逊面无表情地宣布，如果这种做法变得普遍，对建筑师来说将是一场灾难，因为这将暴露他们作品的缺陷。

其他人都很喜欢这个想法。为什么不用泛光灯照亮乡间别墅的门廊，或者是庭园里的喷泉呢？为什么不把公园里的神殿也接通电源，或者在树间串成一排的彩灯呢？

我倒是可以想出许多不这样做的理由。但是在 20 世纪 30 年代，英国刚刚从为期多年的萧条中走出，却发现自己正步履蹒跚地走向另一场战争，这黑暗中的一缕光明，就像是巴斯比·伯克利的音乐剧一样，似乎最多只是一种逃避现实的幻想，尤其是当它与一场英国文化的庆典有关的时候。电能带来一种明亮的喜悦。1935 年，作为乔治五世的银禧庆典的一部分，温莎城堡的圆塔灯火通明。汉普顿宫、圣詹姆斯宫和白金汉宫也是如此。正是在白金汉宫，乔治五世按下电键，点亮了海德公园的巨大灯塔，由此拉开了女王登基60 周年庆典的序幕。他的轻轻一触也发出了信号，一连串类似的灯塔随后在全国各地次第点亮。“在这华丽的灯火中，没有任何真正的实体遭受暴力。”《泰晤士报》的一位领导宣称，“这种新的美，补充但并没有取代旧的美。在未来的日子里，泛光灯照明肯定会大有作为。”[33]

事实也的确如此。在苏格兰的边境上，爱丁堡城堡、因弗内斯城堡（Inverness Castle）和罗克斯伯格（Roxburghe）公爵的弗洛斯城堡（Floors Castle），都在 20 世纪 30 年代被泛光灯照亮。为了庆祝第 10 任德文郡公爵继承爵位，查兹沃斯庄园被泛光灯照亮。布伦海姆宫也是如此，那是为了纪念一场有英国和德国官员出席的招待会。[34]1937 年 5 月，当举国上下都在为乔治六世的加冕典礼做准备时，作家们也敦促乡间别墅的主人们，一起加入这场狂欢，点亮他们的豪宅和庭园。“辛辛苦苦堆起的篝火，一夜之间就会耗尽它们的魅力；可是照明装置却可以使用一个星期，一个月，乃至于和庆祝活动相伴始终。”[35]

第 8 章
室内装潢

1913 年，《伦敦邮政指南》只列出了 4 名室内装潢师，他们中没有一个人把营业地址设在时尚的伦敦西区。8 年后，还是《伦敦邮政指南》，里面已经包含了不少于 122 名室内装潢师，其中有一半以上在梅菲尔或者类似的高档街区拥有办公场所。

是什么原因导致了胃口的激增？《时尚》杂志将其归因于不断飙升的离婚率。“有人曾经说过，一个女人要么婚姻幸福，要么是个室内设计师。是否可以把设计师一职在社会上的兴起，归因于当前婚姻所带来的幸福感的衰退，还不得而知。但可以肯定的是，现如今，为熟人装修房子，与战前开一家帽子店一样时髦。”[1]更有可能的是，人们对自己品味的不确定，为专业人士和自信的业余人士打开了大门。而这反过来又反映了在两次世界大战的间隙，新贵们在英国上流社会中的犹豫不决——以及房地产市场的高流动性，随着房屋的易手越来越频繁，每个新房主都渴望重新装修他们的新家。

有少数知名公司没有出现在那份战前的名单中，原因很简单，虽然他们提供室内装潢服务，但他们主要把自己看成家具商、家具装饰商、古董商或者建筑商。乡间别墅装潢公司中的佼佼者是怀特与阿洛姆公司（White Allom & Co.），业务覆盖伦敦、蒙特利尔、纽约三地的“装饰艺术家和承包商”。1893 年，怀特与阿洛姆公司由艺术家、建筑师托马斯·阿洛姆（Thomas Allom）的孙子，查尔斯·卡里克·阿洛姆（Charles Carrick Allom）创立。我们对怀特的情况尚不清楚，他很早就从公众的视线里消失了。该公司的主要办公地点是汉诺威广场乔治街 15 号，在这里，身为建筑师的阿洛姆，召集了一个由工匠、专家顾问组成的团队，提供“独具特色的室内装潢”。他们的风格是保守的，基本上属于新式的乔治时代风格，偶尔也会用厚实的橡木，演绎詹姆斯一世时代的风格。打从一开始，怀特与阿洛姆公司就与传奇的艺术品经销商约瑟夫·杜维恩（Joseph Duveen）建立了工作关系，后者会将一些合同转包给怀特与阿洛姆公司，请他们为自己出售的艺术品提供合适的、具有历史感的室内装潢。

怀特与阿洛姆公司在“一战”前后的声誉，很大程度上与该公司和英国王室的关系有关。1904 年，他们在马尔伯勒宫，完成了威尔士亲王乔治委托的一些工作；3 年后，他们又在白金汉宫，为乔治的父王爱德华七世工作，重新装修了舞厅、东侧画廊和待客的弓室。1910 年，爱德华驾崩后，他们回到王宫，把从布莱顿阁取来的丝绸镶板搬去中央大厅，布置出了新的具有中国风格的镶板，就是从中央大厅里，王室成员会现身阳台，俯瞰下方的林荫道。直到 1960 年，怀特与阿洛姆公司一直持有皇家授权证，这一事实本身就构成了向私人客户推荐本公司的金字招牌。[2]

另一类装潢师本质上是家具商。因此，1912 年，已然以高档家具木工的身份，在坐拥乡间别墅的阶级中声名鹊起的弗朗西斯·莱尼贡（Francis Lenygon），与家具装饰商莫兰特公司（Morant & Co.）合作，成立了莱尼贡和莫兰特公司（Lenygon & Morant）。莱尼贡在老伯灵顿街 31 号的后花园，建了一间样品陈列室。莱尼贡和莫兰特公司出售古代家具的真品和复制品，这些商品具有浓郁的巴洛克风格和乔治时代早期的风格，除此之外，公司甚至还提供抢救回来的、成套的古代室内装饰。1910 年，该公司的库存清单上有不少于 17 个待售房间，其中列在清单最上端的，是一套引人注目的荷兰巴洛克风格的室内装饰，它取自格罗宁根的一座别墅，包括油漆过的天花板、墙壁、门和烟囱。1903 年，约瑟夫·杜维恩的兄弟查尔斯·乔尔·杜维恩（Charles Joel Duveen）——约瑟夫给了他一笔钱，让他不要用杜维恩这个家族姓氏来做生意——在梅菲尔的布鲁克街成立了伦敦查尔斯拍卖行，该拍卖行也出售古董和回收来的建筑配件。

战后的《伦敦邮政指南》上还包括大型家具商店——诸如梅普尔斯、沃灵与吉洛，名单上还有一两家公司，坦率地说，它们的出现有些奇怪，比如，公园巷的梅菲尔窗户清洁公司和牛津街的诺第留斯消防公司。但行业精英们现在也出现在那儿了：莱尼贡和莫兰特公司、伦敦查尔斯拍卖行、怀特与阿洛姆等公司都已经做出决定，他们归根结底干的是室内装潢这一行。

但正如《时尚》杂志所言，迄今为止最大的集团，是由一群才华横溢的业余爱好者（有一些人并不那么有才华）组成的，他们从自己的家，朋友、熟人的家开始装修，继而开自己的店，创立自己的事业。同时，他们从没有因此抛弃那种意识，即他们之间仍然是一种平等的社会关系。

在这个社团里，有一名了不起的装潢师叫西碧尔·科尔法克斯（Sibyl Colefax），她以好客的女主人的身份闻名伦敦，也因为收集战利品而臭名昭著，用弗吉尼亚·伍尔夫的话来说，她把名人聚集到自己身边，“就好像鹦鹉捡珠子似的”，而伍尔夫本人就是珠子之一。[3]写于那段时期的回忆录充满了消遣她的故事，讲述了她对这种名声、那个头衔的不懈追求，通常都是由那时欣然接受她的盛情款待的人讲述的。玛格特·阿斯奎斯对于她想要结识所有人的决心感到愤怒，她讽刺道，哪怕人们在谈论基督的诞生，西碧尔也一定会说，她自己就在马槽里。杰拉尔德·伯纳斯则通过邀请她共进晚餐，骗她可以在宴会上“见到 P. of W.”，来嘲笑她的猎狮行为。西碧尔到场后，发现被介绍给她的不是威尔士亲王（Prince of Wales），而是伍斯特大教堂的教务长（Provost of Worcester）。

1936 年 6 月的一天晚上，科尔法克斯夫人举办了一场晚宴。这是为了向阿盖尔别墅（Argyll House）告别，这座地处切尔西的豪宅是由贾科莫·列奥尼在 1723 年设计的，她已经在这儿住了 15 年。西碧尔的律师丈夫 4 个月前去世了，现在她打算搬到威斯敏斯特的一所小得多的房子去。

科尔法克斯夫人的贵宾是整个上流社会都渴望面见的一对夫妇——英王爱德华八世和沃利斯·辛普森。国王身边核心圈子的几名成员也都在场：佩里·布朗洛，6 个月后，当退位危机在英国爆发时，他会把沃利斯带去法国藏匿起来；著名政治家斯坦利勋爵和他的妻子波西亚，后者一度被推荐给爱德华做新娘。摩根公司董事会主席汤姆·拉蒙特、外交部官员罗伯特·范西特和他们的妻子也一同到场。范西特预言，对德战争即将来临，这一天真的预言惹恼了所有人，波兰钢琴家亚瑟·鲁宾斯坦也不例外。

随着夜幕慢慢降临，其他客人也来了：温斯顿·丘吉尔和诺埃尔·科沃德；杰拉尔德·伯纳斯的“P. of W.”笑话被原谅了，还有交际花黛安娜·库珀女士，她正准备与爱德华和沃利斯搭乘游艇，沿着达尔马提亚海岸兜风。晚饭后，鲁宾斯坦演奏了肖邦的乐曲，国王听得心生厌烦，便起身告辞。不料，接下来，诺埃尔·科沃德演唱了一曲《疯狗和英国人》，这首歌说服了国王留下来。[4]

西碧尔·科尔法克斯的娱乐是有目的的。她不仅是一名社交界的女主人，还是伦敦最成功的室内装潢师之一，是一名印花布和壁纸经销商，正如她在名片上写的那样，卖的是“最迷人、最精心设计的现代家具”，以及“具有鲜明的摄政时代特色的古董家具、玻璃和瓷器”。

她的商店，西碧尔·科尔法克斯有限公司（Sibyl Colefax Ltd），位于时尚的梅菲尔区布鲁顿街 24 号，光顾这家店的顾客被告知，

“这里的一切都与众不同”。[5]尼克尔森还在评论中透露，布鲁顿街的这家店并不是她唯一的一间样品陈列室。她擅长在阿盖尔别墅展示自己的才能。“从人们来到这个贴着小镶板的大厅，品尝到托盘上烧焦的迷迭香散发的香气的那一刻起，”塞西尔·比顿说道，“人们就知道，自己来到了完全不同的氛围之中。”[6]他觉得，阿盖尔别墅装饰着“一个18世纪知识分子的全部的节制”，尽管他也认为，西碧尔在为客户工作时，从来没有表现出同样的放松状态下的节制。那些客户都是她与之打过交道的人，是艺术家、演员、贵族。他们都是来吃晚饭的朋友。

装潢师与客户之间在社交、商业领域的模糊界限，被这位装潢师无情地利用了。在为爱德华八世和辛普森夫人举办的宴会结束后不久，西碧尔就开始游说她的好朋友沃利斯·辛普森了，想通过她对国王施加影响。“据我所知，”沃利斯回信说，语气温和但坚定，“白金汉宫和城堡（指温莎大公园里属于国王的乡间别墅，贝尔维德尔城堡）都没有做过任何‘改头换面’的事情。”[7]在查尔斯·阿洛姆的例子中，商人与社交对象的界限更加模糊。阿洛姆在1913年受封爵士，拥有了自己的一座乡间别墅——格洛斯特郡的韦斯特伯里宫——并定期与乔治五世一起乘船出游。在两次世界大战之间，阿洛姆将商业与社交生活结合起来的能力，极大地提升了这位装潢师的地位。当然，这就意味着，在递上他的账单这个微妙的问题上，有时会有些尴尬。20世纪30年代，他为威廉·伦道夫·赫斯特的圣多纳城堡（St Donat's Castle）工作，为之提供了数百件藏品，却礼貌地对客户理应偿付的代购佣金按而不表。10 年后，赫斯特依然欠怀特与阿洛姆公司 22.2 万英镑，相当于现在的数千万英镑，以至于怀特与阿洛姆公司为了收回这笔钱，不得不提起诉讼。

若将查尔斯·阿洛姆爵士这种专职建筑装潢的从业者，与西碧尔·科尔法克斯这种社会出身的装潢师作一比较，就能看出，二者的最大区别在于训练。大多数梅菲尔的装潢师都没有接受过任何训练，相反，他们依靠的是自己改造房屋的经验，以及从其他途径——拜访朋友的住所，走访古董店、拍卖会，浏览高质量的半色调插图，尤其是参观过去的大约 10 年间，流入市场的历史建筑的内部装饰——获得的灵感。1909 年，弗朗西斯·莱尼贡允许自己的名字被写在了《17 至 18 世纪英国豪宅的装饰与家具》一书的扉页上；5 年后，他又为巴茨福德（Batsford）撰写了两卷关于历史建筑的内部装饰的著作：《英格兰的装饰：1660—1770》和《英格兰的家具：1660—1770》——尽管这些书实际上都是由研究家具的历史学家玛格丽特·茹尔丹代写的。哥伦比亚大学建筑史教授哈姆林写出了两卷本的《装饰史》，并且明确地把它推荐给“建筑和装饰设计专业的教师、学生，以及一般的设计师”。[8]然后是杂志，《时尚》杂志可以用来了解现在流行的是哪个时期的风格；《乡间生活》杂志则可以用来搞明白为什么会这样。

实际上，正是装修自己的家这件事，吸引了众多的社会装潢师，使他们走上这条路，纷纷去往格罗夫纳广场旁边，开一家自己的样品陈列室。西碧尔·科尔法克斯的兴趣可以追溯到 1912 年，当时她和丈夫租下了老巴克赫斯特（Old Buckhurst），那是 16 世纪早期由萨克维尔一家建造的一座豪宅的遗迹。除了一间警卫房、一间简陋的房子和一些难以形容的马厩，几乎没有什么剩下了；但是“这个地方充满了魔力”，西碧尔回忆道。他们的建筑师塞西尔·布鲁尔（如今最为人所知的是，他曾与合作伙伴阿诺德·史密斯一道，为卡迪夫的威尔士国家博物馆所作的设计）在设法保持了这种魔力的同时，还将这座破败的乡间别墅变成了舒适的现代住宅。1919 年，H. 艾弗雷·蒂平在《乡间生活》杂志上撰文写到老巴克赫斯特时，称赞它说，西碧尔从英国和低地国家买回了很多橡木家具，“这些家具在时间和性格上，为整幅画添上了最后一笔”。[9]2 年后，科尔法克斯夫妇的财务状况看起来有点不稳定，他们不仅卖掉了老巴克赫斯特的租约，离开了南肯辛顿昂斯洛广场上属于他们的市内住宅，还为了合并家庭财产，搬去了阿盖尔别墅，从那儿去伦敦市中心更方便。同时，阿盖尔别墅也具备了它的建筑师贾科莫·列奥尼所谓的“一座小型乡间别墅”的相应功能。[10]

到了 1930 年，由于耳聋程度的加深，亚瑟·科尔法克斯爵士在酒吧的业务逐渐减少，西碧尔开始考虑从事室内装潢，以此来维持科尔法克斯家族的财富。她开始“帮助”她的朋友，并很快发现他们喜欢她的想法，而且准备为之买单。西碧尔曾为另一位伦敦室内装潢师多莉·曼工作过一段时间，之后她接受了古董交易商斯泰尔和安德鲁公司的邀请，在他们位于布鲁顿街的商店一楼开设了一间样品陈列室，作为交换，她与他们分享了自己的联系方式。1930 年 9 月，西碧尔的一个朋友写道：“我真希望店里生意兴隆。”1931 年圣诞节前夕，她在科文特花园的布勒斯廷餐厅用午餐时，亲口告诉哈罗德·尼克尔森，那一年她挣了 2000 英镑。

时间对待西碧尔的室内装潢并不友善。就人们所知而言，她那些年的装潢作品里，只有一间卧室保存了下来，就是她为安格尔西侯爵夫人在威尔士的普拉斯纽伊德设计的那间粉白相间的卧室。还有一些照片留下来，上面是她为伊夫林·沃的弟弟亚历克设计的汉普郡的埃丁顿庄园，那是安妮女王时代的一名教区长的宅邸。是伊夫林把她推荐给亚历克的，伊夫林对他的兄弟说：“这样一来，你就可以避免那些不习惯与上流人士打交道的装潢师的失误了，她工作起来十分职业。”[11]可事实上，她并不如此。西碧尔总是在约定见面时迟到。她往家里摆满了自以为合适的家具，让亚历克·沃夫妇手足无措，她挂在图书馆的窗帘看起来也怪怪的，惹得夫妇俩大为恼火。说起来，那是因为她把窗帘的里子朝外挂了起来。

室内装潢是一个竞争激烈的行业。20 世纪 20 年代末至 30 年代初，另一位社会装潢师里的女性元老茜瑞·毛姆（Syrie Maugham），达到了成功的顶峰。《时尚》杂志曾称赞她“教会我们在房子里运用白色，她是少数几个在现代主义的洪流中，保持了头脑的冷静，始终如一地将新旧之风合为一体的女装潢师之一”。[12]一年中，她有 6 个月在英国，6 个月在美国。她在切尔西的一座 4 层高的厂房里，拥有多个仓库和车间，那里距离河堤只有一箭之遥。茜瑞有限公司（Syrie Ltd）雇佣了 20 余名员工，主要从事古董、纸张及其他物品的外包和采购。他们的纺织品和壁纸都是从法国进口的。茜瑞从玛丽波恩路附近的一家商店收购二手家具，又从海威康比的一家公司买来17世纪家具的复制品。她委托伦敦北部的一家公司，用从法国购买的纺织品制作窗帘和窗帘盒。她很少亲自设计产品。一如西碧尔·科尔法克斯，她的技能在于将各种事物结合起来，创造一种外观——以及推销自己。茜瑞培养了沃利斯·辛普森这个朋友，虽然与她的关系从未像西碧尔与她那样亲密，可茜瑞却通过其他方式捞到了好处。她把家具卖给辛普森夫人，还为威尔士亲王的贝尔维德尔城堡装饰过几个房间，同时代的人认为，那些房间在她最好的作品之列。

圣奥古斯特的皮耶罗·马拉克里达（Piero Malacrida）堪称是社会装潢师的缩影，即使他不存在，也会有这样的一个人被发明出来。他是个有艺术修养、贵族气派的意大利人，他的妻子路易莎（Louisa）也是有贵族范儿的英国人，完美地扮演了一位聪明的年轻姑娘的角色。马拉克里达曾是一名骑兵军官。路易莎曾是一名飞行员、赛车手、诗人、剧作家和戏剧设计师。出自芙洛拉·莱昂之手的她的肖像画，以及阿尔弗雷德·普拉加为她绘制的微缩画，犹自悬挂在皇家艺术学院里。八卦作家们总是在专栏中有意地提到她，在他们笔下，她永远是“美丽的马拉克里达侯爵夫人”，永远是“房间里最可爱的人儿”。[13]

这对金童玉女总能出现在合适的地方。当宫廷通告提到波特兰庄园（Potland Place）举办的一场音乐晚会时，他们就在那里，正与拉特兰公爵夫人和埃及临时代办聊天。另一个晚上，他们可能会出席波兰大使馆的招待会，或者参加国际联盟在贝尔格雷夫广场举行的筹款活动，又或者在帮助儿童医院的慈善义卖会上现身。20 世纪 20 年代末至 30 年代初，但凡有假面舞会、社交界的婚礼，或者是在时尚的梅菲尔区举办的家中聚会，马拉克里达侯爵夫妇似乎一定会出现在邀请名单上。

和那个时期的其他半专业的装潢师一样，马拉克里达也是社交和自我宣传的大师。1928 年，他为《时尚》杂志撰写了一篇关于“现代装潢趋势”的文章，在文中他摆出了他的货摊，同时面露微笑，宽宏大度，温文尔雅。在维多利亚时代和爱德华时代的祖先犯下“色彩错误”之后，人们开始对自己的家庭产生了一种新的、更富有智慧的兴趣，对此他表示赞赏，但又为这种品味似乎依然受到过往思维的禁锢而感到遗憾。所有在售的商品大抵如下：

乡村小屋—炉边—腌渍—橡木流派；核桃木—女王—安妮，真假未定，大抵为赝品；一些零星的物件，出自罗伯特·亚当之手，摄政时代制作，采用高雅的桃花心木，倘能蒙君赏识，念其品质奇佳，未尝不可容忍；一些各地流行款式，维多利亚时代—混凝纸—狗群—壁炉里—带玻璃罩—花丛，只有叶兰部分尚存；下面是重中之重，成功而无可匹敌的佳作，好莱坞—意大利—西班牙风格。[14]

至少，这些物品的造型不大会出错，他写道，客户和设计师也都很清楚，装饰完毕后的最终结果是什么。当然，对于那些像他一样抛开过去，以现代方式工作的装潢师来说，事情就没这么简单了。要么你会找不到颜色合适的材料；要么家具必须是特制的；要么每一处“沉闷的小细节”，从门把手到窗帘上的流苏，都必须由你从头开始设计。水管工、泥水工、木匠和电工会告诉你，“他们已经为某位毫不讲理、头脑空白的爵士工作了20年，可还是做不出你想要的管道、开关或者其他劳什子”。你的后台永远有客户在等待，想知道你到底要对他们的餐厅和浴室搞什么鬼——“这是一个无比困难而尴尬的问题，因为当事情处在那个阶段的时候，一个人对于将要完成的作品，通常只有非常模糊的概念。”[15]

马拉克里达在此采用的困惑、自嘲的语气里，有一种可爱的东西，尤其是他坦率地承认，他完成一件内饰的乐趣，总是被这样一种认识所破坏：10年或者20年后，会有人走进来说，“这不是很可悲吗？这个可怜的家伙满以为自己干了一件新鲜事儿呢。”[16]但是，马拉克里达文章中附带的照片却没有自嘲的意思。它们都展示了他近来在波特曼广场20号，为塞缪尔·考陶德（Samuel Courtauld）所做的工作。考陶德不仅是极其富有的实业家，还可能是这个国家最了不起的法国印象派作品的收藏家。考陶德在前一年接手了波特曼广场的租约，开始仔细修复亚当设计的高档客房。然而，他的妻子显然想要一些现代的东西。于是，马拉克里达在房子的顶部布置了一间很大的私人会客厅，里面有奥利弗·梅塞尔设计的壁灯，还有画家、场景设计师约翰·阿姆斯特朗的一幅宛似百叶窗的错视画，画中有一些裸体人物，有的正在钢索上闪展腾挪，有的正攀上梯子，爬入敞开的窗户。进入浴室，底部的墙壁上贴着巨大的鱼鳞镶板，天花板的下方则再次出现了许多阿姆斯特朗绘制的人物，他们正在跳舞、表演杂耍、崇拜太阳。

马拉克里达作为设计师的职业生涯是神秘的，关于这段故事的叙述支离破碎。他以自己的名义参与了一些房地产投机活动，在伦敦的一些时髦之地购买公寓，着手改造后再对外售出。但他的大部分作品似乎都是为怀特与阿洛姆公司完成的。1926 年至 1929 年，马拉克里达一家住在梅菲尔区布鲁克街的一栋 18 世纪的房子里，并负责房子的装潢。与这一时期的许多装潢师一样，他们的作品没有一件能保存下来，但是根据《伦敦纵览》（*Survey of London*）一书，侯爵创造了一种“带有强烈意大利风格的异国情调”，他们把主楼梯①的天花板漆成了“一座木制凉亭的底面”。[17] 大约在同一时间，他还为住在附近格罗夫纳广场的南希 · 丘纳德做了一些没有详细说明的工作。

1929 年，马拉克里达一家搬到了格罗夫纳街，就在格罗夫纳广场旁边。那年 11 月，他们的公寓登上了《时尚》杂志的另一篇文章。那位匿名作家对这一套不遗余力的、现代风格的室内装潢很感兴趣，它没有一丝西碧尔 · 科尔法克斯的新乔治时代风格的柔和粉彩，也完全没有用到茜瑞公司的米色彩绘和西班牙漆木雕。取而代之的是，侯爵的卧室里有钢制设备和黑色玻璃，有嵌壁式家具和搁板——还有一个带白色、可水洗墙壁的酒吧，这样马拉

---

① 有一张这段楼梯拍摄于 1926 年的照片保存了下来，照片上，有灯笼悬挂在带流苏的柱子上，有身穿长袍的彩绘石膏人像待在壁龛里，旁边还有那座木制凉亭。一切看起来都很诡异。

克里达夫妇和他们的朋友就可以用彩色蜡笔在上面画画，然后擦干净，再来一遍了。“这种理念代表了典型的、躁动的现代精神，”《时尚》杂志说，“它的执行也是这个时代的典型行为，因为它鼓励了一种或多或少属于自我的艺术表达。”[18]

一定是通过他与塞缪尔·考陶德的关系，侯爵才获得了他唯一的乡间别墅的装潢委托，这也是他今天最为人所知的作品。1933 年，塞缪尔的弟弟斯蒂芬·考陶德（Stephen Courtauld）得到了地处伦敦郊区、距威斯敏斯特 6 英里的埃尔瑟姆宫（Eltham Palace）的皇家租赁合同。埃尔瑟姆一度是国王的行宫：这是一个巨大的、有护城河的建筑群，爱德华四世与 2000 名宾客、侍从在这里庆祝过圣诞节，红衣主教沃尔西在这儿宣誓就任英格兰的大法官，亨利八世和阿拉贡的凯瑟琳曾经在小巷和凉亭中散步。但是自从 17 世纪 50 年代，奥利弗·克伦威尔剥夺了它的荣耀之后，它就再也没能恢复过来。现在的它只剩下了中世纪的大厅，人们计划在它的周围建一片住宅区。

斯蒂芬·考陶德很乐意修复这座庄园，但他不想住在中世纪的废墟里。他和他的妻子吉妮（Ginie）决定在宫殿的废墟上建一座现代化的别墅。他们的建筑师约翰·西利和保罗·佩吉特，设计了一幅张开的“U”型平面图，旧庄园作为一只手臂，新别墅作为另一只手臂，三角形的入口大厅则坐落在由两翼形成的夹角地带。它只取得了部分的成功：基于雷恩在汉普顿宫的作品，西利和佩吉特选择了略显老式的外观，用的全是红砖和石材装饰；尽管考陶德夫妇很高兴，但批评者的意见却并不悦耳。“一座设计出色但选址堪忧的卷烟厂。”这是历史学家 G. M. 杨的结论。[19]卢琴斯在新德里的合伙人、林姆尼港的第一位建筑师赫伯特·贝克爵士，与西利、佩吉特在花园里愉快地野餐了一天，然后他离开了，并且宣布“埃尔瑟姆的浪漫已经杳无踪影”。[20]“非常不寻常。”这就是克里斯托弗·赫西在写给《乡间生活》杂志的文章中，所能给出的最正面的评价。[21]

内部装潢则是另一回事。斯蒂芬·考陶德为人很矜持，而且喜欢自省。可他那半匈牙利、半意大利血统的妻子吉妮却并非如此。因为她之前有过一次婚姻，嫁给过一个意大利贵族，所以她本人算得上是一位侯爵夫人，她在哈罗德买了一只环尾狐猴当宠物，还在右脚踝上文了一条蛇。埃尔瑟姆是一座非常现代化的豪宅，毫无疑问，这是考陶德夫妇的功劳。这座宅子里有电炉、煤气驱动的中央供暖系统、内部电话、把留声机唱片的声音传递到房子周围的扩音器系统，还有地下室里的中央吸尘器系统。但有人怀疑，室内的活力大部分要归功于吉妮。

三角形的入口大厅是这栋房子令人吃惊的引言，它是瑞典设计师罗尔夫·英格斯特罗默的作品。他还制作了黑豆和胡桃木的家具，放在委托玛丽昂·多恩设计的圆形地毯上，后者设计的大胆的、几何图案的地毯和纺织品，在时尚的伦敦室内装潢中随处可见，从茜瑞·毛姆的切尔西别墅（Chelsea House）里著名的白色房间，到克拉里奇酒店的大堂，都有它们的身影。但是大厅最引人注目的两处地方，一处是为大厅照明的浅玻璃圆顶；另一处是用黑豆制作的饰面，外头贴着由英格斯特罗默的同胞耶尔克·沃克马斯特设计的镶板，上面描绘了意大利和斯堪的纳维亚的建筑。守卫房间的是两个比真人还大的雕花人物，也是沃克马斯特的杰作——一个是古罗马士兵，另一个是手持矛戟、盔上长角的维京人，他们站在入口处的玻璃大门两侧。

西利和佩吉特用内置式夹层家具装饰了客人的卧室。但如果必须确定一位装饰师来定义埃尔瑟姆的外观，那这个人还得是马拉克里达。佩吉特对他的到来感到不满，日后他甚至恶毒地宣称，马拉克里达受到委托是由于查尔斯·阿洛姆爵士的缘故，“考斯帆船赛周期间，阿洛姆爵士驾驶一艘游艇，为此深受王室成员的欢迎”；他继续解释道，“考陶德夫人……是有意大利和罗马尼亚双重血统的后裔”，因此与马拉克里达侯爵很友好。不管是出于何种原因——与塞缪尔·考陶德的关系似乎才是最有可能的——马拉克里达确实被指派设计了客厅、餐厅、图书馆和吉妮的卧室套间。

可是，斯蒂芬刚刚开始考虑这份委托，悲剧就发生了。1934 年 9 月底，他和妻子去奇尔特恩斯的一座小别墅里度周末，那栋房子是他们借来的，位于泰晤士河畔的亨里的北部。周一早上，他独自回到格罗夫纳街，把路易莎留在了那里，路易莎可以在那周的晚些时候开他们的汽车返回。

周三早上，侯爵夫人驾车行驶在亨里到伦敦的公路上，当时他们的宠物，一只西班牙猎犬坐在副驾驶位置上。不知什么原因，侯爵夫人突然转向并猛踩刹车，汽车冲出了一处树篱，滚下了 40 英尺高的路堤。侯爵夫人折断了脖子，陪审团裁定这是一场“意外死亡”。路易莎享年 38 岁。斯蒂芬和吉妮·考陶德参加了葬礼。

马拉克里达出国待了一个月。他卖掉了自己的藏书，出版了他妻子写给他的最后几封信。一位评论家在《观察家报》上写道："在他们聪明、机智的外表之下，隐藏着一个美丽的爱情故事。"[22]接着，马拉克里达就从人间蒸发了。《时尚》杂志和《宫廷通告》都没再提到他的任何消息。他不再现身于招待会和慈善舞会。真的，除了历史上的一处脚注，他没有再留下任何东西。①

只有埃尔瑟姆宫是个例外。埃尔瑟姆的客厅，与马拉克里达为宫殿定制的其他室内装潢一样，是由怀特与阿洛姆公司操刀，按照他的设计完成的。客厅带给人的感受与其说是刺激，不如说是舒适。出现在眼前的是古色古香的地毯、奶油色的墙壁和上过漆的人造天花板木材——虽然看起来，这挺像他在 20 世纪 20 年代摒弃的那一类室内装潢，很有些得意扬扬、自视无可匹敌的好莱坞—意大利—西班牙风格。不过，考虑到这里是专门设计，用以展示斯蒂芬·考陶德的一些意大利绘画和家具收藏的地方，也许马拉克里达的做法可以被原谅。

餐厅完全是马拉克里达的手笔——有黑色的大理石和镶嵌着大胆几何图案的黑檀木，还有隐藏的光束，照亮了特纳和克罗姆创作的风景画——它们都是斯蒂芬的收藏品。当然，最引人注目的是用闪亮的铝箔装饰的天花板。

一楼是吉妮的卧室套间，马拉克里达用浅粉色枫木和饱经风霜的槭木饰面，装点了吉妮的椭圆形卧室，间或矗立着一根根壁

---

① 马拉克里达于 1980 年去世。

柱，宛如供奉某位古代女神的神龛。有几条迂曲的门廊通往楼梯平台，继而指向女神的内殿。内殿是一间嵌着玛瑙和金色马赛克图案的浴室，浴缸放在一处金色的凹室内，由大理石雕刻的普绪喀女神主持。即使是在那样一个擅长创造美丽浴室的时代，一个《时尚》杂志宣称，浴室看起来比房子里的任何其他房间都贵的时代，吉妮的浴室——实际上是她的整个卧室套间——也别具一格地重新定义了乡间别墅的装潢风潮。它是现代的，却既没有浸淫于用滥了的现代派词汇表，也不曾在现代主义朴素、禁欲的纯白色调中迷失；它华丽而不庸俗；使用传统材料，但却拒绝向传统低头。这让人不禁希望，有更多的马拉克里达侯爵的室内设计作品保留下来。

第9章

新乔治时代风格

马拉克里达的品味——都市做派和文雅之风——帮助埃尔瑟姆宫成为采用高级装潢的乡间别墅的杰出典范。但它的光滑线条对于大多数别墅业主来说，还是有些过头了，就像在西利和佩吉特的眼中那样。过去的吸引力太大了，让人无法抗拒：而且那不是对过去的学术性的、“真实的”重建，而更像是对一个业已失去的世界的浪漫招魂。

在两次世界大战之间的那些年里，最有影响力的乡间别墅装潢师，不是才华横溢的侯爵夫人，也不是拥有现代眼光的社会主妇，而是一对不可思议的、对18世纪的英国风格颇具品味的美国年轻夫妇。

罗纳德·特里（Ronald Tree）和南希·菲尔德（Nancy Field）是在丘纳德公司的“毛里塔尼亚号”客轮上相遇的，当时两人都是21岁，自从战争结束后，“毛里塔尼亚号”客轮就开始为私人服务了，两人相遇时，客轮正在进行第一次横渡大西洋的返程，目的地是英国。1918 年的南希已经是一个寡妇了，她要去她的姑姑，也就是与她同名的南希·阿斯特在白金汉郡的乡间别墅——克莱夫登——过圣诞节。她的丈夫亨利·菲尔德是坐拥芝加哥百货公司的商业大亨的孙子，但是结婚仅仅 5 个月后，他就于上一年去世了。罗尼是亨利的表兄弟，他认识南希已经有一段时间了。

他们在船上开始的那段风流韵事，一直续写到客轮靠岸之后。18 个月后，他们在圣詹姆斯区皮卡迪利大街的雷恩教堂举办了婚礼。新娘是个孤儿，又是个寡妇，于是由她的叔叔阿斯特子爵牵着她的手，把她交给了新郎。

罗尼·特里是在沃里克郡长大的，一开始是在阿肖恩山庄（Ashorne Hill），那是一座建于 19 世纪 90 年代的豪宅，带有伊丽莎白一世和詹姆斯一世时代的混合风格。可是再后来，等到他父亲被迫把主屋租出去之后，他的家就变成了山庄里的一间农舍，这是因为他那位手握家庭资产的母亲，带着钱与一位年轻的海军军官（就是日后的第一海军大臣贝蒂伯爵）私奔了。

就在罗纳德和南希结婚前不久，罗纳德卖掉了阿肖恩山庄，这对年轻夫妇在美国度过了婚后的头几年，在那里，新郎开始了他的新闻事业，他的新娘则在家族朋友、建筑师威廉·亚当斯·德拉诺的帮助下，修复了米拉多（Mirador），一座在南北战争爆发前建造的、地处弗吉尼亚州的民宅，德拉诺把米拉多变成了弗吉尼亚州最漂亮的乔治复兴风格的乡间别墅之一。

猎狐是罗尼的一大嗜好，这是他在英格兰度过的青春期留给他的遗产。每年冬天，特里夫妇都要穿越大西洋，回到英格兰，骑上马，带上廓恩和考特莫尔两条猎犬去打猎。1926 年，他们横下心来，在英国永久定居了下来，其中的一部分原因是为了让罗尼能够追求政治生涯——有人告诉他，他的英国口音排除了他在美国从政的一切可能，另一部分原因是他受邀成为著名的派奇利狩猎协会的联合负责人，这个组织会在英格兰最好的狩猎区北安普敦郡和莱斯特郡的边界地带聚会。

有一段时间，特里夫妇租住在科特斯布鲁克府（Cottesbrooke Hall），那是一座美丽的红砖别墅，采用了安妮女王时代的风格，位于派奇利村的中心区，被认为是简·奥斯汀的曼斯菲尔德庄园的原型。但是科特斯布鲁克正在挂牌出售，所以到了 1927 年，他们又租下了 3 英里外的凯尔马什庄园（Kelmarsh Hall）。

北安普敦郡是那些不太像科茨沃尔德诸郡的地方之一，历来不曾进入追寻优美风光的地形学家、探索者的法眼。18 世纪的旅行者斥之为“令人讨厌的……广阔的牧场和糟糕的风景”，到了 20 世纪，它又主要以猎狐、靴子和制鞋厂闻名，除非你对靴子、鞋子或者追逐狐狸感兴趣，否则在去做更刺激的事的路上，它总是一处可以穿过的地方。[1]

然而，北安普敦郡的乡间别墅却名列前茅。这里有随处散落的伊丽莎白时代的美景，有迪恩庄园和破败的柯尔比府；有鲍顿庄园的巴洛克式壮观景象和霍克斯莫尔设计的伊斯顿·内斯顿别墅；有兰波特府、科特斯布鲁克庄园的优雅的古典气息。而若是谈及含蓄、宁谧的美感，就要属无与伦比的凯尔马什庄园了。它是由詹姆斯·吉布斯设计的，大约建造于1728年至1732年之间，是一栋2层的红砖房子，有7个隔区，中心区包含大厅和沙龙，在一堵三角形的山形墙下，勾勒出柔和的轮廓。庄园的两侧设有低矮的亭子。特里夫妇签了一份为期10年、连带负责修缮的租约，而后搬了进来，当时这个地方已经破败不堪，到处都是维多利亚时代加盖的建筑，全然是一派杂乱无章的样子。房子的主人克劳德·兰开斯特比他们小两岁，他很乐意让房客们把房子收拾干净，自己则可以去诺丁汉郡专心从事家族的煤炭和铁矿产业。

凯尔马什的改造——与其说是大规模的推倒重建，还不如说是温和的整容手术——是特里夫妇与一大批艺术家、手工艺者之间的合作。建筑师保罗·菲普斯——他曾在卢琴斯的办公室工作，后来娶了南希·阿斯特的妹妹诺拉为妻——被指派负责现代化改造工作，由他安装了现代化的暖气、管道和电灯。威廉·亚当斯·德拉诺在为南希·特里修复了别墅的眺望台之后，又设计了图书馆的镶板。一位名叫基克先生的油漆匠，就配色方案提供了咨询，而为了在纺织品的运用上获得帮助，特里夫妇还去了趟位于杜克街的艾尔登有限公司，这是梅菲尔区最有名气的室内装潢公司之一。

艾尔登公司的女老板艾瑟尔·贝瑟尔是一个“处理古旧花缎、织锦以及彩绘或者刺绣物品的天才”；[2]对于凯尔马什庄园的外观造型，她的认真负责，不亚于特里夫妇及其工匠。她为大厅准备了锦缎窗帘，为客厅准备了一套更精致的、带帷幔的蓝灰色丝质窗帘。她提供了一间完整的更衣室——这是为了1927年，在奥林匹亚举办的一场室内装饰展览而建造的——不惜将其整体买下；她装饰了南希·特里的卧室，卧室里有悬挂白色丝绸的墙壁和与之相配的窗帘，床是特制的，上面也挂着饰有银色花边的白色锦缎。此外，房间里还有一面面有年头的镀金镜子和镀金床饰，它们创造了一种南希称为“金光闪闪的寒冰”的效果。[3]

此外，还有从诺福克的一座别墅购得的18世纪中国手绘壁纸、奥布松地毯、齐本德尔式餐椅和意大利手绘家具。室内的总体色调偏向灰白，整体效果让人感到舒适，既不杂乱，也不克制，与这个地方的精神气质保持一致。它讲述了一种与过去之间的关系，这种关系复杂而费解，并非奴性的模仿。最重要的是，特里夫妇的凯尔马什庄园气质淡雅。南希真心喜欢凯尔马什。1948年，在与罗纳德·特里的婚姻失败后，她选择了第三任丈夫克劳德·兰开斯特，但她的朋友们确信，她的感情其实寄托在凯尔马什上，而不是它的主人身上——他们的婚姻仅仅维持了3年，就同样以失败告终了，而且直到兰开斯特切断了凯尔马什的电力，南希才不得不离开，此事进一步验证了人们的这一印象。①

但那都是后来的事了。1933年，罗尼·特里继承了遗产，取得了英国公民的身份，还当选为莱斯特郡哈伯勒的保守党议员。当年6月，特里一家和克劳德·兰开斯特的叔叔克劳利·德·克列斯皮尼，一起驱车前往牛津郡，那时他们来到了迪奇利庄园（Ditchley Park）。这是吉布斯设计的另一幢别墅，但是比凯尔马什

---

① 20世纪30年代，克劳德是特里一家的常客。罗纳德·特里第二次婚姻的女儿后来暗示，他是南希长期的情人，这是夫妇两人婚姻失败的真正原因。

还要大得多，气派得多，有大约30间卧室、更衣室和7间会客室。一个戴着红色假发的老管家出来抗议说，他的主人——第17任蒂龙（Dillon）子爵刚刚去世，但他们不顾老管家的反对，自顾自地商量着要进去看看。

蒂龙曾是一位著名的古董商人，是伦敦塔军械库的第一任馆长，也是国家肖像美术馆的主席。他的外甥继承了他的爵位头衔，但是没有继承他对古董文玩的兴趣，眼下他正在散尽蒂龙的收藏。罗尼后来回忆道，闯入者们看到的是“一幅令人难忘的画面，到处是壮丽的景象和堆积的垃圾……那是一位正等待起死回生的睡美人”。[4]又过了一两周，第18任蒂龙子爵将迪奇利庄园名下3500英亩的地产，连同其“具有丰富的历史关联意义的豪华宅邸”推向了市场。[5]

罗尼买下了它。

与凯尔马什一样，迪奇利的翻新也是一场各方的合作。罗尼买了他心中豪华住宅所需要的上好的家具、精美的油画，他的妻子则负责房子的整体外观、面料选择和家具布置。他们从伦敦其他一些装潢师那里购买了印花布和家具，他们还聘请了法国室内设计师斯蒂芬·布丹，他是著名的巴黎公司杨森之家（Maison Jansen）的主管（后来成为董事长）。布丹最为今人铭记的项目，是在遥远的未来完成的——1961年至1963年，他为肯尼迪家族重新装修了白宫。

罗尼和南希·特里并不想为巴伐利亚的洛可可风格买单。他们买下迪奇利庄园的时候，正值所谓的新乔治时代风格的全盛期，它的内敛、优雅无处不在，即使是在英王乔治五世——这正是它的名字由来——即将走到生命尽头的时候，也是如此。1910 年国王登基之初，人们便对新乔治时代风格迸发了热情：哈罗德百货公司随即在 1911 年，开了一家具有乔治时代风格的餐厅，后来又开了一家乔治时代风格的沙龙。1912 年，哈罗德·蒙罗和爱德华·马什出版了他们 5 本《乔治诗选》中的第一本。托马斯·哈代谈起了“新乔治时代”的生活方式。[6]时尚评论员称现代女性是“带着男孩般的微笑，搭配着两件套西装的新乔治时代女性”。[7]随着统治时间的推移，现代主义的文学、艺术、建筑开始变得碎片化、神秘化，更温和也更保守的新乔治时代的人们发现，他们越来越多地需要向古乔治时代的人们寻求安慰和灵感。

从菲利普·沙逊爵士举办皇家北方医院展览的故事中，可以看出“漫长的 18 世纪”的受欢迎程度。1928 年，沙逊开始在他位于公园巷的豪宅里举办一系列年度展览，以资助皇家北方医院，他是那里的董事会成员。第一届展览的主题是“早期英国的刺绣和家具”，是一场混合展览，展品包括苏格兰的玛丽女王被处死时戴的面纱、威廉王子在牛津新学院戴的法冠，总共为医院募集了 2215 英镑。翌年又举办了第二届展览，主题是“古老的英国餐具”，和上届一样，这届展览也举办了 2 周，募集了差不多的资金。不过这届展览举办得更专业一些，沙逊从国家美术馆借来了守卫以保障安全，从皇家阿尔伯特音乐厅借来了十字转门。《泰晤士报》非常热情，形容这是“有史以来最好的一次餐具展览……在 2 楼的 4 个房间里摆放着数不胜数的金属碟盘，这是前所未见的”。[8]玛丽王后为这场展览借出了多个乔治二世的茶叶罐，借出了乔治二世的女儿索菲亚公主的7个银盒。她到场参观了这些展品，并花了几个小时细细欣赏。

1929年那场展览的展品，并不局限于乔治时代的艺术作品。“当我凝视着那只精致的象牙器皿时，”喘不过气来的贝洛－朗兹夫人写道，“我感到了一种敬畏之情，这只器皿华丽地鎏了一层银，据说托马斯·贝克特爵士可能把它当作圣餐杯用过。”[9]（想必她指的是“圣托马斯”。）但吸引了大量关注的，确实是那些乔治王朝时代的作品，于是沙逊的第三届公园巷展览直接聚焦于18世纪。1930年3月4日，主题为“英国的风俗画”的新一届展览开幕，共展示了152幅画作（其中的6幅来自他个人的收藏），包括9幅盖恩斯伯勒的作品、18幅贺加斯的作品，以及雷诺兹、斯塔布斯、亚瑟·戴维斯和荣誉英国公民约翰·佐法尼的一系列佳作。唯一的当代绘画作品，是约翰·拉威利爵士的一组肖像画，画的是乔治五世、玛丽王后、威尔士亲王和玛丽公主，是从王后那借来的。

严肃的英国艺术展在当时是罕见的。展览每天从上午11点开到晚上7点，虽然入场费高达5先令，活动还是大获成功，以至于沙逊把展览的期限延长了一周，一直开到4月6日。它让评论家们欢呼雀跃，从某种意义上，就像罗伯特·维特爵士在一篇赞美的评论中所说的那样，它让18世纪的英国艺术，特别是“英国艺术独特的、民族的一面”重新焕发了光彩。[10]克里斯托弗·赫西宣称，佐法尼就是“英国绘画领域的简·奥斯汀”。[11]另一位批评家也表示，这些风俗画“太接地气了……一如乔托、波提切利、拉斐尔和提香的作品，也植根于意大利的土地一样”。[12]

1931 年的展览主题为“四乔治”（The Four Georges），展出了盖恩斯伯勒、雷诺兹和卡纳莱托的画作；威廉·肯特、托马斯·齐本德尔和罗伯特·亚当设计的家具；银器、古书和手工艺品，包括从玛丽王后放在温莎的收藏品中取来的扇子。国王、王后以及伦敦上流社会所有有头有脸的人，都来观看了这场展览。查理·卓别林也出现在了那里，而且后来又返回参观了 3 次。展览获得了巨大的成功。“人们从一个房间走入另一个房间，”《泰晤士报》的艺术评论家写道，“俨然在那一刻回到了乔治时代。”[13]

从 1929 年到 1939 年他去世为止，菲利普·沙逊爵士一共在公园巷 25 号举办了 9 次年度展览。随着一年一度的公园巷展览的影响力、重要性的不断提升，有越来越多与之相关的书籍和讲座，在皇家艺术学院出版和举办，为沙逊和“漫长的 18 世纪”赢得了一连串关键的赞誉。它们证实了一种趋势，这种趋势自 20 世纪初——当时，伴随着雷恩文艺复兴的展开，爱德华时代的巴洛克风格开始演变为一种稍显宁静的风格——以来一直在积聚动力。1922 年，玛格丽特·茹尔丹出版了《十八世纪晚期英国的装潢与家具：1760—1820》；1923 年，她的《小型别墅的英式装潢：从复辟时代到摄政时代》也宣告问世。斯坦利·拉姆塞和 J. D. M. 哈维（J. D. M. Harvey）的《乔治时代晚期的小型别墅》在 1919 年、1923 年分两卷付梓；1925 年，阿尔伯特·理查德森和哈罗德·埃伯莱因出版了《文艺复兴晚期的英国小型别墅：1660—1830》；

1928 年，汤斯顿·斯莫尔的《雷恩时代和乔治时代早期的别墅》也与读者见面了。

上述的这一类出版物，有助于将人们的注意力从闪耀的白色现代主义，从古雅却奄奄一息的工艺美术运动，尤其是从浮夸的维多利亚时代复兴风格中抽离出来，转向索恩和吉布斯的乡间别墅，威廉·肯特和罗伯特·亚当的优雅，以及四乔治时代的英格兰。并非巧合的是，1937 年，一个名为“乔治小组”的团体诞生了，该团体是古建筑保护协会的一个分支，致力于保护英国最好的乔治时代风格的民房建筑，阻止投机者和开发商对它们的“协同攻击”。[14]

罗纳德和南希·特里对迪奇利庄园的改造，也构成了这一传统的一部分，就像沙逊的公园巷展览，关于乔治时代的艺术和建筑的出版浪潮，以及乔治小组的形成一样，这件事既是传统的成因，也是传统的后果。迪奇利庄园的历史读起来，仿佛是一部乔治时代风格的天才名录：房子是由詹姆斯·吉布斯设计，由亨利·弗里克罗夫特和威廉·肯特装饰的。为房子雕刻烟囱的则是亨利·切尔和彼得·舍梅克。也许这还不足以确保修复工作能与当地的精神气质保持一致——有许多历史建筑的新主人乐于无视这些东西——但幸运的是，就特里夫妇的例子来说，这刚好验证了他们的品味，并给了他们一个展示这种品味的机会。

蒂龙家族留下了一些 17 世纪的古画，但实际上，其中的大部分是李氏家族收藏的画作，他们从 1580 年到 1776 年一直拥有迪奇利庄园。他们还留下了一些家具。屋内有 6 把乔治时代的扶手椅和一张大沙发，特里家族认为，可能是本庄园的木匠做了这些，然后又往上覆盖了红色皮革。屋内还有 3 张巨大的波兰四柱床，罗纳德认为可能是海普怀特的杰作。其中一张床上覆盖着摄政时代或者维多利亚时代早期的蓝白相间的印花棉布，他们保留了这些印花棉布；但另外两张床上则罩着维多利亚时代的深红色厚毛呢。于是，他们拿新的东西罩住了这两张床，一张床上用的是绘有花卉图案的印花棉布，可能是由西碧尔·科尔法克斯提供的，另一张床上用的是印度出产的薄纱。

他们从凯尔马什庄园带来了一些东西：一对威廉·肯特设计的靠墙小桌，还有一盏他们认为来自俄罗斯的枝形吊灯。他们还买了画和家具：一张由威尔顿的工厂为这里的图书馆特别编织的红白地毯，一张由海普怀特设计的椭圆形桌子；一张从巴黎运来，铺在一间接待室里的奥布松地毯；“还有一套我们在意大利找到的椅子”。[15] 1938 年，当艾尔斯伯里附近的哈特维尔别墅（Hartwell House）——另一座李氏家族的宅邸——的藏品，被拿去苏富比拍卖行拍卖时，罗纳德成功地拍到了两把威廉·肯特设计的镜子，用来搭配那一对靠墙的小桌。1936 年，他又到佳士得拍卖行，以 18 基尼的价格买了两幅蒂耶波洛的画作，并特别留意，在李氏家族的肖像画出现在拍卖会上时，拍下了它们，把它们带回了别墅。

迪奇利庄园作为一个个例，帮助巩固了乔治时代风格在 20 世纪 30 年代后期及以后的日子里，作为乡间别墅主流风格的地位。诚然，这不是一种真正的、还原度好比博物馆的乔治时代风格，可是，这是一种活生生的乔治时代风格，是一种优雅地老去了的乔治时代风格。它产生了一种安静而庄严，富有却不浮华的视觉效果。油漆和镀金被清洗，但并没有被修复。崭新的锦缎和天鹅绒被漂白，或者在悬挂之前，被故意放在阳光下面褪色。南希“就喜欢看它们旧下去，过自己的生活的样子”，她的儿子迈克尔后来回忆道。[16]这种古旧之感，也赋予了迪奇利庄园一层时间绵延的巧妙光环，暗示了处在这一特别的化身之下，这座别墅的历史已有2个世纪之久，而不是只有1年左右的时间。毫无疑问，其他旧别墅的新主人也该试一试，以求达到同样的效果。

这对伟大的梅菲尔区的装潢师夫妇，是如此成功的自我宣传家，他们俨然完全主宰了20世纪的20年代和30年代，在为大卫和沃利斯·辛普森建造一间新的客厅的时候，在为这位伯爵或者那位财阀建造一组新的卧室套间的时候，他们的竞争对手似乎只有对方。他们当然没有彼此竞争。今天，如果你环顾英国的乡间别墅，就会发现作为别具慧眼的业余爱好者，罗纳德和南希·特里的品味简直随处可见。

不过，还是有大批新娘和刚买下别墅的女主人，从沃灵与吉洛公司订购柳绿色的丝绸缎子，从沙龙或者画廊的角落里寻找精美的古旧家具，对此又该如何看待呢？她们在室内装潢方面的品味，是周末从朋友和邻居的家里，或者从《时尚》《乡间生活》等杂志上收集来的，仍然体现在英国各地数以百计的乡间别墅中。她们的贡献几乎没有被研究装饰艺术的历史学家注意到。但是，如果说在两次世界大战之间，有哪一群人塑造了乡间别墅的典型

埃德温·卢琴斯

温莎城堡

白金汉宫

桑德灵厄姆

斯托海德庄园

西辛赫斯特城堡

沃莱顿府

萨顿斯卡斯代尔遗址

科尔顿鱼庄花园

赫斯特芒休城堡

利兹城堡

卓戈城堡

卓戈城堡的图书馆一角

布伦海姆宫

埃尔瑟姆宫

全印度战争纪念拱门

风貌，那就是她们了。

这些不那么热爱冒险的乡间别墅的主人，可能会选择去百货商店的工作坊，他们毫无羞愧地想要一种“所谓的好品味”，但专家们对这种品味不屑一顾，因为那意味着要用从废弃的乔治时代的老宅子里剥下的松木镶板——早已变成了灰蒙蒙的一片——来装饰自家的墙壁。梅普尔斯、哈罗德、沃灵与吉洛等商家都经营装潢业务，而且干得很出色。[17]不过，绝大多数业主都看不上现成的客厅或闺房，同时也拒绝花钱聘请怀特与阿洛姆或者茜瑞之类的公司代劳。相反，他们会自己亲自动手——他们也许不具备南希和罗尼·特里那样的才华和判断力，但至少充满热情。

1930 年，28 岁的洛丽亚·庞森比（Loelia Ponsonby）做了威斯敏斯特公爵的第 3 任公爵夫人，她搬去柴郡，住进了那座维多利亚时代兴建的大型别墅——伊顿府，她发现那里有个女管家身穿黑色毛纱衣服，腰上拴着一串钥匙，活像《蝴蝶梦》里的丹弗斯夫人；有一群同系交配的、未经家庭驯养的达克斯腊肠犬；还有几套盔甲伫立在用粉红色皮革包裹的主楼梯间上，护胫甲和护腿甲之间的膝盖部位可怕地弯曲着。她的丈夫还在湖中的一座观赏岛上，喂养了一大群喜马拉雅猴和一只巴西水豚（一种巨大的豚鼠，是世界上最大的啮齿类动物），任它们在庭园里自由奔逐。

本德之前的两次婚姻都不幸福。他的人际关系也并不理想。洛丽亚比她专制的丈夫小 23 岁，她的家庭背景很好，但很贫穷。尽管她的父亲是乔治五世私用金库的管理人，在圣詹姆斯宫拥有几间公寓，在萨里郡还拥有一座环绕着护城河的中世纪庄园，她却穷得习惯于自己制作内衣，在她年轻的时候，因为父母付不起学费，她甚至一度被迫辍学。洛丽亚渴望在伊顿府侧翼的私人房间里贴上自己的标签。至于本德这个人，他虽然有许多缺点，却从来没有因为过度节俭而受到过指责。他支持洛丽亚订购她喜欢的任何东西，还鼓励她去别墅里最上等的高档客房里转转，看上什么家具，就搬过来自己用。

她没有去请马拉克里达、西碧尔或者茜瑞，没有从梅普尔斯公司订购室内装潢，也没有找哈罗德公司制作刻意磨损以显古风的锦缎，而是自己动手做。她的卧室贴有镶板，漆成了浅黄色。室内有一面绣有安妮女王图案、遮住了卧床的床罩，有绿色的丝绒窗帘，还有用嵌花的中国绉绸缝制的浅粉色床单。洛丽亚有了一间只属于她的大更衣室——本德睡在自己的房间里，他的床上挂着蓝色的塔夫绸，然而看上去与蓝色的墙壁并不协调——还有一间与更衣室连在一起的浴室，浴室里有一个淡黄色的大理石浴盆，水流会从一只狮子的嘴里喷出来。

我的起居室是我装饰过的所有房间里最成功的。柳绿色的丝绸锦缎柔美地皱成一团，覆盖了墙上用松木制作的踢脚板。在房间的一端，一幅绣有法式纹章的挂毯正好挂在一张绿色天鹅绒沙发的上方。地毯是古铜色的，产自奥布松，皮制的屏风上也绘有同样的颜色，只见绿色和红棕色在那里完美地互补。窗户之间有一对华丽的中式漆柜，飘窗下有一张从卡尔顿别墅弄来的写字桌，桌子上有一个半圆形的小抽屉，抽屉的上方是镀金的搁板。一盏沃特福德出产的玻璃枝形吊灯在头顶上闪烁。最后一件装饰品，是贺加斯的一幅迷人版画，我们把它挂在了壁炉架上。[18]

伊顿府的历史还不满 60 年，它是一座代表维多利亚时代的哥特复兴风格的丰碑。但这并没有阻止洛丽亚走进漫长的 18 世纪。她是一个新乔治时代风格的追随者。

第10章

公主新娘和她的兄弟们

在两次世界大战之间的日子里，乔治五世的几乎所有孩子都先后获得了自己的乡间别墅。只有威尔士亲王是个例外，而原因则在于婚姻问题。

玛丽是第一个。1922年，24岁的公主嫁给了哈伍德（Harewood）伯爵的儿子和继承人、40岁的莱瑟勒斯（Lascelles）子爵亨利。“我一想到失去她就害怕，”国王写道，“好在她还将继续生活在英国，感谢上帝。”[1]新婚夫妇在伦敦的住所，是位于南奥德利街的帕拉迪奥风格的切斯特菲尔德别墅（Chesterfield House），被认为拥有伦敦最精美的大理石楼梯之一，也是伦敦市内仅存的几栋豪宅之一。但是哈伍德家族的地产主要集中在约克郡，除了距离利兹不远、作为家族主要住所的哈伍德别墅（Harewood House）之外，接下来，就要属当时仍由公主年迈的公公居住、归整个家族集体拥有的戈德斯伯勒府（Goldsborough Hall）了。那是一座位于东北 10 英里处，呈现詹姆斯一世时代风格的别墅，它被用作陪嫁房产和狩猎小屋，也是留给已婚爵位继承人的一处近便的乡间住所。

戈德斯伯勒从 19 世纪 90 年代开始就对外出租，但是现在，那位长期租住的房客兰姆夫人，亲切地为这对夫妇腾出了房子，甚至还送给了公主一对孔雀，作为乔迁新居的礼物。该年年底，公主和丈夫搬了进去。

戈德斯伯勒府是一栋用红砖砌成的、带山形墙的漂亮房子，坐落在一座与它同名的小村庄的主要街道上。房子很大，有 22 间卧室，4 间贴有橡木镶板的接待室，还有一座让人瞪大眼睛的 7 世纪早期的橡木楼梯，通过它，可以直通整栋房子的各处角落。

在最初的宣传热潮中，来自利兹的游客挤满了村庄，玛丽因为害怕被人们包围，拒绝踏出别墅一步，她开始习惯了一名 20 世纪贵族妇女的惬意生活——这种生活给予了她作为王室成员的特权，却并不要求她承担责任。结婚前，她就不喜欢担任公共职务，现在，她更是迅速地喜欢上了城堡女主人的角色，已然陶醉于这一角色带给她的相对的独立身份。1929 年，一位匿名作者在一本谄媚的传记中写道，她本可以凭借自己的卓越表现登上王位，但成为自己家庭的女王，更能真正满足她的雄心。[2]

还是在这本自称是“征得了公主殿下的同意后才出版”的传记中，人们读到了公主在戈德斯伯勒度过的典型的一天。首先是去托儿所——婚后不到一年，莱瑟勒斯夫妇就生了一个儿子，第二年又生了一个儿子——然后和丈夫共进早餐。剩下的整个上午，她都在处理大量的信函：募捐信，渴望建议、工作或推荐的请求信，希望她召开宴会或成为某某事物赞助人的邀请函。她的侍女们通常会先把所有的来信筛选一遍，“但每一封信，除非是完全无关紧要的信函，都要提醒她注意”。[3]此后，将有人拿菜单来让她批阅，接着她会在花园里散步，继而安静地用午餐。下午要么和丈夫一起给人打电话，要么接待客人。如果莱瑟勒斯不在家，她有时会去哈伍德别墅看望公公婆婆。“晚上她喜欢读书或者听音乐。公主是一名优秀的音乐家，尤其偏爱现代作曲家的作品。”[4]

这不是一种艰苦的生活，但这也不是一幅美好的画面。尽管玛丽不愿在公共生活中扮演重要角色，她的王室成员身份和作为莱瑟勒斯勋爵妻子的地位却意味着，她要做的事，绝不可能仅仅是查看菜单，播放埃尔加或者爱德华·德曼的最新作品那么简单。20世纪20年代的报纸刚刚刊登她在这一周为利兹综合医院的护理人员颁奖的照片，到了下一周，她又代表慈善与孤儿基金会出席工会会议去了；同一时间，她还在诺福克别墅（Norfolk House）举办的残疾士兵刺绣展览上，作为主宾参加了一场资助流浪儿童和离散人员协会的慈善日场。

1930年，在子爵的父亲去世后，莱瑟勒斯一家搬去了哈伍德别墅。戈德斯伯勒府带着家具被租出去了；切斯特菲尔德别墅干脆被卖掉了。“至于原因……根据推测，是出于经济方面的需要，与近来税负的增加有关。”媒体评论道。[5]在哈伍德，这对夫妇也许并不像人们认为的那样家喻户晓：在搬进去之前不久，他们为了慈善事业，向公众开放了别墅的庭园，结果等到他们开着自己的车来到大门口时，竟然被要求每人支付 1 先令入场费，停车的话，还要另付 1 先令。

到那时为止，在乔治五世后代居住的所有房屋中，哈伍德别墅的建筑风格是最独特的。1758 年，约克郡的约翰·卡尔设计了这座别墅，罗伯特·亚当和他的那批工匠又完成了内部装潢，它的外部景观则是万能的布朗打造的，19 世纪，查尔斯·巴里爵士又在修建议会大厦的间隙，对它进行了改建。不过，到了 1930 年，它似乎有一点过时了，比如，整座别墅竟然只有 2 间浴室。哈伍德伯爵和玛丽公主请来了年事已高的赫伯特·贝克爵士，当时贝克正忙着翻新约翰·索恩爵士当年设计的英格兰银行，工作才刚进行了一半，佩夫斯纳称此举为“20 世纪上半叶伦敦建筑蒙受损失最大的一例个案”。[6]贝克在哈伍德别墅的工作，甚至更加无可挑剔：他对私人公寓进行了现代化改造，安装了 20 间新浴室，还安装了中央供暖系统和 2 部电梯，一部供员工使用，另一部供客人使用。别墅东翼的顶楼留出了照料两个男孩的育婴室，在玛丽公主的亲自督建下，大部分主要房间都被重新装修了一遍。根据当时的媒体报道，蓝色是改造后的主要颜色。

改造哈伍德是为了娱乐，这种娱乐活动的规模之大，在此前的戈德斯伯勒是不常见的。每年 8 月，玛丽王后都像过去一样，在去往巴尔莫勒尔的路上，拿出区区 10 天来陪伴女儿；但是从现在开始，这里将会上演一连串的射击聚会、圣诞派对，为威瑟比或者约克的赛马会准备的比赛活动，等等。一切都精心安排好了。在举办一场盛大的晚宴之前，管家斯莱德就准备好了用来装饰餐桌的金银餐具，园艺师霍尔也做了同样的准备。伯爵和公主会先到餐盘室听取斯莱德的计划，接着，在他们上楼去换晚礼服之前，他们还会去查尔斯·巴里爵士设计的壮观的国宴厅，检查餐桌的布置工作。整个20世纪30年代，他们雇佣的内勤人员一直维持在27人的规模，但即使这样，也不足以应付一些大型晚宴，所以又不得不从周围的村庄招募额外的家仆。每当有三四十人坐下来用餐的时候，斯莱德就得负责照管3张配餐台和9张送餐桌。

就这样，玛丽当上了母亲，过起了一位贵族地主的妻子的生活。可与此同时，乔治王子，公主的4个兄弟中最小的一个，却没有表现出任何将要安定下来、好好做些事情的迹象。20世纪20年代的大部分时间里，乔治都待在海军的军营中，又或者是在他众多情人的怀抱中，这里面有女人，也有男人。在不同时期，他的名字曾与诺埃尔·科沃德、艺术史学家安东尼·布朗特和音乐剧女演员杰茜·马修斯产生过浪漫的联系。他最臭名昭著的一段恋情，是与美国社交名媛、前卡巴莱演员琪琪·普雷斯顿的关系，此人因为钟情可卡因和吗啡，被称为“拿着银色注射器的女孩”；非但如此，乔治还与其他人一道分享了这种好感。温莎公爵后来在回忆录中写道，他的弟弟“天性有点放荡不羁”，其实他已经谨慎地掩盖了20世纪20年代末，他被责令监督乔治戒毒的事实，而且至少有一次，他不得不亲自介入，把乔治从一场令人不快的勒索中解救出来，这次勒索的道具，是王子早先写给巴黎一名年轻人的信件。[7]

1934年，乔治王子与希腊尼古拉王子的第三个女儿玛丽娜

(Marina)公主结了婚。(他们在威斯敏斯特大教堂举办了婚礼，在这场婚礼上，乔治的侄女、8 岁的伊丽莎白公主，第一次见到了她未来的丈夫：菲利普亲王，他正是玛丽娜的堂弟。)1935 年，乔治的姑妈维多利亚公主，在白金汉郡的一座名为科平斯(The Coppins)的乡间别墅辞世了，这座别墅是 1925 年亚历山德拉王太后故去后，她从桑德灵厄姆庄园被赶出去时买下的。科平斯是一幢不起眼的两层楼房，占地 132 英亩，有 4 间接待室、1 间大音乐室和 14 间卧室。它是由一位名叫约翰・米切尔的事业成功的剧院经理在 19 世纪中叶建造的，举目四望，到处都是山形墙和高高的烟囱。事实上，它看上去颇有些形似桑德灵厄姆庄园的约克小屋。那里还有一座模范农场，里面养有纯种的畜群和其他牲畜。在遗嘱中，维多利亚公主把这儿留给了乔治。

这对新婚夫妇，即现在的肯特(Kent)公爵和公爵夫人(在他们结婚前不久，国王乔治五世把这个头衔授予了他最小的儿子)，用了 1936 年的整个春天，对科平斯进行了里里外外的翻新。这项工程的一个重要部分，是建造一个俯瞰庭园的大育婴室：他们已经有了一个儿子，爱德华王子，公爵夫人正怀着第二个孩子。1936 年的圣诞节，亚历山德拉公主出生了。他们亲自监督工程，经常从伦敦开车过来检查进度，王室的其他成员也一样。1936 年 4 月，玛丽王后就带着女王维多利亚一世的孙女爱丽丝公主，从温莎开车来参观过这座房子。

“该地区的人民对公爵和公爵夫人寄予了很高的期望，”一篇新闻报道在首次公布遗产时预测道，“因为维多利亚公主在那儿生活时，是一位乐善好施的夫人。”[8]1936 年 6 月 6 日他们搬进来时，在聚集到门口的当地村民的欢呼声中，科平斯已经拥有了 6 间浴室，电力干线和水管，中央供暖和现代化的排水设施。一楼的接待室装修成轻松的新乔治时代风格，而且——这是最常被谈及的改进之一——他们向外望去，可以看到现代化的花园和草坪，它们取代了此前那一大片又黑又乱的月桂、紫杉和冬青。

在接下来的几年里，科平斯经常出现在新闻中。肯特公爵和公爵夫人在那里为儿子庆祝了 2 岁生日，他们举办了茶话会，还端上了一个由白金汉宫的皇家糖果师制作的、带粉红色糖衣的双层生日蛋糕。在女王地区护理学院的帮助下，花园也准备好对外开放了，那一天，恭敬的游客们被拍到成群结队地穿过草坪，好容易才抵制住了把鼻子贴在窗户上的诱惑。一个周六，公爵夫人突然去了一趟斯劳，在伍尔沃斯商店买了一个风筝和一个用来玩投环游戏的橡胶圈，这引起了一场轰动。《曼彻斯特卫报》的一名记者上气不接下气地报道说，“她刚买完东西就被人认出来了。”她还逛了逛服装店和食品柜台。[9]

21 世纪的读者已经玩世不恭地习惯了，从王室成员、高级政客到九流名人，对于媒体的暗中操纵，像这样的故事多少给人一种公爵有意将自己的尴尬过去抛诸脑后，把自己重新塑造成一个普通家庭——或者说上层家庭——的家长的感觉。然而，这种感觉是错误的。乔治没有必要恢复他的声誉，因为在那个英国媒体不会报道王室成员任何不当行为的时代，他的声誉是完好无损的，直到他在“二战”期间的一次飞机失事中丧生几十年后，他那五花八门的不当行为才被公众知晓。

1938 年秋，白金汉宫宣布乔治六世将于 1939 年 11 月派他最小的弟弟前往澳大利亚担任总督，这一任期可能至少要持续 2 到 3 年。公爵夫人和他们的两个孩子也会跟他一起去。第二年春天，肯特夫妇将科平斯投放市场，据《泰晤士报》报道，“价格非常适中”，但并未透露具体数字。[10]尽管如此，在那个充满不确定性的夏天，这座“令人愉快的住宅，拥有最完美的装饰和陈设，安装了现代化的改进和便利设施”，带有“精致的花园……因其美丽而闻名于世”，在广告中被称为“肯特公爵的乡村之家”的别墅，却最终未能售出。孰料，这被证明是因祸得福，因为 9 月份爆发的大战终止了对澳大利亚总督的任命，肯特夫妇继续留在了科平斯。[11]

将王室四兄弟的出生顺序颠倒，在乔治身后，排在第二位的就是亨利王子了，他比乔治王子大 2 岁，与 20 世纪一起降生。1935 年，当时已是格洛斯特（Gloucester）公爵殿下的亨利，迎娶了第 7 任巴克卢（Buccleuch）公爵的女儿，爱丽丝 · 克里斯塔贝尔 · 蒙塔古 · 道格拉斯 · 斯科特（Alice Christabel Montagu Douglas Scott）夫人。

爱丽丝结婚的时候（和她丈夫一样）30 多岁，是个害羞、不爱说话的女人，结婚的第一年对她来说很艰难。她的父亲在她结婚前不到 3 个星期时去世了；因此，原计划在威斯敏斯特大教堂举办的仪式被取消，取而代之的是在白金汉宫私人教堂举办的一场安安静静的仪式。她的公公，英王乔治五世也在 10 周后驾崩。她很快与丧偶的玛丽王太后走近，却发现自己距离退位危机的旋涡中心更近了一步。当爱德华八世前来告诉他母亲沃利斯·辛普森的事时，她正和玛丽王太后一道住在马尔伯勒宫。爱德华后来写道，自己对爱丽丝感到非常抱歉。“她无意中坐在我母亲的餐桌旁，却发现自己被卷入了一幕开场的序曲，而且即将上演的将是英国王室历史上最令人痛心的悲剧之一。她从来不是个健谈的人，今天晚上更是一句话也没有说。最后，当我们起身要离开餐桌时，她急忙抓住这个幕间休息的机会不放，抗议说她太累了，请求大家的原谅。在行了个屈膝礼之后，她几乎是从房间里逃了出去。”[12]

格洛斯特公爵和公爵夫人在圣詹姆斯宫附近的约克宫，开始了他们的婚后生活。他们把家安在了城外的皇家阁楼（Royal Pavilion）——不是乔治四世在布莱顿建造的那种印度风格的舞榭亭台，而是一处不太为人所知的王室住所：那是地处奥尔德肖特的一座奇特的木制平房，维多利亚和阿尔伯特当年检阅军队时，曾经在那儿下榻过。

但他们需要的是一座合乎传统的乡间别墅，那应该是一个比超大号的花园小屋更有吸引力的地方；1938 年，他们在北安普敦郡发现了这样一个地方。在大批修道院被解散后，公爵夫人的祖先、蒙塔古家族的先辈，从亨利八世手里购得了巴恩维尔庄园（Barnwell Estate）。庄园的中心是一座壮观的 13 世纪建造的城堡，拥有 12 英尺厚的城墙和高大的圆形角楼。可是，蒙塔古一家还是去郡里又购置了土地：他们已经买下了 10 英里外的鲍顿庄园，那里注定要成为他们的主要住所。他们这么做是有原因的：即便是在 16 世纪中叶那个动荡不安的年代，他们也用不着这样一座中世纪的城堡，他们让古堡以一种最浪漫的方式坍毁，去隔壁另建了一座坚固而迷人的庄园。这座庄园历经了几代人、许多年的不断打磨——这里添一间房间，那里加一扇窗，1890 年又完全新造了一座供仆人使用的耳房——直到 1913 年，公爵夫人的祖父将它与风景如画的废弃城堡、4000 英亩的地产一起打包，最终卖给了一位名叫霍拉斯·扎尼科的糖业经纪人。

扎尼科在巴恩维尔留下了自己的印记，在 1920 年把它重新投放市场之前，他重新布置了花园，增加了一间新客厅。巴恩维尔先是被麦格拉斯夫人买下；接下来，又在 1930 年，被一位来自伦敦金融城的投资家科林·库珀购得，他为了把巴恩维尔打造成一座现代乡间别墅，加盖了一些重要的附属设施，包括一片网球场和一座游泳池。1938 年，库珀在肯尼亚狩猎时猝然离世，年仅 46 岁。事后，他的骨灰以一种相当摩登的姿态，从一架飞机上被撒向了巴恩维尔的树林。正是他的死，使这片地产在 25 年内第 4 次上市。

格洛斯特公爵从父王乔治五世那里继承了一笔遗产，1938 年夏天，他用这笔钱买下了这座庄园和废弃的城堡，以及 2100 英亩的土地、6 座农场、21 座农舍。格洛斯特夫妇委托建筑师阿尔伯特·理查德森爵士对室内进行改造。在巴恩维尔，这位建筑师完成的最有趣的工作，是为客厅设计新的镶板，他选用的是 18 世纪 40 年代的一组帆布油画，一共有 5 幅，描绘了拉特兰公爵在德比郡的住所哈顿府（Haddon Hall）周围的狩猎场景。

一年后，格洛斯特公爵一家迁入了巴恩维尔——确切地说，是在 1939 年 8 月 5 日——在历史上，这并不是一个特别吉利的时刻，因为英国正准备踏上战场。他们采用了反映乔治时代和摄政时代风格的上等红木来装饰这栋房子，使得最近10年来无处不在、截至目前依然无可动摇的新乔治时代风格，在这座乡间别墅的外观上也得到了体现。这种叠加式的外观效果看上去好极了：映入眼帘的，既有都铎时代和詹姆斯一世时代的古建筑，也有麦格拉斯夫人和科林·库珀添加的17世纪的镶板，还有维多利亚时代晚期制作的兼具伊丽莎白一世时代和詹姆斯一世时代两种风格的作品，又辅以真正的乔治时代的古董，以及20世纪30年代模拟乔治时代风格的仿制品，一切都天衣无缝地融为了一体。以巴恩维尔城堡阴沉、破败的古塔为背景，格洛斯特一家回归了田园生活，由此与王室古老的过去恢复了联系，在这件事上，他们靠的不是血统，而是购买。

如此一来，就只剩下乔治五世的两个大儿子——伯蒂和大卫，他们都将成为国王。伯蒂于1920年被敕封为约克（York）公爵，1923年，他与伊丽莎白·鲍伊斯－莱昂（Elizabeth Bowes-Lyon）女士结婚，此前这位女士曾经两次拒绝伯蒂的求婚。终于，他们之间的红线在一个乡间别墅的世界里牵上了。一开始，伯蒂在格拉米斯城堡（Glamis Castle）向22岁的伊丽莎白求婚，但无功而返。格拉米斯城堡是鲍伊斯－莱昂家族的祖宅之一。接着是1923年1月，当时伊丽莎白和朋友们正在刘易斯附近的菲尔勒庄园（Firle Place）度周末，《每日新闻》却在同一时间报道了“一位著名的苏格兰贵族”的女儿即将嫁给一位王子的故事——令伊丽莎白难堪的是，记者认错了王子，宣称她的未婚夫是威尔士亲王。最终，一个星期后，她在另一座乡间别墅——位于哈福德郡的鲍伊斯－莱昂家族的圣保罗沃尔登伯里（St Paul's Walden Bury）庄园——接受了伯蒂的求婚。事成之后，伯蒂给远在桑德灵厄姆的父母发了一封电报，简单地写道："事儿成了。伯蒂。"[13]

1923年4月26日，约克公爵和公爵夫人在威斯敏斯特大教堂举办婚礼后，开始了他们的蜜月之旅，地点是多金附近的波莱斯登莱西（Polesden Lacey）庄园，这是具有传奇色彩的爱德华时代社交界的女主人，玛格丽特·格雷维尔（Margaret Greville）的乡村住宅。玛格丽特是一位苏格兰酿酒商的女儿，贵为女爵士，她有一种令人吃惊的能力，能让同时代的人产生厌恶，甚至是仇恨。哈罗德·尼克尔森将她描述成"一只满是毒液的胖鼻涕虫"；塞西尔·比顿称她为"一个一见到王室就垂涎三尺、贪得无厌、势利眼的老癞蛤蟆"。温斯顿·丘吉尔的姑姑利奥妮·莱斯利说，她宁愿让一条敞开的下水道穿过自家的客厅，也不愿意招待格雷维尔夫人。[14]公爵接受了她关于献出波莱斯登莱西庄园的提议，这对她来说简直妙不可言，她小心翼翼地躲去了她在梅菲尔区的家，这样年轻的公爵夫妇就可以相对私密地享受彼此的陪伴了。

据《每日简报》报道，波莱斯登莱西的一切都安排得很完美，"一点点阳光就能把它变成一处宁谧的仙境"。不过，这对夫妇抵达波莱斯登时的现场却一点也不平静。人们聚集到布克汉火车站，只为一睹他们的风采——女士们和当地的要人站在站台的预留区域，其余的人，"主要是从车站周围各区聚集而来的穷苦人家"，干脆挤进了售票大厅。[15]数百名童子军、女童子军和小学生挥舞着山楂花的嫩枝，欢迎夫妇俩的到来。铁路沿线两侧站满了欢呼的庄园工人。从车站到住宅只有区区10分钟车程，然而在途经的几个地方，都有人献上花束，在华丽的讲台上致欢迎词。最后，约克公爵只得在“简短而诚恳的答谢”中表示，他和他的新娘实在累坏了。[16]

玛丽公主嫁进了一座乡间别墅，乔治王子继承了一座，亨利王子则用遗产买了一座，这或许向人们暗示，他们的父亲并没有多少富余的乡村财产可以分给孩子们。但事实恰恰相反。除了桑德灵厄姆庄园——它是乔治五世的私人财产——里面各种各样的小木屋、小别墅之外，不夸张地说，还有数百栋乡村住宅由树林、森林和土地收入专员负责管理——1924年，这些专员换了个名头，改名为皇家土地专员。这些财产大部分由王室的现任和前任成员租住或占有。

在玛丽王后的建议下，约克公爵夫妇在怀特小舍（White Lodge）组建了自己的家，这是位于里士满庄园的一座早期帕拉迪奥风格的别墅，是1727年至1729年间为乔治二世修建的狩猎小屋。王后对这个地方有着美好的回忆——她和乔治五世就是在这里开始了他们的婚姻生活，威尔士亲王也于1894年出生在这儿。它很漂亮，由罗杰·莫里斯设计，与他在特威肯汉姆设计的大理石山庄（Marble Hill House）一样，是早期帕拉迪奥风格的典范，既优雅，又紧凑。（尽管不是非常紧凑，上好的卧室大概有十六七间。）

然而，约克公爵夫妇并不喜欢这座别墅。它的中央供暖系统根本不够用，电力照明时灵时不灵，用起来很危险。下水道状况可疑，楼下唯一的厕所竟然设在一个秘书的办公室里。别墅的室内布局太过公开，不符合他们的品味。国王私用金库的管理人弗雷德里克·庞森比爵士，把他们的抱怨传到了工程办公室，他指出，“有了游览车和汽车之后，里士满庄园与伦敦的距离已经大大缩短了”，所以每逢周末，游客总是人山人海，公爵和公爵夫人几乎不敢出门。[17]即使在工作日，也总有一群人聚集在大门口。更何况，维持房舍运转的费用高得令人望而却步：根据公爵的说法，每年高达 1.1 万英镑，“他们收入的大部分都花在了不必要的仆人身上”。[18]他们绝不能继续住在那儿了，他们想去伦敦买一栋房子。

可是，莱昂内尔·厄尔（Lionel Earle）爵士却对此持怀疑态度，虽然身为工程办公室的常任秘书，为王室成员寻找别的住处其实是他的职责。他不相信住在怀特小舍需要花这么多钱，他怀疑那里到城镇的距离，才是约克一家感到不幸福的真正原因。“他们俩都酷爱跳舞，出于这点私心，自然会希望每一天都能去伦敦跳一跳。”[19]

直到 4 年后，这个愿望才得以实现。当时，怀特小舍的租约被转给了费勒姆的李勋爵，作为交换，约克一家搬到了皮卡迪利大街 145 号，那里曾是北安普敦侯爵夫人在伦敦的住所。公爵是一位热情的猎人，搬家前后，他去英格兰中部地区租下了一些乡间别墅，以供狩猎季节使用，这意味着，怀特小舍可能距离伦敦既太远，又不够远。婚后的第一个冬天，他是在北安普敦郡的吉尔斯伯勒府（Guilsborough Hall）度过的，那里混合了各种奇特的建筑风格。吉尔斯伯勒的外观又长又低，宛如城堡一般；那里有一座意大利式的屋顶花园、一间符合新古典主义理念的音乐室和一间具有摩尔风情的浴室，浴室的墙壁是大理石的，里面还摆放着一个叫作“电光浴盆”的玩意儿。对于约克夫妇来说，吉尔斯伯勒最让他们着迷的原因有两点：一是有上好的马厩；二是距离派奇利狩猎协会的犬舍只有几英里远，而那里每周都有 4 天的狩猎时间。

1925 年，吉尔斯伯勒被拍卖了。在 1928 年至 1929 年和 1929 年至 1930 年的两个冬天，约克家族买下了拥有 18 间卧室的纳斯比府（Naseby Hall），那里的异国情调稍逊一筹，但是地处派奇利狩猎协会所在的乡村地带的中心。接着，1931 年 7 月，国王的赛马驯养场经理弗雷德里克·费瑟斯通豪少校，在他位于温莎大公园的住所皇家小舍（Royal Lodge）内去世了。皇家小舍是属于君主的礼物，乔治五世把它送给了伯蒂和伊丽莎白。

一开始，约翰·纳什为摄政王设计那座茅草屋的时候，是把它当作一处避难所来考虑的，后来，杰弗瑞·怀亚特维尔爵士又对它进行了扩建，于是便有了皇家小舍。实际上，19 世纪 30 年代，它已经被阿德莱德王后拆除了，只留下了怀亚特维尔设计的大会客厅，以后又被进一步分割成了 5 个独立的房间。[20]再后来，它迎来了重建，变成了一座相当乏味的大楼，散发着旅馆或者疗养院的气息。

不过，约克公爵和公爵夫人倒是很高兴。“那将非常适合我们。”伯蒂对他父亲说道。他们随即开始动手，把这里改造成他们和两个女儿的家。1926 年，伊丽莎白公主诞生在公爵夫人的父亲斯特拉斯莫尔伯爵位于梅菲尔区的家中。1930 年 8 月，玛格丽特 · 露丝（Margaret Rose）也在格拉米斯城堡呱呱坠地。约克夫妇拆除了隔断墙，恢复了怀亚特维尔的大会客厅原有的宏伟比例——它足足有 48 英尺长，20 英尺高。他们还扩建了私人住所，全面重新装修了房子。公爵的卧室显得简朴而冷峻；他妻子的卧室则采用了更华丽的灰蓝色，床上是柠檬黄镶边的蓝色丝绸，家具是白色的苹果木。

1932 年初夏，约克公爵一家搬进了皇家小舍。从一开始，他们就在那里生活得很愉快，周末他们会从皮卡迪利大街 145 号出发，开着车一路往下走，只要有空，他们就想在那儿逗留更长的时间。公爵有时带着伊丽莎白公主，骑着她的小马外出，他和妻子都成了干劲十足的园丁。甚至在伯蒂和兄弟们的收入被他们的父亲削减了之后——大萧条时期，乔治五世把王室专款削减了 5 万英镑——他也依然保持了愉悦的心情。当然，他不得不因此放弃狩猎，卖掉他的 6 匹爱马，但至少他还有皇家小舍，还有他的妻子和女儿。

和他的兄弟伯蒂一样，威尔士亲王也在 20 世纪 20 年代末租下了一系列配有家具的乡间别墅，通常一次租几个月。他的要求十分简单。这样一处乡间的静修之地必须相当私密，在此之外，它还必须配备现代化的便利设施，最重要的是，它一定要在高尔夫球场附近。

亲王最喜欢的高尔夫球场位于伯克郡的桑宁戴尔，那里有很多合适的房子，巧合的是，他连续租下的3座房子，都是由几乎被人遗忘的建筑师沃尔特·桑德（Walter Sand）设计的。第一座是米德尔顿别墅（Middleton House），离高尔夫俱乐部仅有一箭之遥，20世纪20年代末，他在那里度过了好几个夏天。当米德尔顿的租约在1929年9月到期时，他决定继续住在附近，随即签了一份2个月的租约，搬入了克雷格迈尔（Craigmyle），那是一座建于1903年的别墅，呈现混合式的都铎时代风格，外部一概采用半木边框和山形墙，内部则是橡木椽子和亚当式装潢的巧妙组合。

1929年的最后2个月，亲王又搬去了利特尔宫（Little Court），一栋新乔治时代风格的房子，从那儿可以俯瞰前一年桑德刚刚为一位老兵巴西尔·巴克利准将建造的高尔夫球场。《乡间生活》杂志立即刊登了一篇关于利特尔宫的文章，题为《威尔士亲王殿下的临时住所》，文章展示了一座因为大量使用旧材料而并不显新的漂亮房子。[21]屋顶是用旧瓦片做的；砖块取自特威克纳姆（Twickenham），一栋被拆毁的18世纪别墅，桑德从那里回收了各种建筑用料。通往花园的门，是从海滨地区的一栋乔治时代的古宅里运来的；还有一扇罕见的帕拉迪奥风格的三面窗，是从西南部的某个郡找来的，它在平面图上呈弧形，透过它可以看见下方的玫瑰园；另外，诺福克郡的一座庄园别墅贡献了一座安妮女王时代或者早期乔治时代的橡木楼梯。《乡间生活》很认可这种做法。“在这座别墅里，桑德先生向我们展示了18世纪的陈设有多么舒适，要契合当今时代的要求有多么容易。”[22]

可是，无论舒适与否，威尔士亲王都不打算把他的逗留时间延长到元旦了。他已经另外找到一座乡间别墅，马上就要称它为“自己的”了。1929 年年初，由于主人闲差不断，温莎大公园的贝尔维德尔城堡已经空置。与皇家小舍一样，这座城堡也将是乔治五世的一份礼物。夏天，亲王去找父亲，要求住在里面。“你要那座古怪的老宅子干什么?”国王问道。“我想，是为了那些该死的周末吧。”国王笑了笑，心软了，“好吧，如果你想要，你可以拥有它。”[23]

贝尔维德尔城堡是一个奇特、古老的地方，有着奇特、古老的历史。正如它的名字所暗示的那样，它被建造成一处风景如画的景观，献给了坎伯兰公爵，这位公爵也被后人称为“屠夫”，因为他曾经在 1745 年，无情地镇压了“快乐王子”查理领导的詹姆斯二世党人起义。1746 年至 1757 年，坎伯兰公爵一直担任温莎大公园的管理员。

原来的贝尔维德尔城堡是一座三角形的塔式堡垒，每个角上都设有角楼。几乎可以肯定，坎伯兰公爵委托的建筑师是亨利·弗立克罗夫特，1747 年至 1748 年间，他曾经在温莎大公园里工作过，为此获得了 2000 多英镑的酬劳，1765 年，他又为亨利·霍尔的斯托海德庄园设计了一座三角观景塔。虽然它有时被人描述成军事哨所，但显然一直被用作公爵的私人玩具堡垒。德拉尼夫人在 1757 年拜访过这里，她描述了用蓝色、绿色和金色装饰的壁橱，粉刷过灰墁的水果和鲜花雕饰，还有一盏切尔西出产的、价值 600 英镑的瓷制枝形吊灯。“从任何一处窗口看到的景象都美不胜收、无可比拟。”她写道。[24]这其中便包括一艘绘有巨龙的中国式驳船的仿制品，它一直被公爵停泊在弗吉尼亚湖的岸边。

1827年至1829年，得到乔治四世的委任，正负责重建温莎城堡部分建筑的杰弗里·怀亚特维尔爵士，抽空扩建了贝尔维德尔城堡，打造了一片新的建筑群，它由不同高度的角楼、塔楼组成，虽然风格混乱，却有着不可否认的美妙风景。此外，怀亚特维尔爵士的作品还有一座八角形的单层客厅，以及留待工作人员使用的独立住所。这些工作人员中包括一支礼炮部队，他们的职责是在一座能俯瞰弗吉尼亚湖的新建露台上，用31门皇家礼炮，向来宾鸣炮致礼。最后一名炮手于1910年告别人世，享年90岁，去世地点正是他在城堡内被分派的小屋。

尽管在乔治五世统治的早期，城堡有了更多的改变，包括在城堡一侧建造了更体面的、供仆人使用的耳房。但根据怀亚特维尔的儿子的说法，迟至1929年，贝尔维德尔城堡依旧是一片伪哥特式的建筑大杂烩，一直被茂密的紫杉树笼罩着，周围是无人照料的野生花园。“但是这地方的美还没有完全被埋没，我马上就看出了这一点。”[25]

那年秋天，人们搭起了脚手架。城堡进行了结构修缮，改善了管道系统，安装了钢质框架的窗户。威尔士亲王坚持认为，他需要得到他在美国访问期间享受过的那种现代便利设施：嵌入式橱柜、中央供暖系统和充足的浴室。他在地下室安装了土耳其式的浴缸和淋浴设备；房子外面新出现了一个游泳池和一座硬地网球场。花园里铺上了草坪，四周种上玫瑰、飞燕草、鸢尾花和鲜花盛开的灌木，从 6 月到 11 月，始终五彩缤纷。

改造城堡大约花费了 2.1 万英镑，其中大部分都是亲王自己掏的腰包。1930 年 4 月底，当他结束了为期 4 个月的狩猎旅行，从东非归来时，这里已经做好了迎接主人入住的准备。（顺便说一句，在东非草原上，他手里拿的不是枪，而是一台电影摄像机，他一边观察眼前的景象，一边说道，“虚荣心出卖了我的朋友们，这本来是很漂亮的房子，他们却把房间弄得乱七八糟，塞满了难看的战利品。”[26]）在他看来，城堡的重建应该归功于他自己。“我自然会征求专业人士的意见，”后来他回忆道，“但最终的结果主要还是体现了我的想法。”[27]然后他又写道，“很快我对它的爱，就超过了对其他一切有形之物的爱——也许是因为，它很大程度上是我本人创造的。”[28]

尽管如此，参与贝尔维德尔城堡改造工作的专业顾问，都是享有美誉的名家，不过，由于 20 世纪 30 年代以后，这份名单几乎就散佚了，所以并不完全清楚有哪些人在名单上，他们又具体贡献了什么。我们了解到的情况包括，庭园四周之所以花枝招展，多亏了半路出家的园艺顾问诺拉・林赛，她的代表作还有很多，无论是菲利普・沙逊爵士的特伦特庄园、林姆尼港，阿斯特家族的克莱夫登庄园（Cliveden），还是洛锡安侯爵在诺福克郡的布利克灵府，那里的花园都曾因为诺拉・林赛的方案而大放异彩。此外，还有至少 3 位室内装潢界的名家参与其中，或者声称参与其中：一位是赫尔曼・施里吉弗，他还为威尔士亲王装潢过约克小舍；剩下的两位分别是西碧尔・科尔法克斯和茜瑞・毛姆。这两位装潢师必然为城堡提供了各自的家具。

从照片和那个时代的到访者的描述来看，亲王和他的帮手们营造了一种轻松、随意的室内氛围。八角形的大厅里铺着黑白相间的大理石地板，摆放着8把天鹅绒皮椅。客厅也是八角形的，里面挂着黄色天鹅绒的窗帘，摆放着低矮的现代沙发，墙壁涂过油漆，看上去好像用松木镶板装饰过。房间里有一架小型三角钢琴和一台留声机，客人们有时会在饭后跟着留声机跳舞。墙上挂着各种名画：卡纳莱托的画作放在客厅里，餐厅里挂着几幅斯塔布斯的作品。威尔士亲王的卧室在一楼，有白色的墙壁和红色的印花棉布窗帘。楼上的6间客房都有名字，可能是为了缅怀过去，也可能是为了纪念现在——其中一间叫作“乔治王子的房间”，亲王最小的弟弟乔治王子来这儿度周末的时候，就住在这里，另一间叫作“王后的房间”，不过没有人确切地记得为什么会这样命名——还可能是考虑到了它们的色彩搭配。交际花黛安娜·库珀女士曾住进“粉色房间”里，那个房间名副其实：里面有“粉红色的床单，粉红色的威尼斯百叶窗，粉红色的香皂，白色的电话，以及身穿粉色和白色服装的女仆”。[29]

有一则事实是威尔士亲王不愿意公开，而人们却可以理解的，那就是，城堡的氛围很大程度上要归功于他的情妇们，尤其是弗丽达·达德利·沃德（Freda Dudley Ward），自1918年以来，亲王一直与她保持着时断时续的关系。弗丽达有一半美国血统，她是威廉·达德利·沃德的妻子，沃德是王室一个小朝臣，满足于过着自己的生活，并为妻子也过着她自己的生活而感到满足。有一次，菲利普·蒂尔登到他们在伦敦梅菲尔区的公寓来，达德利·沃德让他进去，并跟他打招呼道："进来吧，这儿除了威尔士亲王，没别的人。"只见亲王从一把安乐椅上一下跳了起来，然后他们4个人就都坐上亲王的车，出门寻找别墅去了。[30]

弗丽达喜欢买下房子翻新，再转手卖掉。"我真怀疑，我们是不是从没有在任何一栋房子里待过 2 年以上的时间。"她的女儿回忆道。[31]不过，也因为这个缘故，弗丽达与时髦的梅菲尔区装潢师们建立了不错的关系：赫尔曼·施里吉弗可能就是透过她的影响力，才在威尔士亲王的约克小舍和贝尔维德尔城堡谋得差事的，她与茜瑞·毛姆也成了好朋友。她作为"梅菲尔区的老江湖"之一，受到过《时尚》杂志的宴请，委托过塞西尔·比顿为自己订制服装，也招来过乔治五世的厌恶，国王把她的父亲唤作一个诺丁汉的蕾丝制造商，称呼她为"弗丽达织布机"，或者是"那个蕾丝工匠的女儿"，但不管怎样，她还是密切参与了贝尔维德尔城堡翻新的第一阶段工作。

但她注定无法在那里度过周末了。1930 年春天，威尔士亲王在城堡内定居了下来，同时结识了一位新情妇，塞尔玛·弗内斯（Thelma Furness），这位美国人是一位航运巨头的妻子，已经结过两次婚。他们是从去年夏天开始见面的，自从她和丈夫参加了亲王组织的东非狩猎旅行后，他们的关系变得日渐认真起来。所以，贝尔维德尔城堡投入使用后的最初几个周末，担任非正式女主人的是塞尔玛，而不是弗丽达。

那些场合都很轻松自在。"他在花园里闲逛，修剪他的树枝，吹奏他的风笛。”塞尔玛记得。[32]（威尔士亲王年轻时学过高地风笛，晚餐后常常用一支曲子招待客人，有时还会在这种场合穿上苏格兰短裙。）没有一个人谈论政治。伯蒂和约克公爵夫人有时也会来，还有乔治王子。他们游泳、打网球、跟着留声机跳舞。曾有一个冬天的周末，他们搭伴去弗吉尼亚湖面上滑冰。另外一些时候，塞尔玛的父亲，一位退休的美国外交官，也会来这里住。“如果有客人在这些场合来到我们这儿，他就会出乎意料地看见一幅老派资产阶级的幸福景象。”塞尔玛后来写道，“亲王和我忙于我们的刺绣，我的爸爸正一本正经地给我们读斯科特或狄更斯的小说。”[33]

亲王毫不隐瞒他与塞尔玛的关系，就像他毫不隐瞒他与弗丽达的关系一样。1932 年 1 月，塞尔玛的朋友邀请这对伴侣，到他们在伦敦的公寓去吃饭。塞尔玛的这两位朋友，就是英美船运公司的高管欧内斯特·辛普森（Ernest Simpson）和他的妻子沃利斯。黑豆汤和马里兰炸鸡的晚餐十分成功，因此，塞尔玛和亲王邀请辛普森一家去贝尔维德尔城堡度过下一个周末，以此来回报他们的款待。

结果，后续发生的一系列事件赋予了这个周末非同寻常的重要意义，重要到让人感觉难以置信。两年后的 1934 年，塞尔玛·弗内斯前往美国，看望她的孪生妹妹格洛丽亚·范德比尔特，她拜托沃利斯在她外出期间，替她照顾威尔士亲王，没想到，这场托付从此名声远扬。“事后看来，很显然，沃利斯不折不扣地采纳了我的建议。”塞尔玛尖刻地写道。[34]沃利斯果然经常去贝尔维德尔城堡，虽然并不都是与丈夫一起去的，渐渐地，她占据了那个后来被坎特伯雷大主教谴责为“论及道德标准和生活方式，都与英国人民最良善的本能和传统格格不入的社交界”的中心。[35]从保存在城堡里的 1935 年和 1936 年的访客记录来看，这个圈子确实颇为复杂。除沃利斯和亲王的亲密好友外，周末来访的客人还包括迪基和埃德文娜·蒙巴顿夫妇、达夫和戴安娜·库珀夫妇、著名的反绥靖主义者，如安东尼·艾登和罗伯特·范西塔特、美国大使馆的一些下级外交官和主要的社交界女主人，如艾莫拉德·丘纳德和西碧尔·科尔法克斯。

1936 年 1 月的一个周四下午，威尔士亲王正在温莎大公园打猎，突然收到了母后的一张便条，上面写道“爸爸身体不太好”。这并不奇怪，乔治五世健康状况不佳，已经有好几年了。可是这一次不一样。

玛丽王后建议亲王等到周末，找一个稀松平常的理由过来，以免惊动国王。但他决定不再等下去了。第二天，他就飞到了桑德灵厄姆——他把自己的“德哈维兰银蛾号”私人飞机，停放在了一座距离贝尔维德尔城堡只有 10 分钟路程的机场上——而后发现乔治五世正待在“大别墅”的卧室里，穿着一件上了年头的西藏款式的便袍，坐在火炉跟前。国王神志恍惚，显然病得很重。又过了 3 天，也即 1936 年 1 月 20 日午夜前不久，他在家人的陪伴下离开了人世，医生为他注射了吗啡和可卡因，加速了他的死亡。玛丽王后立刻拉起大儿子的手，吻了一下，约克公爵也照做了。

这个刚才还是威尔士亲王的男人，现在已经成了英国国王爱德华八世。

在爱德华共计326天统治的最后几周，贝尔维德尔城堡已然成了他那不可靠的道德的象征（尤其是在那些没有受邀参加他家聚会的人看来），在这个国家的意识中变得越来越刺眼。一家报纸写道，“在这儿发生的诸多事件使它成了宿命之家。”[36]1936年10月27日，沃利斯在伊普斯维奇举办了离婚听证会，有关她的流言随即开始传开，于是她逃离了伦敦，住进了贝尔维德尔城堡。就是在那里，12月2日星期三的晚饭后，爱德华在露台上告诉了她一件事，当天早些时候，爱德华与首相斯坦利·鲍德温完成了一次重要会谈，鲍德温告诉他，政府不会容忍他娶一个离过婚的女人，他要么抛弃沃利斯，要么退位。

第二天，爱德华带着沃利斯去了法国南部，避开了暴风雨。记者们成群结队地来到桑宁戴尔，用国王的话来说，贝尔维德尔城堡变成了“一个电话铃声不断的战斗指挥部，受到派遣的摩托车骑手接二连三地从伦敦送来国家文件”。[37]通常，城堡的普通邮件是由邮递员骑着自行车送过来的，可是现在，邮局不得不用满载的邮车来运送私人信函，信上写满了拥护或者指责。朝臣、律师和公务员们跑前跑后。有一次，斯坦利·鲍德温也带上手提箱赶来了。“上帝啊！”国王喃喃地说，“他肯定不打算在这儿过夜吧？”[38]

12月7日，哈罗德·尼克尔森向薇达透露了一段他从鲍德温的儿子那儿听来的令人伤心的小小八卦。显然，前一天，首相和国王在城堡的花园里走来走去，试图找到某种解决危机的办法，直到他们最终同意，爱德华必须退位。他们精疲力竭地走进图书馆，鲍德温忍不住问道，他是否可以喝一杯威士忌加苏打水。

铃响了，仆人走过来，酒调好了。斯坦利·鲍德温举起酒杯说："呃，先生，无论发生什么，我的夫人和我从灵魂深处祝愿你幸福。"听了这话，国王顿时泪如泉涌。然后，斯坦利·鲍德温自己也开始流泪。他们俩在沙发上一起哭了起来，这场谈话可真奇怪！[39]

12 月10 日星期四，上午10 点，爱德华的3 个兄弟都抵达了贝尔维德尔城堡，随后立即被领进八角形会客厅。他们发现国王坐在办公桌前，面前是一个红色的公文箱，身旁围了一圈助手和顾问。只见爱德华坐在桌旁，在3 位王子的注视下，在退位书上签了字，接着又请他的兄弟们依次签名作证。然后他便离开房间，步出门外，走入了清晨的空气之中。

第二天晚上，爱德华——现在又是爱德华王子了——被人从贝尔维德尔城堡带去了温莎城堡，他要在那里做退位广播，告诉整个民族和大英帝国，"我发现，如果没有我所爱的女人的帮助和支持，我不可能肩负起如此沉重的责任，不可能履行我希望履行的国王的职责。"[40]离开温莎后，他先去了朴茨茅斯，继而从那跨过海峡，抵达法国，开始了流放的岁月。

驱车下山时，他最后一次望见了城堡。"那一刻，我终于意识到，我付出的代价有多沉重……那座堡垒不仅仅是一个家，那曾经是我的一种生活方式。"[41]

他再也没有见过贝尔维德尔城堡。

第 11 章
周游四方

对于拥有乡间别墅的阶级来说，旅行可不是一种休闲。第 11 任贝德福德公爵在伦敦的住所，配备了 4 辆汽车和 8 名司机（除此之外，他在贝尔格雷夫广场还有两座人手充足的别墅，每年他会去住上几次）。受邀下榻在公爵的乡间住所——沃本庄园——的客人，将由 1 名司机和 1 名男仆从城里接过来。同时，还有另一辆汽车负责运载行李箱，它由另一名司机驾驶，有另一名男仆随车陪同。（“你永远不应该带行李箱旅行，”公爵的孙子后来回忆祖父的话，“那不是你该做的事。”[1]）在伦敦郊区迎接这个小型随从班子的，将是第三辆和第四辆由私人司机驾驶的汽车，车上也都配备了男仆。客人和行李会被转移到来迎接的新车上，然后他们便开始了第二段旅程。这场奥德赛之旅，共涉及 4 辆车、8 名仆人，花费 2 到 3 个小时，而沃本距离伦敦市中心其实还不足 50 英里。

1924 年，汽车制造商和贸易商协会开始对英国市场进行年度分析，当时只有5%的家庭拥有汽车。[2]到1938年，这一比例上升到20%，而自1903年起实行的每小时20英里以内的一般速度限制，也随着《道路交通法案》的通过而放宽。1930年出台的《道路交通法案》将客车、货车的时速限制为每小时30英里以内，对私家车则完全取消限制。住在伍斯特郡克鲁姆宫（Croome Court）的考文垂伯爵，拥有一辆深红色的“标准20”——它足够漂亮，但还算不上豪华轿车。（他选择这款汽车，可能是出于对他获得头衔的城市的忠诚，因为考文垂就是标准汽车公司的总部所在地。）他还有一辆蓝色的“猎犬厢货车”，用来运送他妻子的那群宠物狗参加当地的集会，以及从火车站的肉贩、服务员那里采购食用的动物内脏。考文垂夫妇有一名私人司机罗兰，他还兼职照看克鲁姆宫的抽水站，并且在伯爵夫妇享用佳肴的时候，作为仆人在餐桌旁侍候；但伯爵有时也会自己驾驶他那辆标准牌汽车——速度飞快且不确定，因为他是个酒鬼。

菲利普·沙逊爵士拥有一辆闪亮的劳斯莱斯，发动机罩上坐着一尊与众不同的银蛇吉祥物。阿尔伯特·理查森爵士的座驾是一辆黑色的劳斯莱斯，1934年生产的“城市家轿”，车内有胡桃木的橱柜，里面装满了钢笔、铅笔、速写本、参考书籍、乔治时代风格的银质白兰地便携酒杯，以及应急用的葡萄、坚果和沙丁鱼，以防他和司机被困在某地。威斯敏斯特公爵更是拥有一支劳斯莱斯车队，其中有几辆镀了钢板，“一战”期间曾经在西线被用作装甲车。1916年，他在利比亚沙漠负责指挥3座装甲车炮台，每座炮台都配备有装载了加固车身和机枪炮塔的劳斯莱斯汽车，那些机枪炮塔本来是擦鞋的仆役待的地方。既然如此，为他擦鞋的工作就交给了来自伊顿府的随行人员。

敢于冒险的旅行者干脆放弃乡间小路，飞上了天空，这种情况在20世纪二三十年代变得越来越频繁。威尔士亲王的私人飞行员是空军中尉爱德华·菲尔登，他在1929年被亲王任命为首席飞行员和特别侍从官。亲王有自己的飞行员执照，尽管他很少使用。乔治王子和亨利王子也开始学习飞行，他们三兄弟曾经比赛看谁先会独自飞行。威尔士亲王赢了。“我在天上孤独地转了两圈，降落了两回，没有把机器弄坏。”他写道。“一出飞机，我做的第一件事，就是给两个弟弟打电话。‘我已经比你们抢先一步了！’我轮流对他们俩宣布。”[3]

威尔士亲王拥有好几架飞机。庭园设计师诺拉·林赛描述了她在贝尔维德尔城堡工作的一天，当时她和其他几个人来到附近的一座机场，看见威尔士亲王爬上了他那会儿最喜欢的“德哈维兰飞龙号”，他迎着滂沱大雨，把衣领竖了起来。一名身穿工作服的机械师砰的一声关上了门，不一会儿，随着引擎改变了声调，那架闪着红、蓝、银三色光芒的双翼飞机，开始磕磕绊绊地驶过草地。就在看客们以为，它肯定会消失在雾里的时候，那架双翼飞机忽然爬至半空，艰难地爬升，旋转着从他们头顶掠过，一边咆哮，一边闪现幽灵般的轮廓。亲王是要动身去召开一场宴会。1936年1月，在他父亲去世的第二天早上，他以英王爱德华八世的身份，从桑德灵厄姆飞往伦敦，成为首位驾驶飞机的英国君主，而乔治五世一生中，甚至从没有搭乘过飞机。为此，当时的报纸选用了这样一个标题——“真正的空中之王”。

飞行也是菲利普·沙逊爵士的爱好之一。① 他曾经两度出任英国政府的航空副大臣，分别是在 1924 年至 1929 年、1931 年至 1937 年。和威尔士亲王一样，他自己也学会了飞行。1929 年，亲王给沙逊写过一封鼓励信，询问他的近况，信中写道：“这无疑是一项棘手的工作，但是比开车更安全，而且有趣得多。”[4]

不过，安全性恐怕是一个有待商榷的问题。1931 年的一个星期六，菲利普·诺布尔夫人和来参加家庭聚会的宾客们，正在等她的丈夫和另一位客人——业余女飞行家维奥莱特·巴宁——驾驶飞机，到她位于威尔特郡的乡间别墅奇森伯里庄园吃午饭，可是等来的却是一名警察和如下消息：巴宁夫人驾驶的飞机已在伯克郡的一座机场坠毁，飞行员和乘客双双遇难。诺布尔夫人没有继续主持午餐，她被要求去辨认她丈夫的尸体。在特伦特庄园，沙逊自己建有一座起降机场，但那不过是田垄、沟壑和周围林木的组合罢了。沙逊的教官、飞行中尉德莫特·博伊尔仍然记得，有一天下午，约克公爵和公爵夫人在特伦特庄园用过午餐后，沙逊过来请他带公爵夫人起飞。“我终于飞离了那座可怕的机场，我的脑海里充满了恐怖的念头，万一那里的状况像它的名声那样糟

① 飞行员也是，他们经常受到沙逊爵士的邀请，来参加在林姆尼港和特伦特公园举办的周末聚会，混迹于大人物中间。沙逊极少暗示自己的性取向，但有一次他坦承，一位他很熟悉的年轻飞行员的意外死亡，让他从心底里感到难过。他还保存着那个年轻人的一张照片，并在他死后，买了他的飞行靴作为纪念品。1922 年，他在林姆尼港给一位朋友写信，谈到了他独自眺望沼泽时的痛苦，过去他们常常一起在这里飞行。(Stanksy，128。)

糕，真说不准会发生什么可怕的事情。”[5]

许多乡村房屋都有自己的简易机场。到 1937 年，英国大约有 30 座商用机场，而私人机场就有 70 多座。那年 3 月，当贝德福德公爵夫人在东海岸的一次飞行事故中去世时，她名下就拥有 2 座机场：一座在沃本，另一座在邓弗里斯 - 加洛韦的克里敦。这些私人机场没有营业执照，也没有向航空部上报过资质，大小和质量差别很大。1930 年 9 月 6 日，民航主管塞夫顿 · 布兰克尔（Sefton Brancker）爵士与大名鼎鼎的艾米 · 约翰逊——她最近刚刚完成著名的英国—澳大利亚单人飞行之旅——共同搭乘一架亮黄色的“德哈维兰银蛾号”飞机，从伦敦飞抵拉特克里夫机场，此举也标志着机场正式开放。这是一场盛大的空中表演，有 100 架飞机参加，5000 人前来观看，表演内容有飞行比赛、特技飞行、降落伞表演。还有一段小插曲，3 架皇家空军的战机轰炸了几艘海盗船，那些人造的船只应景地按时发生了爆炸。①

整个 20 世纪 30 年代，拉特克里夫机场是唯一一座配备了夜间飞行设备的私人机场，这里有一个时髦的俱乐部会所和一个露天游泳池。机场灯火通明，照明设备中包括一盏大功率、可移动的探照灯，被安装在埃弗拉德的旧劳斯莱斯底盘上。[6]那里有一座瞭望塔，埃弗拉德雇佣了一位全职工程师来维护他的各种飞机。他的

---

① 当天快结束时，一架飞机坠毁，险些撞到观众，一名乘客受了伤，人们不得不割开飞机残骸救出他，把他送往医院。4 个星期后，布兰克尔乘坐“R101 号”飞艇前往印度，飞艇在波维附近坠落，布兰克尔当场死亡。1941 年，艾米 · 约翰逊驾驶的飞机耗尽了燃料，在严寒中坠落于泰晤士河口，她被迫跳伞，不幸身亡。飞行着实是一件危险的事情。

私人飞行员经常带他去英国和欧洲大陆出差。

特伦特庄园的所谓机场建在一座家庭农场，或者说是雷普顿和“万能的布朗”设计的一块公园绿地上，那里有危险的树丛、粗糙的地面，除此之外，就只剩下了风向袋上的圆环，通过这些标志，人们才知道原来这里是一座机场。英国汽车协会为其会员发布了一份便捷的机场登记表，这大概是基于一种假设：任何人但凡能开车，就可能怀有驾驶飞机的雄心。它包含有用的信息，诸如参考坐标格网、最大着陆滑跑长度——也就是说，在轻松的半英里和危险的300码之间的任何长度——以及另一些飞行员最好了解的事项。例如，在陶顿，人们经常在用作机场跑道的田地里放牧。“如果你绕农场飞上一圈，如果农场主也恰好在家的话，他会同意把牛全部赶走，免得它们在机场上碍事。”[7]

所有那些诗情画意的远方，德国的矿泉疗养地、意大利的名胜古迹、瑞士的群山之巅，还有蒂洛尔，都让坐拥乡间别墅的阶级心驰神往。“那些被过度精神紧张所困扰的人们，”1922年出版的一本旅游指南写道，“如果以下补救措施对他们来说不会太过英勇的话，那么他们只需要去5000至6000英尺的高海拔地带住上几个礼拜，就能以惊人的速度恢复强健和力量。”[8]就连在20世纪30年代被战争搞得四分五裂的西班牙，也发起了一场出人意料的营销活动来吸引游客。1938年，西班牙内战还在肆虐，佛朗哥政权竟然利用20辆从克莱斯勒公司购买的美国校车，组建了一支巴士车队，向游客提供为期9天的战场观光。只要8英镑，这位好奇的游客就可以享受一日三餐，入住一流酒店，还可以进行一次以死亡为主题的偷窥活动。“我急于证明，战争和旅行并不矛盾。”多年后，西班牙国家旅游局的负责人回忆道。[9]

不过，法国才是他们选择的目的地。“我们以前经常去法国南部度假。”里士满和戈登公爵回忆道。“你的车也可以随你一起乘飞机过来……这样的旅行妙极了，而且也很便宜。”[10]到20世纪20年代末，每年有200万外国人到访法国。许多人去那里，是为了纪念在第一次世界大战中牺牲的朋友和亲人——早在停战协议签署之前，法国国家旅游局就在计划一场营销活动，实际上，米其林公司在尚未停战的1917年，就已经出版了一本关于法国战场的汽车旅行指南。

世界变得越来越小。每年冬天，都有越来越多富裕的旅行者离开他们的乡间别墅，前往法国南部。1927年出版的一本旅行者手册，用了这样一段话来描述里维埃拉，“地中海的蓝色美景让人感到悠闲自在……还有高档的度假胜地……时不时地，你可以站起身，来到大理石的楼阁和金色穹顶下的赌场，那里是全世界的时尚人士尽情享受奢华的地方。”[11]航空联盟提供了一项服务，他们可以派汽车去伦敦市中心接旅客，送他们到克罗伊登机场，然后旅客会经巴黎、里昂，飞抵马赛，来回票价为18英镑10先令6便士。飞行时间为7个小时，机场餐厅将为每个人提供一个午餐篮。半岛和东方轮船公司每周也有一班轮船去马赛和热那亚——这趟海上之旅会花7天时间到达马赛，再用1天驶抵热那亚。

旅客也可以选择开车，但需要完成一大堆令人望而生畏的文书工作：首先是一张国际机动车证书，接下来，每个司机都要拿到一张国际驾驶许可证，以及法国海关颁发的总共 60 天的通行证。还有一部分风险，来自那些外国佬和他们的危险驾驶：《贝迪克旅行指南》警告读者，尤其是在法国南部蜿蜒的海岸公路上，“驾驶时务必保持全神贯注，因为在那儿无法远眺前方（转弯时应当靠右，并发出会车的警告信号），还因为那儿的所有司机都车速极高”。[12]

对于那些渴望在蒙特卡洛的查尔斯·加尼尔斯赌场的赌桌前，或者在尼斯的盎格鲁人长廊下漫步的人来说，乘坐港口联运列车是最受欢迎的。从 1929 年开始，只有头等车厢的金箭号列车，每天上午 11 点从伦敦维多利亚火车站出发，搭乘同样只有头等舱的坎特伯雷渡船，穿过英吉利海峡，在 6 个半小时后抵达巴黎火车北站。随后，再由其他联运列车把旅客从里昂、马赛带去里维埃拉。

1922 年 1 月 14 日，《伦敦新闻画报》刊登了一篇兴高采烈的报道：“里维埃拉的一切都尽善尽美。”报道称，社会名流纷纷来到戛纳，温斯顿和克莱曼婷·丘吉尔在，格罗夫纳勋爵和夫人也在。菲利普·沙逊爵士的妹夫洛克萨维奇勋爵决定，今年将把参加马球比赛的马匹留在家里，这一消息引起了众人的一阵长吁短叹；好在施罗德男爵从智利带来了 6 匹马，苏格兰全能选手莱斯利·梅尔维尔也带了他自己的一部分马匹过来，这才让人们松了一口气。不管怎么说，曼德琉的马球场上又有比赛可看了。

希腊的克里斯托弗（Christopher）王子和他的妻子阿纳斯塔西娅（Anastasia）——俄亥俄州一位百万富翁的遗孀——买下了卡斯

贝克别墅（Villa Kasbeck）。这座别墅始建于19世纪90年代，以格鲁吉亚的一座山命名，建造者是俄国沙皇尼古拉二世的叔叔迈克尔·米哈伊尔洛维奇大公，当时他的侄子因为他与地位低于自己的人结婚而将他流放。阿纳斯塔西娅王妃的儿子被认为会带上他的新娘、王子的侄女齐妮娅，一道加入他们。著名的托伦克城堡（Chateau Thorenc）则被租给了印度博尔本德尔的王公、年轻的板球运动员纳特瓦申吉·巴夫辛吉（Natwarshinhji Bhavsinhji），他带着一大群随从来到这里。尼斯已经挤满了人，人们对狂欢节的准备工作满怀期待，在几次失败的开始之后，人们希望看到狂欢节重现战前的辉煌。《伦敦新闻画报》的记者赞许地写道，芒通“俨然成了英国的某个地方。在大街上，特别是在茶馆里，我们的口音似乎已经淹没了法语”。[13]

有一两个英国贵族完全放弃了他们的乡间别墅，决定余生就留在地中海的暖阳之下。第16任温彻斯特侯爵，同时也是英格兰的第一侯爵，卖掉了他位于汉普郡安波特圣玛丽的住所，在就出售收益的分成问题与人发生不和之后，他径自搬去了蒙特卡洛。在那里，他总是简单地告诉别人，自己的住址是“海宫”①。第2任贝尔斯特德子爵倒是没有搬去里维埃拉，但他在一座壮观的山坡上建造了自己的别墅，从那儿可以俯瞰费拉角的海景。

---

① 在后来的一桩诉讼案件中，证据涉及他与第三位妻子的争吵——他的这位妻子是一名印度拜火教女祭司的女儿，而那位女祭司又是他的前未婚妻，一个富有的拿骚寡妇——还包括他的律师曾经提出的令人难忘的要求：“温彻斯特侯爵要求妻子做的第一件事——爱情与之相比，只能排在第二位——是给他足够的钱，使他能够按照他早已习惯的方式去生活。”（*Guardian*, 1957. 11. 27, 4.）

威斯敏斯特公爵是蒙特卡洛的常客，尽管他很少一次逗留超过几天。他喜欢赌博，有时候甚至同时在三四张赌桌上玩，他总是住在距离赌场不远的巴黎旅馆的同一个套间里。“那个套间似乎永远在待命。”他的第三位公爵夫人洛丽亚表示。“我不清楚其他时候那里发生过什么。但我猜，要么有些人被临时踢出去了，要么他们从来没有把那个套间租给过别人。”[14]

国际旅行的严酷因为仆人们的服侍而软化了，是他们把男主人、女主人专用的中国绉丝床单、枕套放到了卧铺上。“你从来不用担心任何事，”威斯敏斯特公爵夫人回忆道，“你也从来不会看见一张票。”[15]罗斯伯爵夫人回忆起 20 世纪 20 年代的一次西伯利亚大铁路之旅，想起了每天都有鱼子酱和完美的服务，“甚至还有一间浴室”。[16]

主人和仆人之间在传统意义上的身份差别，仍然得到了仔细的遵守。有一回，在波罗的海渡海期间，沙夫茨伯里伯爵的贴身男仆去餐厅吃午饭，被带到了沙夫茨伯里伯爵夫人的餐桌前，但他拒绝和女主人坐在一起，坚持认为这么做不合适，他必须坐到别的位子上。结果没想到的是，伯爵夫人身旁的空位上坐了一位黑人旅客，这使她习以为常的秩序遭到了更严重的破坏，严重到她简直无法继续享用午饭。

里维埃拉并不是唯一备选的目的地。1929 年 1 月，沙夫茨伯里（Shaftesbury）伯爵带着他的两个女儿多萝西和莱提斯，以及一小队仆人，出发前往埃及，其中包括伯爵的男仆和夫人们的侍女

(两人碰巧是夫妻)。他们乘坐东方轮船公司的“奥兰赛号”游轮，从提尔伯利码头启航。一行人在直布罗陀稍作逗留，拜访了当地的新任总督、他们的老朋友亚历山大·戈德利爵士；然后途经土伦和那不勒斯，在塞得港上岸，乘火车去往开罗。他们在塞米拉米斯酒店住了几个礼拜，这家豪华酒店是1906年由瑞士的著名酒店老板弗朗茨－约瑟夫·布赫在尼罗河畔建造的。沙夫茨伯里伯爵曾出任英王乔治五世的王室总管，于是他和女儿们应邀到埃及国王富阿德一世的阿卜丁宫去吃饭。他们去了马特里耶观光，据说玛利亚和约瑟夫在去埃及的路上，曾经和襁褓中的耶稣一道在那里休息。他们还去了阿拉巴斯特清真寺，那是80年前穆罕默德·阿里帕夏建造的一座大清真寺。而后他们又前往富丽堂皇的米娜别墅酒店，从那里已经可以看到吉萨的大金字塔了，但是在伯爵接到消息，他的女婿阿灵顿勋爵从那里的电梯井失足跌落之后，他们只得缩短了假期，急匆匆地赶回罗马。

好在阿灵顿的伤势并不严重，于是一行人继续前往巴黎，去观看了福熙元帅的葬礼，最后在3月底搭乘穿越英吉利海峡的渡船，从勒阿弗尔驶往南安普敦。他们在多塞特伯爵的府邸——建于17世纪的圣吉尔斯别墅（St Giles House）稍事整顿，度过了复活节，接着便启程去伦敦，开始了新的假期。

比斯开湾的海面波恶涡诡，但游艇还是富人首选的旅行方式。就像今天一样，“游艇”一词涵盖了海洋运输的多种工具。乔治五世素有“水手国王”的名号，是一流的游艇驾驶员。他经常亲自掌舵，驾驶 1892 年为父亲打造的“不列颠尼亚号”，参加每年 8 月在怀特岛考斯举办的盛大赛艇比赛，成了那里的常客。“‘不列颠尼亚号’刚刚从我们眼前驶过，”王后在 1925 年的 8 月写道，“我看见国王裹着叫人难受的油布雨衣，浑身湿透——这可真是一种享受的方式啊。”[17]当他的生命步入最后一刻时，他自豪地指出，“不列颠尼亚号”在其服役生涯中共参加了 569 场比赛，赢得过 231 顶桂冠。“拥有这样一艘出色的游艇，我打心底感到骄傲。”[18]乔治五世驾崩后，这艘游艇也被拖走，在怀特岛沉入海底。

与“不列颠尼亚号”之类的竞赛游艇截然相反的，是另一类可以远洋航行的乡间别墅，如“一战”前为贝德福德公爵建造的“蓝宝石号”（Sapphire）蒸汽游艇，战后，威尔士亲王的情妇塞尔玛的丈夫、被戏称为“公爵”的弗内斯买下了它，但到了 1923 年，又把它转卖给了费尔黑文勋爵的父亲，英裔美国人、石油大亨厄本·布劳顿。“蓝宝石号”重 1500 吨，长 251 英尺，船上大约有 60 名船员。住宿方面，可提供宽敞且贴有柚木镶板的吸烟室、客厅、餐厅，以及 6 间高档客房，所有房间都配有独立浴室。“蓝宝石号”有自己的电力照明设备、制冷装置和中央供暖系统，后者采用的是热水散热器的方式。这艘船还因配备了一组令人敬畏的特殊船只而为人称道：依次是两艘救生艇、一艘负责接应的救生快艇、两艘舢板、一艘 30 英尺长的汽艇、一艘同为 30 英尺长的摩托艇、两艘救生筏，此外还有一艘 22 英尺长的机动艇，用来运送行李。1929 年布劳顿去世后，他的遗孀和儿子在“蓝宝石号”上度过了很多个夏天，每年 2 月和 3 月，这艘船都是戛纳海边的一道固定的风景。费尔黑文勋爵有时会带它去考斯度过8月，或者乘坐它游览波罗的海。勋爵的母亲更是搭乘这艘游艇，多次横渡大西洋，去拜访她在纽约长岛的亲戚。

20世纪20年代末到30年代初，曾有一段时间，威斯敏斯特公爵拥有两艘游艇，每一艘都大得足以让今天的俄罗斯寡头眼红不已。1926年，他拥有了“卡蒂萨克号”（Cutty Sark），那是在克莱德河上建造的一艘马力十足、长达263英尺的蒸汽游艇。第二年，他又得到了“飞云号”（Flying Cloud）。这是一艘四桅纵帆船，据他的妻子洛丽亚说，“就像是《彼得潘》里的那艘海盗船”，她还记得，当时船上有大约120名训练不过关的水手，他们似乎无法驾驭那一面14500平方英尺的巨大白帆。[19]她关于这艘船的记忆染上了主观的感情色彩，这首先是因为晕船，事实上，船都还没有离开港口，她就开始犯恶心了；其次还因为她知道，“飞云号”就是她丈夫向可可·香奈儿求爱的场景，这桩风流韵事早在她与本德先生结婚前几年就已经开始了，等到他们结婚之后，又延续了好些年。

“飞云号”是在利沃诺为公爵建造的，价值9万英镑，是当时世界上最大的风帆游艇之一，甲板上镶有柚木，高档客舱里陈列着古玩。它是靠电力来照明和加热的。船上共有8间浴室、3间起居室、1间吸烟室、1间大客厅、1间餐室，以及为旅客的女佣和男仆准备的专用房间。一条富有装饰感的门廊（由工艺美术运动的代表性建筑师德特马·布罗设计，他曾担任公爵的秘书），类似那种古老的科茨沃尔德别墅的前门厅，把来宾引向楼上的客舱。

客舱用橡木和松木的镶板装饰，摆放了安妮女王时代的家具。公爵夫人的客舱里放了一张四柱床，床上悬挂着佛罗伦萨出产的刺绣丝绸帷幔。

“飞云号”并没有在威斯敏斯特公爵的名下待多久。1930 年，公爵把这艘船投放市场，2 年后，它被卖给了一位美国百万富翁。那位富翁驾驶“飞云号”周游了地中海，船上载有 2 头奶牛，为他源源不断地提供新鲜牛奶。但有一段时间，只要那些有钱人聚在一起玩儿，本德的游艇就会出现，这成了他们熟悉的一幕景象。这一幕也出现在了诺埃尔·科沃德的喜剧《私生活》中，他安排主人公阿曼达从多维尔一家酒店的阳台往外看，然后问道：“那是谁的游艇?”她疲倦的前夫埃利奥特回答：“我想是威斯敏斯特公爵的吧。它永远都在那儿。”[20]公爵的船长理查德·麦克（Richard Mack）是一位退休的海军指挥官，他曾两次藐视传统：一次是在 1938 年，当时他娶了公爵离过三次婚的表妹多萝西；第二次是在第二次世界大战期间，当时他还是“卡蒂萨克号”的船长，这艘游艇被海军部征用，变成了一艘潜艇护卫舰，于是他从公爵手中买下了“卡蒂萨克号”，当上了这艘舰艇的指挥官兼主人。

这些游艇通常被船主留在英国。20 世纪 30 年代初，麦克定期驾驶“卡蒂萨克号”前往蒙特卡洛、威尼斯或者比亚里茨。在那里，乘坐火车抵达的威斯敏斯特公爵，会带上他的最新一任公爵夫人，又或者是眼下的情妇，乘游艇环游地中海或亚得里亚海，并沿途搭载一些宾客。1935 年，他把这艘蒸汽游艇借给威尔士亲王，后者想带着沃利斯·辛普森从威尼斯出发，沿达尔马提亚海岸航行，绕过希腊群岛。结果因为阿比西尼亚危机的爆发，他们不得已缩短了行程，那场危机在当年晚些时候，以意大利入侵埃塞俄比亚而告终。这对恋人只好满足于从戛纳到蒙特卡洛、科西嘉岛的短暂旅行。沃利斯事后写道，“这给你一种感觉，似乎墨索里尼策划那场混乱，只是为了破坏此次游艇之旅。”[21]

这种规模的游艇是里维埃拉上流人士的专属领地。胜家缝纫机公司的继承人黛西·费罗斯也有一对大小不等的游艇，用于招待电影明星和各国的王室成员。哈珀·马克思回忆说，“我很幸运地被邀请到黛西的大游艇上。我在船上待了10天。锚从未离开过地中海的海底，但这仍然是一次非常有趣的航行。”[22]至于那些最大、最好的游艇，即使还不算十足意义上的漂浮的豪华宅邸，也至少当得起漂浮的高档公寓之名了。安妮·尤尔（Annie Yule）夫人的“纳赫林号”（Nahlin）没有风帆，靠石油驱动，是所有游艇中档次最豪华的。“这是奢侈品中的极致。”一家报纸如是报道。“一艘闪耀着白色和金色的光芒，满载奇迹的大船。”另一家惊呼道。“一座浮动的宫殿。”第三家的语气已经近乎谄媚了。[23]这艘300英尺高、1574吨重的游艇，是截至当时人类建造过的最大的私人游艇之一，坊间盛传，其造价高达25万英镑。无论花费多少，尤尔夫人都能负担得起：1928年，她的实业家丈夫大卫·尤尔爵士去世时，给她留下了巨额遗产，使她一跃成为英国最富有的寡妇。

另一艘游艇的名字，来源于美洲土著印第安人的单词“飞毛腿”（“fleet of foot”），它由克莱德班克的约翰·布朗公司于 1930 年建造，由查尔斯·阿洛姆的怀特与阿洛姆公司负责装潢。船上的全部三层甲板提供了理想的住宿条件，包括 1 座图书馆；1 间——根据《伦敦新闻画报》的报道——配备了“划船机、振动按摩器和其他辅助设备”的健身房；1 座极其华丽的客厅，它的内部装饰暴露了阿洛姆的灵感源泉——爱德华时代的巴洛克风格；还有 1 间雷恩复兴风格的餐厅，里面设有一张可坐 12 个人的餐桌。[24]在客舱甲板上，船尾的区域有 6 间客舱（和 4 间浴室）；在发动机舱和锅炉房的前面，是 2 组主人家的卧室套间，一组留给了尤尔夫人，另一组留给了她的女儿格莱蒂丝。两组套间都是由阿洛姆装潢的，呈现古板的雷恩复兴风格，但也因此不会在“一战”前的英国显得格格不入。每一组套间都配有独立的浴室。

这种奢华之风与最新的现代技术结合了起来。除两艘救生艇和两艘舢板外，“纳赫林号”还搭载了一艘可容纳全体船员的汽艇、一艘专为船主预留的汽艇和一艘大功率快艇。船桥上装有 1 台自动测距仪、1 台在雾天每两分钟敲响一次的自动电动雾笛，每个房间里都通了电话。无线电台能够接收来自英国的报时信号和英语电台的新闻简报。船上的暖气都是用电力驱动的，还有一套扩音器系统可以覆盖整艘船。遮阳甲板上的体育馆装有 1 台电动的仿真机械马和 1 台划船机。甚至在厨房里，一切也都是用电来控制的。

尤尔夫人和格拉迪斯都穿着特别设计的服装，包括黑色长裤、贝雷帽和夹克。航行期间，他们也带上了自己的宠物，有狗、猫和猴子，还有一群鸟儿栖息在上下甲板上挂着的几十个镀金笼子里。1932 年，当环球巡游的“纳赫林号”来到墨尔本港的时候，一名澳大利亚记者写道：“鹦鹉的尖叫和金丝雀的啁啾构成了一部虽然奇怪、但并不令人感到不悦的交响乐，回荡在船舶的走廊里。”[25]当地方当局拒绝让尤尔夫人的两只贵宾犬随她一道上岸时，媒体兴高采烈地报道了她对检疫规定的不满。

“纳赫林号”上有 50 名船员，除尤尔夫人的法国厨师外，都是英国人，他们都希望能遵从尤尔夫人严格的禁酒理念。1936 年 8 月，爱德华八世特许“纳赫林号”开展一次巡游，他亲自带上沃利斯·辛普森登船，一同沿着达尔马提亚海岸航行（这一次没有了墨索里尼烦人的打扰）。他接管了遮阳甲板上的图书馆，把它用作自己的客舱，而后便把书籍换成了酒瓶。

第 12 章

我的新大陆，我的王国

美国人出现在了英国的大厅和长廊里，对于这种现象的传统解释是，双方建立了一种交易性质的特殊关系；这是来自纽约或者芝加哥的、具有社交野心的女继承人的母亲，与寡廉鲜耻却穷困潦倒的英国贵族之间，缔结邪恶联盟的结果，那些贵族乐于用一个头衔来换取巨额的嫁妆，以挽救堆积如山的债务。这种不和谐的英美协约，以及典型的“继承人—新娘”身份的形象代表，就是康苏爱洛（Consuelo），她是铁路大亨威廉·吉萨姆·范德比尔特（William Kissam Vanderbilt）的女儿。

康苏爱洛其实在前文中登场过，她修复了克劳赫斯特庄园，与第9任马尔伯勒公爵桑尼·丘吉尔离了婚。1895年，她受专横跋扈的母亲阿尔瓦的强迫，嫁给了桑尼，阿尔瓦下定决心要钓到公爵这位金龟婿。当康苏爱洛拒绝接受她的计划时，她的反应很糟糕。事实上，她发誓要用枪打死女儿最喜欢的那位求婚者，然后再把女儿锁进位于纽波特的家族豪宅大理石别墅（Marble House）里面，她还假装心脏病发作，而且康苏爱洛被告知，“是我对她的冷漠无情造成的”。[1]在得到女儿含泪的默许后，阿尔瓦带着桑尼来到大理石别墅的哥特房间里求婚，“那里的气氛非常适合牺牲”。[2]去参加婚礼的路上，康苏爱洛一路都在哭。当11岁的弟弟告诉她，桑尼只是为了钱才和她结婚时——他确实是的——她又哭了起来。利用这场婚姻，公爵得到了作为嫁妆的铁路股票，价值250万美元。

11年来，康苏爱洛迷失在布伦海姆宫的大理石大厅里，周围是一群面无表情的仆人和居高临下的亲戚。这种优待始于她的蜜月之旅，当时她的丈夫就向她解释，她必须掌握200个英国家族的血统、头衔，以及彼此间的关系。同样，银行家莱弗斯托克（Revelstoke）勋爵在向另一位美国女继承人求婚时，也以一种差不多的方式流露出自豪感：“你当真认为自己能胜任我妻子的位子吗？你必须会见国王和王后，款待大使。你觉得你能行吗？”[3]莱弗斯托克的爱慕对象南希·朗霍恩认为自己不能，于是她嫁给了威廉·华尔道夫·阿斯特。

对康苏爱洛的自卑感培训还在继续，当这对新婚夫妇到达伍德斯托克火车站时，身披长袍的市长登上站台迎接他们，他宣布，早在美国被发现之前，伍德斯托克就有一位市长和一家公司了。多年后，他们还不松手，桑尼的姑姥姥，已届八旬高龄、令人敬畏的阿伯康（Abercorn）公爵夫人，决定与130名后代合影。康苏爱洛受到邀请的喜悦，完全被家庭成员们的谈话打消了，他们恨不得排队告诉她说，这是她莫大的荣幸，因为“我是夫人屈尊接待的第一个美国人”。[4]

马尔伯勒夫妇的不幸婚姻已然成了传奇故事。今天，布伦海姆宫的导游们会指出，约翰·辛格·萨金特为这对夫妇和他们的两个儿子创作过一幅宏伟的肖像画，它被戏称为“继承人和备胎”，他们总是这样说——接着便兴高采烈地讲述他们之间水火不容的例子。

他们在 1920 年离婚的一幕，就像他们当初的婚姻一样，也是在大庭广众之下上演的。康苏爱洛片面而虚伪的自传《金粉浮华》(*The Glitter and the Gold*)，更是用了许多奇闻逸事，使这件事火上浇油。书中写到了桑尼古怪的行为——比如，用餐时桑尼很少说话，她便开始织毛线，好打发等待下一道菜的时间——还写到了她本人莫名其妙的天真：为什么布伦海姆的一些仆人被称为“怪人”①，而他们本身并没有什么好奇怪的？她按铃叫管家往炉火上点一根火柴的时候，桑尼为什么叫一位男仆去做这件事呢？

康苏爱洛声称，公众对她的婚礼如此感兴趣的原因是，“我的婚礼是很长一段时间以来发生的第一次跨国婚姻”。[5]但这并不是事实。桑尼·马尔伯勒跨越大西洋，寻找一位女继承人兼新娘，其实只是走了一条英国地主阶级结婚时常走的捷径。（桑尼也是在追随父亲的脚步：第 8 任马尔伯勒公爵迎娶的第二位妻子，就是一位富有的纽约寡妇，她这一生始终惦记着第一任丈夫的 700 万美元家

① “odd man”的字面意义是“怪人”，但其实另有“杂工”之意。——译者注

产，而这又点燃了老公爵对她的热情。）1893 年 4 月，《纽约时报》发布了一则报道，列出了过去 25 年中，在英国和美国之间举行的 48 场比较重要的国际婚礼。“根据粗略估计，仅英国贵族从美国女人那里获得的现金嫁妆，就高达 5000 万美元左右，这是一个让人眼红的数字。”[6]就在刊登报道的同月，第 4 任克雷文（Craven）伯爵娶回了 16 岁的科妮莉亚·马丁（Cornelia Martin）和她的财产，据说有 100 万美元。人们对这场婚礼的兴趣是如此之大，以至于等到新娘、新郎在台阶上摆好造型的仪式结束，百老汇的格雷斯教堂的大门打开时，争相抢夺纪念品的观光客们蜂拥而入，爬过教堂的长凳，把祭坛上的装饰剥得一干二净。人们不得不叫来警察，请他们制止建筑里的混乱景象。“这是我在美国见过的最令人作呕的展览之一，它把人心的势利活生生地展现了出来。”一位参议员的妻子写道，她把这桩婚姻描述为“一桩显而易见的买卖”。[7]1870 年至 1914 年间，128 名美国女性和 3 名美国男性与英国贵族结婚，虽然肯定不是所有的女性——自然也肯定不是所有的男性——都与贵族头衔或者头衔的继承人成婚。在此之外，同一时期，还有 39 位从男爵或者他们的继承人与美国人结了婚，而在可以宽泛地称之为“有地士绅”的群体中，也产生了 176 对英美婚姻。[8]

传统观点认为，所谓的“美国入侵”在大西洋这一边的驱动因素，是 19 世纪后期冲击英国的一系列农业萧条，不断下降的租金和不断上升的债务，终于打破了社会的等级壁垒和人们的势利心理，使得美国新娘越过了阶级藩篱。但是，如果认为金钱和社会野心就是“美国入侵”的全部动机，那就太愤世嫉俗了。首先，在英国地主阶级中，无论新娘来自哪里，因为金钱而发生法律纠纷，都是求爱过程中必将上演的一个环节。没错，乔治·纳萨尼·柯松（George Nathanie Curzon）与有“零售皇帝”之称的莱维·莱特的女儿玛丽，在 1895 年缔结了婚姻，而在此之前，莱特、柯松和柯松的父亲，就已经围绕金钱问题进行了漫长的谈判。可是，这些谈判最终却促成了一段幸福美满的婚姻，后来，当与他相恋仅 11 年的妻子死在他怀里时，柯松悲痛欲绝。晚年的他常对人说，他不害怕死亡，因为他会在天堂见到玛丽——这可能是他的第二次婚姻以不幸告终的原因之一，那时他与另一个美国人，外交官的女儿格蕾丝·达根结了婚。

柯松并不是唯一娶过两位美国妻子的英国贵族。1890 年，沃里克郡斯通利庄园的第 2 任利勋爵，与一个女纽约客结了婚；1923 年，作为鳏夫，他又娶了另一个。1931 年，基尔代尔莱克斯利普城堡的第 5 任戴斯勋爵，失去了第一位妻子海伦，她是铁路大亨乔治·杰伊·古尔德的女儿；5 年后，他与富得惊人的德雷克塞尔银行王朝的一员，伊丽莎白·莱尔步入了婚姻殿堂。1927 年，戴斯的爱尔兰同胞，第 5 任高斯福德伯爵，抛弃了他在阿马郡的祖宅高斯福德城堡，同时也抛弃了他的妻子，美国驻罗马尼亚部长的女儿米尔德丽德，以及他们俩十几岁的儿子；他去了纽约，在那里，他娶了一个离过婚的有钱女人，随后在曼哈顿开了一家酒店，还加入了纽约市警察局。

离婚后，桑尼·马尔伯勒马上又结婚了，他的第二位妻子也是美国人。格莱蒂丝（Gladys）是一位社交界的大美人，有着复杂的过去。她的父亲因为在戛纳辉煌酒店的套房里枪杀了她母亲的法国情人而入狱，然后就发疯了。她母亲和一个意大利贵族私奔了。当格莱蒂丝还是一位少女的时候，她曾经在欧洲四处漂泊，普鲁斯特和罗丹都被她的美丽迷住了。伯纳德·贝伦森和普鲁士王储都想娶她为妻。她后来声称，她和欧洲的每一位首相，乃至于大多数国王都有过亲密关系。

19 世纪 90 年代，16 岁的格莱蒂丝遇到了桑尼——当时桑尼刚刚迎娶康苏爱洛——她当即决定，要嫁给桑尼。这花了她近 25 年的时间，直到 1921 年 6 月 25 日，她终于实现了自己的目标，两个人在巴黎结为伉俪。根据《泰晤士报》的报道，她的婚纱是“用在意大利专门编织的金色薄纱缝制的”。“宫廷风范的裙摆用的是金色的薄纱，面纱则用的是古老的针绣蕾丝花边，形状排列得活像是一顶王冠。”[9] 其实，这面纱里藏着一个不寻常的小秘密。几年前，格莱蒂丝曾试图通过在鼻子里注射石蜡，来改善自己本已相当漂亮的容貌。这个手术并不成功：石蜡滑落了下来，给她留下了一个永久的大下巴。

这对新婚夫妇在布伦海姆宫和卡尔顿别墅露台安顿了下来，格莱蒂丝比康苏爱洛更轻松自如地扮演了公爵夫人的角色。布伦海姆宫有家庭聚会，白金汉宫也有招待会。1923 年，她被引见给英王乔治五世和亚历山德拉王后，“穿着一件具有古典气质的银线垂褶裙，腰间扎了一条镶了钻石的银质束带”。[10]

格莱蒂丝结婚时 40 岁，桑尼 50 岁。在出入欧洲列国的首都、赌场，与世界上最著名的艺术家和政治家们结伴厮混了数十年之后，这位新任公爵夫人又很快厌倦了布伦海姆宫和乡村生活，4 年中的 3 次流产也终结了她做母亲的希望。她开始饲养布伦海姆猎犬，在这件事上甚至还要更成功些，直到猎犬们在宫殿里横行无忌，把公爵逼得快要发疯。再加上桑尼皈依了天主教，以及格莱蒂丝的行为越发古怪起来——她曾经在晚餐时拿出一把左轮手枪，当她的一位客人紧张地问她，这是干什么用的时候，她回答道："哦，我可不知道。也许我刚刚打死了马尔伯勒公爵吧。"——这导致了他们的婚姻破裂。[11]

1931 年，桑尼逃离了布伦海姆，但格莱蒂丝和她的猎犬选择留下，继续住了好几年。1933 年，桑尼切断了那里的天然气和电力供应。于是格莱蒂丝回到了他们在伦敦的家中，但桑尼随即又切断了那里的电力供应，继而把她赶了出去。只是因为第二年，桑尼猝然离世，他们才没有离婚。

考虑到有那么多的乡村地产所有者，无法应对不断上涨的税收和不断下降的租金，与一位富有的美国妻子结婚所带来的安慰，在停战之后仍然强烈这件事，也就不足为奇了。不过，交易的主旨却已经有了轻微的变化。如今，美国人不仅带来了金钱，还带来了魅力和活力。当伊娃·劳森（Iva Lawson）未被幽灵般的灰衣女士和在城楼上游荡的巨人鼓手的故事吓倒，毅然买下克劳德·洛瑟的赫斯特芒休城堡时，英国媒体为之欢呼雀跃。《来了一个勇敢的美国女孩，她嘲笑鬼魂，偏偏喜欢闹鬼的房间》，一个激动人心的标题如是写道。[12]有时候，即使没有财富，单凭魅力也已经足够了。

即使在社会的最高层，也能感受到英国文化的美国化。正如《德布雷特名册》扭扭捏捏地写的那样，说起这件事，人们就会联想起年轻的泽西伯爵的新娘，美国的好莱坞电影明星弗吉尼亚·切瑞尔。1932年，第9任德文郡公爵的儿子迎娶了百老汇艺人阿黛尔·阿斯泰尔，她是弗丽德的妹妹，而弗丽德后来也当上了查尔斯·卡文迪什公爵夫人。乔治五世和玛丽女王私下放映好莱坞大片：1927年，他们在温莎城堡的滑铁卢大厅里，观看了宾虚的传奇战车比赛。威尔士亲王，像他的许多朋友一样，把美国作为衡量现代化乡间别墅便利程度的标准：在贝尔维德尔城堡，他介绍了“我在新大陆品尝和享受的许多新创造的便利设施——几乎每个房间都有盥洗室、淋浴、蒸汽浴、内置橱柜、中央供暖系统”。[13]爱德华八世发表完退位演说，离开温莎的时候，他开着一辆别克汽车走上了流放之路。

但这不仅仅是因为美国正开始主导全球文化。也是因为，停战后的英国变得更加国际化了，至少战前的一些社会阶级壁垒正在熔解。在从好莱坞找到弗吉尼亚之前，泽西伯爵还曾经娶过来自澳大利亚新南威尔士州库塔蒙德拉的帕特里夏。塞尔玛·弗内斯的丈夫，约克郡的造船商、煤矿主、钢铁业主马默杜克·弗内斯（Marmaduke Furness）的第一位妻子是黛西·霍格，她和马默杜克·弗内斯的母亲一样，来自邻近的达勒姆郡。她于1918年去世，直到1926年，弗内斯公爵才又迎娶了塞尔玛。塞尔玛的父亲是美国人，母亲有一半智利血统、一半爱尔兰血统。1933年，塞尔玛与威尔士亲王爱德华（以及其他人）的风流韵事，让这段婚姻走到了尽头，随后，公爵与两度丧偶的澳大利亚人伊妮德·林德曼结了婚，她的第一任丈夫是纽约人，第二任丈夫是英国的准将。拥有乡间别墅的阶级，仅限于和英国精英阶级通婚的日子，已经一去不返了。

公爵和塞尔玛的结合是出于爱情，既不是为了帮助他摆脱财务困境，也不是为了拯救他的乡村庄园，那座庄园位于梅尔顿莫布雷附近，周围环绕着一座维护良好的名为伯勒宫的现代狩猎岗亭。事实上，他很想给塞尔玛钱，但塞尔玛生气地拒绝了，理由是这不符合美国的风格，相当于“买老婆”，对此他无法理解。

硬币的另一面，是美国人对这个古老国家的钦佩。这是从一些看似不太可能的地方流露出来的，例如，1904 年，古董和建筑配件经销商伦敦查尔斯拍卖行，就在纽约第五大道成立了一个办事处。怀特与阿洛姆公司也在纽约、蒙特利尔开有样品陈列室；茜瑞·毛姆去芝加哥的密歇根大道开了一家店，在那里，她与化妆品女王伊丽莎白·雅顿达成了合作，接着又去纽约的东 57 街开了一家店。通过这些经销商，英国乡间别墅的彩色玻璃、壁炉、天花板的石膏装饰，甚至是整个房间，都被运去了大西洋彼岸。

1922 年，由于第 7 任埃塞克斯伯爵未能通过与一位美国女继承人联姻，来恢复家族财富，伯爵的祖宅、地处赫特福德郡的卡西奥伯里别墅（Cassiobury House）被拆除了，由爱德华·皮尔斯建于王政复辟时期的楼梯，也被大都会艺术博物馆买下；直到今天，楼梯仍然在那里，它精致而美丽，却没有目的地，不通往任何地方。著名的英国家具收藏家欧文·昂特迈耶法官，在第五大道拥有一间公寓，里面有2间用镶板装饰的房间，都是从被拆毁的乡间别墅里搬来的，房间里可以看到伊丽莎白一世时代的烟囱和伦敦查尔斯拍卖行提供的壁炉架。

20世纪20年代，一些公司——如查尔斯拍卖行、怀特与阿洛姆公司、伦敦骑士桥的罗伯逊公司——从英国历史悠久的古宅中打包回收了一车又一车的室内陈设和设备，然后运过大西洋。在罗伯逊公司的业务清单中，列出了1926年由该公司在美国安装的一些镶板房间，其中提到了20位客户，包括底特律的艾德塞尔·福特、威廉·伦道夫·赫斯特和艺术收藏家亨利·克莱·弗里克的儿媳蔡尔兹·弗里克夫人。在该公司提供的物品中，有“乔治一世时代的涂漆客厅”“17世纪晚期克里斯托弗·雷恩时代的橡木房间”“亨利八世时代带亚麻镶板、安装彩色窗玻璃的精致起居室”和“带松木镶板、当初用在斯坦威克庄园时便闻名于世的起居室”。[14]约克郡的斯坦威克庄园是诺森伯兰公爵拥有的5座别墅之一。1918年公爵去世后，为支付遗产税，这座庄园被卖掉了，罗伯逊公司至少买下了其中的4个房间。

美国的亲英派们甚至有可能通过邮购，买下一整座乡间别墅。1926年，地处兰开夏郡、建于都铎时代、采用木质结构的伊杰克罗夫特府（Agecroft Hall）被整体拆除，随后在美国弗吉尼亚州的詹姆斯河边重新矗立起来。“当今的美国似乎存在一股对于这类玩意儿的狂热。”一位古迹协会的秘书困惑不解地说。《曼彻斯特卫报》则干脆高呼：“任何一座年代古老、个性突出的建筑，都无法免除被绑架的危险。”[15]巴西尔顿庄园（Basildon Park）是坐落在伯克郡的一幢优雅的乡间别墅，由约克的卡尔于1777年至1783年间设计。1929年，一位名叫乔治·费迪南多（George Ferdinando）的地产投机商买下了它，费迪南多提出以100万美元的价格将其拆除，再把它搬去美国任何合适的位置上重建。销售手册上说，它将被“留用，作为私人住宅、博物馆、学院大楼或者公共图书馆”。“任何一个热爱祖国，渴望通过展示这座雄伟的建筑来造福祖国的美国人，都几乎不可能再遇到这样一个独特的机会了。”[16]费迪南多出手的时机很糟糕，因为1929年正是华尔街崩盘的那一年。由于没有人接手巴西尔顿，他只得和妻子、孩子住进了别墅侧翼的耳房，不过，他还是把一部分天花板上的石膏装饰卖给了北端路的公司克劳瑟父子公司。最后，这些装饰品又流入了纽约的华尔道夫酒店，直到今天，华尔道夫酒店还在为此得意扬扬，夸耀它的巴西尔顿房间装有“壮观的镶板、带大理石湿壁画的天花板，还有论起美丽，足以与之媲美的巴黎的大理石壁炉，所有这些都是从英国的巴西尔顿庄园搬来的”。[17]《鬼魂西行》（*The Ghost Goes West*）是1935年由亚历山大·科达执导的一部喜剧电影，讲述了一位美国商人在佛罗里达重新组装了一座苏格兰城堡，却发现城堡里的幽灵也随城堡一道重现的故事。英国的观众最初曾经为这部电影发笑，后来便不安地认识到，并非所有影片里的内容都是幻想，想到这里，他们的笑意亦随之消失了。

总的来说，乡间别墅最好还是留在原处。幸运的是，大多数美国买家也都渐渐认同了这种想法。一开始，他们买。再后来，他们租。到最后，他们就时不时地建造新别墅了。对于富有的外来者而言，即使是在一个比维多利亚时代更为多样化、国际化的社会里，乡间别墅也仍然是融入当地社会的必要点缀，是衡量成功与否的标志。

1906 年，出生于威斯康星州的企业家哈利·戈登·塞尔弗里奇（Harry Gordon Selfridge）在英国定居了下来，3 年后，他在牛津街开了一家以自己名字命名的百货公司。1920 年的最后几天，他租下了由亚当设计的、位于伯克利广场的兰斯道恩别墅（Lansdowne House），这曾是 4 位英国首相的住所，被媒体称为“伦敦最好的历史宅邸”。[18]塞尔弗里奇已经拥有了自己的乡间别墅：4 年前，他租下了海克里夫城堡（Highcliffe Castle），这是伯恩茅斯不远处的南海岸上的一座城堡，看上去宛如怪物一样庞大。

海克里夫是建筑史上的一朵奇葩。本质上，它是由多产但缺乏想象力的建筑师唐索恩创造的，是一座风景如画的哥特式建筑，但在此基础上，它又融合了 16 世纪早期法国城堡的元素。这些元素是由当时的城堡所有者、英国驻巴黎大使斯图尔特·德·罗赛勋爵，在 1815 年至 1824 年、1828 年至 1831 年期间分别带回来的。这种效果并不能让纯粹主义者满意。帕金咆哮道，“对于哥特式建筑，唐索恩先生没有丝毫的了解……他把一切都搞得一团糟。”[19]不过，这段插曲却提醒了人们，费迪南多等人将英国乡间别墅化整为零，把残片搬去海外的做法，只是在沿袭世代相传的非法贩运的传统而已。斯图尔特·德·罗赛就曾被指控犯下过“埃尔金主义”的罪行，这个词指的是当时第 7 任埃尔金伯爵对帕特农神殿的掠夺。

塞尔弗里奇喜欢海克里夫与历史的关联，这为他的租期增添了浪漫和正统性。房子是带家具租给他的，他曾经骄傲地炫耀一张写字台，那是玛丽·安托瓦内特的东西，拿破仑也用过。而且相当奇怪的是，德皇威廉二世也用过，原因是 1907 年，来度假的威廉二世在怀特岛没有找到可以住的地方，于是便下榻于海克里夫城堡。但是，海克里夫终究不属于塞尔弗里奇。随着零售帝国不断壮大，他开始希望拥有一座属于自己的乡间别墅。

一座属于自己的城堡，事实上，就是像海克里夫那样的城堡——也就是说，根本就不是城堡。塞尔弗里奇喜欢伪哥特式风格，“沃尔特·斯科特的哥特式风格，在威弗利系列小说的影响下浪漫地复活了。”熟悉他的菲利普·蒂尔登表示。[20]1921 年，塞尔弗里奇买下了一段 2 英里长的海岸线，可以从那儿望见海克里夫。它包括伯恩茅斯外侧的亨吉斯特伯里岬，一片伸入英吉利海峡的美丽海角，站在海角上，便可以将包括尼德尔斯在内的怀特岛的美景纳入眼底。这片海角即将成为塞尔弗里奇的城堡所在地。

或者更准确地说，是他的那些城堡。塞尔弗里奇委托菲利普·蒂尔登设计一座名为“小城堡”（Little Castle）的建筑，尽管它的名字很小巧，城堡本身却会和海克里夫城堡一样大。它将耸立在亨吉斯特伯里岬的边缘，面前只有大海。城堡的上面和后面，有一片高地，四周环绕着 4 英里长的带有塔楼的城墙。这将是蒂尔登口中的“大城堡”（Large Castle）的所在地，他有很好的理由起这样一个名字。因为这座城堡将成为全世界最大的城堡。

对蒂尔登来说，这是一笔梦寐以求的佣金。[21]有超过一年的时间，他每个月都会去海克里夫城堡或者兰斯道恩别墅拜访塞尔弗里奇，并且随身带来一幅又一幅的画作，描绘出“现代史上最美丽的建筑作品”。[22]随着宫殿拔地而起，每一座新的塔楼、画廊、沙龙，都得到了塞尔弗里奇同样不加批判的赞许，同时，每一名外来者也都难以置信地发问道——“可是你要如何完成它?”“他究竟为什么要这么做?”每个人都带着同样冷漠的自信，眨着同样“冷酷、清澈、蓝色、精于算计的眼睛”。[23]慢慢地，塞尔弗里奇的梦幻宫殿似乎不可逆转地距离现实越来越远了。

按照蒂尔登的设计，人们的视野将开始于一段入户门廊，它穿过了城堡的墙，“宛如通往一座西班牙城市的大门”。[24]就伯恩茅斯这个地方而言，这种设计已经很有野心了，但这仅仅是开始。主车道从这里蜿蜒向上，一直延伸到一座广场和一座有大理石楼梯的大厅，大厅的穹顶几乎和圣保罗大教堂的穹顶一样宏大。中央观景台足有1000英尺长，先延伸到大厅的两侧，然后通往一处幽闭的花园。花园的一边，是类似于凡尔赛宫同名建筑的一座宽敞的镜厅，它又把人继续引向塞尔弗里奇本人的公寓；花园的另一边，则是一座同样宽敞的装饰着挂毯的艺术品陈列室。这里共有250间客房，有可容纳数百人的餐厅、剧院、网球场、画廊和浴室。独奏会在一座哥特风格的大厅里举行，“在那里，风琴的音符会透过屏风和拱顶的石头花边，发出回响”。一座冬景花园穿过皮拉内西风格的拱门，指向了一座被遮掩起来的湖泊，清澈的溪水潺潺而下，四处都是喷泉，四时都在喷涌。

占据宫殿中心位置的是一座 300 英尺的高塔，里面有许多套间、工作室、实验室和天文台，顶部还有一座观景台。“从这里，”蒂尔登满怀憧憬地写道，“你可以看到巨大的远洋班轮沿着索伦特海峡，缓缓驶向它们的泊位；在这里，人们可以忘记创造一切人类思想的劳动，而只记得和欣赏人类所能取得的成果；又或者，可以通过一台巨型望远镜，更多地了解永恒的浩瀚宇宙。”[25]

当然，这一切都是疯狂的。这么大的乡间别墅要花几十年才能建成。（这就是要另建一座小城堡的原因。它将率先完成，这样塞尔弗里奇在施工期间就有地方可住了。）到 1923 年，塞尔弗里奇不仅放弃了海克里夫城堡，也放弃了营造梦幻宫殿的计划。他可能从来都没有认真对待过这个项目，他告诉《建筑新闻》，那一直只是一种“想象的活动”。1930 年，他卖掉了亨吉斯特伯里岬和其他 700 英亩的海岸地产，没有留下一块石头。[26]菲利普·蒂尔登的本意当然不仅仅是一种想象，他非常机敏地注意到，早在施工计划的消息传开后，塞尔弗里奇的沿岸邻居们就对他有了新的尊重。参与这件事的每个人都乐在其中。梦幻宫殿诞生于一种新的乐观主义情绪。蒂尔登回忆道，这些都是那个时代的标志，“它象征着希望，恐惧已被扼杀，文化将被培育，男人和女人将生活得更加幸福”。[27]

哈利·戈登·塞尔弗里奇放弃建造一座英国海边城堡的梦想以后，过了几年，另一位美国百万富翁却开始了他的梦想。1925 年夏天，《好管家》杂志的编辑兼总经理爱丽丝·海德（Alice Head）收到了远在加州的老板发来的电报：

想在英国购买城堡，请在圣多纳代为物色，也许有价格合适、令人满意的对象，当前的报价似乎过高，不知你可否在圣多纳或别地找到品质上佳的其他选择。赫斯特。

报业巨头威廉·伦道夫·赫斯特正处于职业生涯的巅峰，同时也被建设和收藏的狂热所笼罩。他已经在纽约拥有了一套号称世界上最大的公寓，还在地靠加州海岸、恰好位于洛杉矶和旧金山之间的圣西米恩，购置了一片占地25万英亩的地产。他先是在20世纪20年代末，为妻子米莉森特买下了纽约长岛的金沙角（Sands Point）城堡；接着又去圣莫尼卡，为他的情妇、电影女演员玛丽安·戴维斯建造了一栋有110个房间的“海滩别墅”。在加州北部的温顿，他的建筑师茱莉亚·摩根去森林里创造了一组出类拔萃的作品——2座色彩鲜艳的林间小屋，名为汉塞尔（Hansel）和格莱托（Gretel）。

赫斯特用贵重物品把这些房子填得满满当当：古代希腊、罗马的花瓶（他手里有450个）；文艺复兴早期的挂毯（在世界范围内，他对重要挂毯的收藏是规模最大的）；武器和盔甲以及银器、绘画、手稿和精美家具。他对收藏的狂热让《纽约时报》的讣告作者做出了惊人的断言：在其鼎盛时期，赫斯特一手掌控了世界艺术市场上四分之一份额的艺术品。

1925 年春，赫斯特开始考虑在英国租赁或者购买一处乡村住宅，于是他在伦敦的经纪人，同时负责管理其出版帝国在英国的子公司——国家杂志公司——的爱丽丝·海德，去肯特郡参观了利兹城堡，但是她发回的报告说，那座城堡现在的状况糟透了，连一间浴室都没有。电报显示，另一个领先的备选对象是圣多纳城堡，那是一座气势雄伟的中世纪堡垒，其中一部分建筑的历史可追溯到 12 世纪，它俯瞰布里斯托尔海峡，位于卡迪夫以西约 20 英里处（因此是在威尔士，而不是英格兰——赫斯特没有注意到这一区别）。20 世纪初，擅长维多利亚时代哥特复兴风格的建筑公司博德利与加纳，曾经对圣多纳城堡进行翻修，使其保持了过得去的外形。不管怎么说，它至少配有独立的发电机和电力供应，还有 3 间浴室。它的主人，薇妮弗丽德·彭诺耶夫人和她的美国外交官丈夫理查德，在 1922 年买下了它；但现在他们想把房子卖掉，于是选择搬去了英格斯特尔府（Ingestre Hall），那是薇妮弗丽德夫人的第一任丈夫——他死在了战场上——的祖宅，坐落在斯塔福德郡。

1925 年 8 月 16 日，《纽约时报》的头条新闻宣布“赫斯特出国期间，购买了一座威尔士的 12 世纪城堡作为住所”。[28]尽管动用了公司的资金，爱丽丝·海德还是设法以 2.7 万英镑的价格，买下了这座城堡及其连带的 111 英亩的土地，因此严格来说，圣多纳城堡一直属于国家杂志公司，而不是赫斯特个人。

他为什么选择圣多纳城堡？他在第一次接受采访时，对媒体回答道（这直到 1928 年才发生——他并不急着去看他的新玩具）：

“这件事可以这么说，我看过你们的一些大城堡，比如，卡尔纳丰（Caernarfon）城堡和康威（Conwy）城堡，它们给我留下了深刻的印象，所以我决定也要以同样的方式得到一座城堡，只是它应该小一点，更适合居住。”[29]这只是故事的一部分。其实他是喜欢去乡下找个地方，让自己和情妇玛丽安·戴维斯有地方招待他们的朋友，这样的念头自然不会出现在他关于圣多纳城堡的公开声明中。1928年，以及随后的1930年、1931年、1934年和1936年，他们都花了一整个夏天在欧洲旅行，他们的旅行总是在圣多纳城堡结束，有时还会从那里开始。“我们会尽可能待得久一点，”戴维斯回忆道，“在环游结束后去那儿放松一下。”[30]1926年，赫斯特的妻子米莉森特来到英国时，曾经参观过这座城堡，但她从来没有和丈夫一起在那里待过。

然而，赫斯特买下一座“英国”城堡——他坚持这么称呼圣多纳城堡——的真正原因，也与玛丽安·戴维斯无关，而更多的是为了给他收藏的日益增多的英国及欧洲大陆的艺术珍品，找到一处合适的存放地点。在此之前，仍有工作要做，要使城堡达到美国的标准。赫斯特的建筑师，怀特与阿洛姆公司的查尔斯·阿洛姆爵士，因为博德利与加纳公司最近的许多古风作品不够真实，而拆毁了它们。阿洛姆设计了新的卧室套间和数十间浴室，在一片地势倾斜的旧场地上建造了一座室外游泳池，以及两座新的大厅，这两座大厅都使用了进口的古代家具。宴会大厅的天花板有雕刻、有镀金，是都铎时代早期的作品，这是从其他地方被拆除后转而被阿洛姆买下的，拆除的地点是林肯郡波士顿的一座教堂——而不是像玛丽安·戴维斯甜甜地记错了的那样，是马萨诸塞州的波士顿美术博物馆。

阿洛姆在圣多纳完成的第二件伟大作品，是布雷登斯托克府（Bradenstoke Hall），之所以如此命名，是因为它那建于 14 世纪的宏伟屋顶的木材，原本是威尔特郡布雷登斯托克庄园的建筑用料。在另一笔收购中，赫斯特还以 3600 美元的价格，收购了布雷登斯托克庄园内的一座什一税谷仓，而这也让赫斯特无意中卷入了一桩全国性的丑闻。这座什一税谷仓正在被拆除，即将从遗址现场被搬走——据说是要用船送去美国——的消息曝光后，引发了公众的强烈抗议。“一座历史建筑不可能在不破坏其魅力的情况下，从遗址中被剥离出来。”《观察家报》表示，“在新的环境下，它能唤起的最强烈的回忆，只不过是把它连根拔除的人所带来的误导。”[31]古文物研究者们致信《泰晤士报》，对“这桩愚蠢的文物破坏行为”提出抗议，暗地里低声抱怨道：“一个名头很大的美国报业老板与这笔交易有关。”[32]拆除文物是“对我们人民的灵魂生命的攻击”。有人在议会里提出了责问，并敦促首相拉姆塞·麦克唐纳赶紧采取行动；在英国的美国人也加入了抗议；不仅有人呼吁英国政府禁止此类珍宝出口，也有人呼吁美国国会禁止此类珍宝进口。

1930 年 10 月，消息得到证实，赫斯特确实是什一税谷仓和修道院建筑的买主，但二者重建的地址都是圣多纳城堡，而不是第五大道，在这场拯救古代建筑的运动中扮演了领导角色的英国古代建筑保护协会，非常得体地向赫斯特表达了谢意，感谢他为这些建筑在英国提供了一个合适的家，并且承认，对英国古代遗产的此类破坏，更多来自本国人民的行为，而不是美利坚合众国公民的行为。[33]

将历史元素引入城堡，是赫斯特全部构想的基础。“圣多纳需要一种古老的氛围。”他在其中一封电报中，这样对爱丽丝说道。[34]还有一次，他敦促爱丽丝“不断添加一些旧的东西”，而不是创造新的。[35]早餐室里安装了布雷登斯托克庄园的石制烟囱和壁炉架，布雷登斯托克府里则安装了2件16世纪的法国烟囱架。宴会大厅里有一块哥特风格的屏风，最初是放在英国西部的一座教堂里增光添彩的，但赫斯特的代理人发现它时，它已经嵌在布里奇沃特的一栋房子的墙上了。1930年，他告诉记者：“我们会增加（城堡的）的历史价值，带来挂毯、天花板、镶板屏风和图画——每一件都将是真正的古董。”[36]

有些东西确实比其他的更古老。举例来说，赫斯特的床，据说就是查尔斯一世在纳斯比战役失败前睡过的那张床。还有一些东西的来源更确切，但是品味却值得怀疑——有拇指钉、带刺的项圈，还有别的什么刑具，如刽子手的剑。但是，放入圣多纳城堡的大部分藏品，都是质量最好、品味最好的：佐法尼和托马斯·劳伦斯爵士的肖像画、齐本德尔的家具、布鲁塞尔出产的挂毯和新古典主义的雕塑等。不过，藏品中尤为重要的还要算是武器和盔甲，圣多纳的这一类收藏是当时世界上最了不起的，其中的大部分是在20世纪20年代末至30年代初从德国购买的。最引人注目的是一套米兰的盔甲，时间可以追溯到14世纪40年代，现在它被认为是世界上最早的近乎完整的金属盔甲。

除了为城堡的改造提供策划，查尔斯·阿洛姆爵士还提供了数百件物品。打从一开始，他就理解了赫斯特的野心。1930 年，他告诉当地媒体："圣多纳城堡将成为一座伟大的国家博物馆，收藏来自四面八方的最重要的古董文玩……赫斯特是世界上最慷慨、最谦逊的东道主之一。他将组织学术团体参观圣多纳，在城堡的城墙内，了解这个国家的每一次选择，留下了何种历史珍宝。"[37]这才是问题的关键。圣多纳城堡是一座博物馆。它既不是之前那座威尔士城堡的再现，也不是一座英国城堡；同时，它也不是好莱坞的取景地；它就是一座真真正正的博物馆。

当然，赫斯特离开的时候，会把它留给当地的威尔士人，他们会把自己的博物馆布置成一处好莱坞的取景地，变成虚构的中世纪题材电影的背景。他的习惯是，即使他不在，城堡里也要随时配备 30 到 40 名仆人，他不在的时候，还会邀请自己的朋友来享用城堡。1934 年夏天，为庆祝 7 月 4 日的到来，赫斯特用泛光灯照亮城堡，还举行了壮观的焰火表演，以至于当局抱怨，他让布里斯托尔海峡上的船只迷失了航向，在这之后，赫斯特便启程去往德国。① 外出期间，他把圣多纳城堡借给了前任英国首相大卫·劳埃德·乔治，当时，国家诗歌音乐艺术节即将在 30 英里外的尼思举办，劳埃德·乔治将在节日期间发表演讲。

劳埃德·乔治利用这个机会，在城堡里举办了一场盛大的庆

① 正是在这次德国之行中，赫斯特面见了希特勒，并批评了他的反犹政策。希特勒应该会回答，"那美国的印第安人呢?"

典，向150名威尔士游吟诗人表示了欢迎。在场的人都穿着游吟诗人或者是中世纪的服装，连仆人也不例外。《曼彻斯特卫报》的报道称，这里提供的食物是“20世纪的胃所能承受的最接近14世纪的威尔士食物”，“蜂蜜酒也在饮品之列”。[38]只见参加集会的游吟诗人列成一队，与大德鲁伊一道抵达；游吟诗人的传令官骑马走在众人前面，向在城墙上巡逻的“戟兵”吆喝，要求获得招待；此时劳埃德·乔治穿着戏服出现了，他宣布：“以城主的名义，欢迎所有人来到圣多纳城堡。”随后吊桥放下，吊闸升起，集会队伍步入宴会厅，身着中世纪服装的竖琴手们开始为食客提供娱乐。同样穿上戏服的爱丽丝·海德和劳埃德·乔治一起坐在主桌，同样在此就座的还有这位老政客的妻子玛格丽特爵士，以及他们的女儿奥尔文和梅根（她们都不喜欢穿中世纪的奇装异服，因此选择披上威尔士的民族服装）。

晚饭后，这群人走到草坪上，观看一群僧侣——他们实际上是当地唱诗班的成员——在“拂晓”之前（7月4日庆典的泛光灯还在，并得到了很好的利用）手持火炬，穿过场地，吟唱《西缅之颂》，后来，唱诗班的歌手们又再次登场，这回他们饰演的是下了夜班回家的矿工，从而将观众拉回到了现代。这一切与过去五六年间，圣多纳城堡习以为常的情景相去甚远：那时，玛丽安·戴维斯和她的好莱坞明星朋友们正穿着睡衣，在泳池边悠闲地逛来逛去，从克拉里奇或者丽兹酒店请来的厨师们，则在为他们准备饭菜；赫斯特则坐在庭院中的一家意式茶馆里，给他在洛杉矶或者纽约的办公室打电话。

除了以物易物的新娘和商业大亨，还有另外一群美国人值得一提，在两次世界大战之间的那段日子里，他们也对乡间别墅的世界产生过影响。

他们都是亲英派的英裔美国人，他们的脚都同时跨在大西洋两岸，他们也都是世纪之交发生的第一波美国入侵的产物。

1887 年，30 岁的老布劳顿决意前往美国，寻求财富。他在爱情和下水道里找到了想要的东西。1895 年，标准石油公司的石油巨头亨利·赫特勒斯顿·罗杰斯，雇佣布劳顿为他的家乡马萨诸塞州的费尔黑文安装一套新的污水处理系统。正如《纽约论坛报》报道的那样：

> 在罗杰斯家中，布劳顿邂逅了这位金融家的女儿卡拉。随着布劳顿监管的下水道挖得越来越深，布劳顿对这位女继承人的爱也越来越深了。这位英国人在求爱过程中取得的进展，比他替这个年轻女孩的父亲完成任务时取得的进展还要大，结果，任务还没有完成，他就率先宣布了订婚的消息。[39]

这桩婚姻把布劳顿推向了一个做大生意的世界。通过罗杰斯的影响，他被任命为一家公司的负责人，该公司负责销售标准石油公司旗下企业生产的所有铜，而标准石油公司是世界上最大的铜销售商。当他的岳父于 1907 年去世时，他的名字已经与洛克菲勒并驾齐驱，成了“现在被看作标准石油公司事务的真正领导者的那群年轻人之一”。[40]在采矿、制造业、金属精炼、铁路和金融等方面，他都饶有兴趣。

不过，布劳顿从未成为美国人。纽约的社交界称他为“英国人”，因为他一贯拥护自己的祖国；考虑到这一点，1912 年，他宣布放弃商业利益，带着妻子和两个年幼的儿子回到英国，这也就不足为奇了。他在离温莎大公园不远的萨里郡买了一座现代化的乡间别墅，并以保守党的身份进入议会——尽管他在下议院待的时间并不长，他抱怨道：“一连几个小时听无聊的人发表无聊的演讲，实在太乏味了。”[41]但他依然是保守党的好朋友，首相安德鲁·波纳尔·劳去世后，他成为 1928 年保守党购买阿什里奇的一项计划的主要捐款人。这座由詹姆斯·怀亚特设计的豪宅地处赫特福德郡，购买者试图将其改造为“阿什里奇·波纳尔法律纪念学院”，该计划有三个目标：

> 为国家保留一处历史古迹和一座雄伟建筑；建立一个教育中心，让社会各阶级的保守党成员都能找到适合他们要求的课程；每周向公众开放一次庭园，为公众带去欢乐。[42]

1923 年 6 月，在战后乡间别墅抛售的第一波浪潮中，安格尔西庄园也出现在市场上，它被描述为“一座异常精致的、中等大小的庄园住宅，具有早期和伊丽莎白时代的伟大的历史、建筑价值”。尽管如此，它还是没能卖出竞拍的底价，这也许是因为，经纪人关于它“现在已经被改造、装修成一座舒适的现代化乡间别墅”的介绍，还是过于乐观了。[43]安格尔西庄园最初是在 12 世纪由奥古斯丁修会建造的一座修道院，在修道院解散后，部分建筑被拆毁，残余的教士礼拜堂成了建筑的核心。随着岁月的流逝，它逐渐衰落，布劳顿的儿子们买下它时，它身上虽然还有一些早期（如果不完全是伊丽莎白时代）的古色古香，但只不过是一座破败的农舍罢了。

为了让这个地方变得更适合居住，兄弟俩聘请了伦敦梅菲尔区特纳勋爵公司——这个公司具有多重身份，是“建筑商、室内装潢承包商、橱柜制造商和家具商”——的西德尼·帕尔文来重新安排一些房间，安装壁炉和具有当前时代特色的镶板。[44] 亨利离开后，赫特勒斯顿又再一次请来帕尔文扩建房子，1937 年，他加盖了一间位于耳房的图书馆，2 年后，又新建了一座带楼梯的大厅。

不断扩建的首要原因，是赫特勒斯顿日益高涨的收藏热情。他喜欢买东西，而他又有钱去买——真是珠联璧合。其结果就是这样一座别墅的出现，它里面装满了书籍、家具、挂毯和不同时期的绘画，表达了一种折中主义的、时而令人困惑的品味。这里既有维多利亚时代的二流水彩画和出自莫奈之手的一流风景画；有精雕细刻的意大利圣徒像和精致的镀金靠墙餐桌；也有文艺复兴时代的橡木家具和乔治二世时代的胡桃木家具。

进门处的入口大厅就已定下了基调。布鲁日的一幅挂毯、詹姆斯时代风格的橡木家具、埃及的斑岩、北京颐和园的一对凤凰，在这里同场展出、争奇斗艳，与此同时，还有 17 世纪法国的胡桃木椅和 16 世纪意大利的施洗者约翰的雕刻，在后面充当背景，此外，一块巴伐利亚的椭圆镀金木雕上镌刻了费尔黑文家族的纹章，木雕本身又支撑起了一扇屏风，上面的主人公是一群胖嘟嘟的小天使。

第1任费尔黑文勋爵很享受他的财富，他喜欢展示它们。他有一支劳斯莱斯车队，每天下午都有一辆开去剑桥，好让他的贴身仆从去采购一份《剑桥晚报》。他还雇有一个完整的家政班子，包括1名男厨师、2名身穿黄马甲的男仆和1名穿燕尾服的男管家。据说，上早餐前，客人的鞋带就会被人熨好，客人还会惊奇地注意到，在准备午餐的同时，女仆会刷洗其他房间的地毯，这样，当费尔黑文勋爵从餐厅出来时，“房间就又恢复原样了，仿佛没有人去过似的”。[45]到了晚上，费尔黑文会通过盛在一盏银盘里端过来的无线电，收听BBC的新闻。

这种奢靡在许多来客的眼里，有些太过了，他们发现费尔黑文对安格尔西庄园的改造，散发了一丝非英式风格的气味。1943年，詹姆斯·里斯－米尔恩拜访了费尔黑文勋爵，并以这样的描述来回报勋爵的款待，称他是“一个有点荒唐自负的人，以自我为中心，傲慢自大，但是在享受全世界的商品方面，实在太有福气了”。[46]1966年费尔黑文勋爵去世后，全国托管协会接收了安格尔西庄园，但甚至连见多识广的他们在目睹了庄园陈设的穷奢极欲之后，也感到有些手足无措。在这笔庞大财富的重压之下，一本由全国托管协会发行的早期的旅游指南，干脆将游客带出了房子，带去了外面的庭园——那也是费尔黑文勋爵的创造，同样大名鼎鼎——来到这儿之后，指南的作者才松了一口气，宣称“不是每个人都对安格尔西丰富的室内装潢怀有同样的热情”。[47]

这样的反应，错过了安格尔西庄园的重点。费尔黑文勋爵的品味的确不同于英式风格，但这并没有让它们变得糟糕。它们是镀金时代的品味，是世纪之交的强盗资本家的品味，是费尔黑文的母亲和他本人在长岛的豪宅和第五大道的宫殿中一路长大、一路欣赏的品味。[48]正是这种品味，让安格尔西庄园在两次世界大战之间的日子里，成为英国乡间别墅的一个不同寻常的例子。它是遗留在沼泽边缘的一座古代宗教建筑的碎片，然而，两个世界却在这里相遇。

安格尔西庄园还提醒我们，美国来到这座英国乡间别墅时，不仅带着新的血统和百万美金，还带着美洲移民对故国故土的一种贪婪的崇拜。当然，它也带来了自己的某种东西，那是一种鲜花着锦的华丽和网罗奇珍的乐趣。

第13章
乡间别墅聚会

1931年，约翰·高尔斯华绥（John Galsworthy），这位绅士派头的年代编年史家，抓住了两次世界大战之间某一类型的乡间别墅聚会的精髓，即那种可爱、懒洋洋、单调乏味的聚会。“每一天都很相似。”他写道：

男人们打着同样五颜六色的领带，穿着同样的灯笼裤，吃着同样的早餐，按下同样的气压计，抽着同样的烟斗，捕杀同样的鸟儿。狗同样摇着尾巴，潜伏在同样意想不到的地方，发出同样痛苦的叫声，在同样的草坪上追逐同样的鸽子。女士们在床上吃或者不吃同样的早餐，往同样的浴缸里放同样的盐，在同样的花园里散开，说起同样的朋友，流露出同样的辛辣和恨意——“当然，我可喜欢她们了”；端详同样的石砌花坛，对苔藓玫瑰怀着同样的热情；在同样的吱吱声中，玩同样的槌球或者网球；写同样

的信，去反驳同样的谣言，或者配一对儿同样的古董……[1]

完美。不过，高尔斯华绥在给乡间别墅聚会下定义，指出此类聚会千篇一律的时候，却让其中的一些变化多端的东西溜走了。乡间别墅聚会并不是一成不变的。有些是涉及几个老朋友的小型、亲密的聚会。其他的则是大型、正式、挤满了名流要人的聚会。例如，1934 年 11 月，德文郡公爵和公爵夫人在查兹沃斯庄园，为 20 位来客举办了他们举办过的最盛大的宴会之一。公主殿下和哈伍德伯爵作为主宾出席，自从 1921 年伯爵——当时的莱瑟勒斯子爵——向公主求婚后，他们就再也没有来过这里。周六和周一都安排了狩猎派对，德文郡公爵夫妇邀请了一群令人眼花缭乱的熟人，在周末与王室夫妇见面，包括来自维尔贝克庄园的波特兰公爵和公爵夫人、伦敦德里侯爵和侯爵夫人、艺术史学家肯尼斯·克拉克和保守党政治家休·塞西尔勋爵。

一些乡间别墅聚会持续不超过 48 小时。另一些聚会则持续了相当长的时间：如果在苏格兰聚会，就要从伦敦乘火车进行长途旅行，假如受邀打猎，更是通常意味着为期 3 周的访问。除面见王室成员和打猎以外，许多聚会都是为了特定的目的举办的。1935 年 1 月，奇普斯·钱农（Chips Channon）和妻子驱车前往林肯郡，住进了布朗洛（Brownlow）勋爵的别墅。布朗洛勋爵更广为人知的名字是佩雷格林·卡斯特（Peregrine Cust），1936 年，这位廷臣将沃利斯·辛普森带去了法国，而后者的情人将宣布放弃王位。布朗洛的贝尔顿别墅（Belton House）建于 17 世纪，来这儿做客的其他人有达夫和戴安娜·库珀，韦默斯子爵和子爵夫人，以及尊贵的陆军中校皮尔斯·利和他的美国妻子。面对贝尔顿别墅的富丽堂皇，钱农竟然有点不知所措；这里“几乎装满了珍宝”，他想。至于一道来访的其他宾客，“坦率地说，都是些烦人的家伙”。[2]（对同伴无礼也是乐趣的一部分：1936 年 9 月，哈罗德·尼克尔森正和钱农夫妇一道出席另一场聚会，他称呼夫妇俩为“庸俗的小人物”。[3]）这次聚会的真正目的自然不在于此。晚宴结束后，拉特兰公爵和公爵夫人为他们两个十几岁的女儿，在 10 英里外的贝尔沃城堡举办了一场邀请舞会。

钱农对贝尔沃城堡的印象更深刻。公爵的两个女儿都很漂亮；树上的彩灯照亮了通向别墅的路；这场由埃米利奥·科伦坡和他的管弦乐队伴奏的舞会，俨然是“一场辉煌的迪斯雷利时代的音乐节，城堡里张灯结彩，远在几英里之外都能看见”。[4]78 岁高龄的贵妇人，拉特兰公爵夫人薇奥莱特（戴安娜·库珀的母亲）身穿白色服装，显得格外威严，她的 30 名子孙后裔，包括一群穿着黑色西装的小孙子，全都围拢在她的身旁。

贝尔沃的舞会结束 2 周后，拉特兰公爵夫妇又举行了一场小型聚会，这些来客正打算筹办一场慈善舞会，以资助附近的格兰瑟姆医院。为这样的活动举办乡间别墅聚会是很常见的，甚至是稀松平常的：它们开启了一场比赛、舞会或者政治集会之旅。哈伍德伯爵每年都会在哈伍德别墅举行一场唐卡斯特赛马会的分站赛事；威斯敏斯特公爵也在安特里做了同样的事。1932 年 4 月，沃里克夫人在沃里克城堡举办了一场小型聚会，与会宾客有首相鲍德温，沃里克夫人的姐夫、时任外交事务副部长的安东尼·艾登，以及他们的妻子。他们来这儿也有其他的目的：参加威尔士亲王在 4 月 23 日（星期日）——也即莎翁生日当天——在埃文河畔的斯特拉特福召开的新莎士比亚纪念剧院的揭幕仪式。

就像钱农夫妇访问贝尔顿别墅和沃里克城堡时的聚会一样，大多数乡间别墅聚会都是周末活动。得益于铁路网络的蓬勃发展——如果你把整个周末都用在了去你想去的地方，那么所谓花一个周末出去玩儿，就没有任何意义了——以及汽车拥有率的上升，“周末”这个词才得以纳入休闲的词典。

19 世纪末，一位为《注释与查询》撰稿的作者写道，在斯塔福德郡，“如果一个人在一周的工作结束后离开家，在周六的晚上和接下来的周日，与远方的朋友一起度过周末，他就被称为在某地度过了周末”。[5]那么——他问道——这种用法仅限于斯塔福德郡吗？

到 20 世纪 20 年代，到乡间别墅度过周末已经成为一种习俗，尽管在上流社会，这种周末实际上还不被称为周末。人们普遍接受的说法是，“从周六到周一”。巴克卢公爵夫人回忆道，“把它们称为‘周末’实在是太有失体面了。我记得在听到有人用这个词的时候，我惊讶极了。”[6]这个词还将有闲阶级与那些周一早上第一件事就是工作的人区分开来，对后者来说，周末从周六下午开始，到周日晚上就结束了。人们邀请你，“从周六到周一，这才是他们的意思。”洛丽亚·庞森比说道。“周日晚上离开，是很不礼貌的做法。”[7]

它是如何操作的呢？无论是从周六到周一，还是留宿更长的时间，一场乡间别墅聚会都以发出和接收邀请作为开始。

世纪之交的礼仪手册上满是极其复杂的说明，涉及邀请的理论和实践，如何将其行诸文字、何时发出邀请、收到邀请后又该如何回应，以及可怕的警告——一旦违反以上规则，将会招来何种灾难性的社交后果。莫德·C. 库克在其经典著作《文明社会的经典礼仪与习俗》（*Manners and Customs of Polite Society*）中告诫道："如果置这些公认的礼仪准则于不顾，就会严重失礼，进而与自己期望获得的社会地位渐行渐远。"[8]然而，两次世界大战之间的岁月却改变了旧时代：到20世纪40年代初，斯蒂芬·坦南特如果想邀请西碧尔·科尔法克斯去他在威尔特郡的乡间别墅度周末，只需要简单写上一句："最亲爱的西碧尔，快来威尔斯福德吧。建议待上一天。我去车站接你。"[9]一切便万事大吉。

可以肯定的是，如果不是文明在灭绝的边缘摇摇欲坠的话，一定会有很多人认为，这种程度的不拘礼节是一种明显的失礼，但时代确实在变。特鲁布里奇（Troubridge）夫人劳拉，是一位从男爵的妻子，她撰写的有关礼仪和娱乐的书籍，在20世纪20年代至30年代一度非常畅销。她在1939年宣布，"新的礼节就是不拘礼节"：

> 记住，你属于你所在的日子，属于你所在的时代，因此，如果你接受这种新的精神，放弃为另一个更正式的时代而设立的一切琐碎、束缚的繁文缛节，你并不会做错什么。[10]

在一场乡间别墅聚会上，女主人没有允许你离开客厅，可是你就觉得困了，起身回房间去，或者你通过打电话而不是写信来邀请朋友，又或者你刚刚被介绍给对方，就使用对方的教名，这又有什么要紧的呢？[11]

在接受了去乡下待几天的邀请后，下一个障碍是决定穿什么衣服。“着装问题真叫人担心。”邓莫尔伯爵的女儿玛乔丽·斯特灵（Marjorie Stirling）夫人说道。哪怕是一个为期 7 天的狩猎派对，女性也必须每天盛装出席。“有一些非常有钱的人，他们有许多华丽的服装可以穿，但总的来说，大部分人只是勉强把日子熬过去。”[12]

洛丽亚·庞森比第一次参观威斯敏斯特公爵的伊顿府时，可没少受苦。那天晚上，她穿上刚买不久的雪纺绸连衣裙，去图书馆会见其他来客，“就 12 月来说，这是一个极其不合适的选择”，她想起这件事时不禁又打了个寒战；第二天早上她再次出现时，已经换上了一件“现成的旧绿花呢套装”。[13]（庞森比一家一直经济拮据。洛丽亚出门的时候，不得不为她那破旧的舞鞋加装新面料，把鞋跟浸到红墨水里，往鞋底上缝上黑缎子。）

此时，劳拉·特鲁布里奇又在一旁提出了忠告。不要太自作聪明。否则，当你走在泥泞的小路上时，“你会希望自己选择了一件经典的普通粗花呢外套和裙子，裙子足够宽，可以走进去，颜色柔和，能融入周围的风景”。[14]

一旦接受了邀请，合适的衣服也打包好了，下一步就是去周末的目的地。只要目的地距离城镇不太远——有时远也无妨——

悠闲的自驾游，就是人们通常的选择。1935 年的夏天，钱农夫妇一路驾车，从伦敦开到了威尔特郡的朗利特。这是一段漫长的旅程，远远超过 100 英里，但他们很从容，半路上还停下来去野餐，到田野里打个盹儿。一切都很轻松，对他们的接待也很轻松。“我们在 6 月的一个炎热的日子里，发现了这片壮美的土地。”奇普斯·钱农在日记中写道，“有琥珀石、花园、狗，还有令人难以置信的美景。”[15]

20 世纪 20 年代，洛丽亚·庞森比抵达朗斯代尔（Lonsdale）伯爵的洛瑟城堡（Lowther Castle）时，一点也不轻松。她和母亲乘火车来到了伯爵位于韦斯特莫兰郡的住宅，在彭里斯车站的月台下车时，迎接她们的是一个穿戴着鹿皮马裤、高统靴、黄色——象征朗斯代尔家族——织布外套，以及海狸皮帽子的马夫。他把母女二人领去了一名车夫那里，车夫正坐在一辆由一对奶油色的马拉着的敞篷的黄色四轮马车里，静候她们的到来。两个女人安顿好后，马夫跳上车，坐在了穿制服的车夫旁边，这辆四轮马车开始庄严地在城里穿行，庞森比一家的行李则被放进了另一辆在后面尾随的黄色货车里。

1925 年 8 月，马默杜克·弗内斯邀请塞尔玛·康弗斯（Thelma Converse），到他在因弗内斯城堡附近的狩猎小屋做客，迎接即将开始的红松鸡狩猎季，她去了，而且也是搭乘火车去的。马默杜克·弗内斯本人及其贴身侍从，还有 3 名男仆、2 名女仆，也都同样如此。塞尔玛刚在她的车厢里坐下，马默杜克·弗内斯的侍从就来敲门，告诉她晚饭准备好了。她这才发现，主人正在临时的私人餐厅——由他的家仆班子用卧铺车厢改造而成——里面等她，那里铺着白色桌布，冰桶里装着香槟，野餐篮里盛着各种美味佳肴。“什么，竟然没有鸽蛋吗？”她故意问道，话音未落，主人便把她抱进怀里，对她说他爱她——这是一场精心策划的计谋，结果可以预见。

玛乔丽·斯特灵夫人永远不会忘记到达一座陌生住宅时的社交焦虑。“我总是觉得这很令人担忧，开车走了很长一段路，不知道会发生什么。”她说道，“车门将被管家打开，然后你被领进一个挤满了人的房间，四处几乎都是陌生人。这让我觉得很不舒服。”[16]

宾客们通常会在茶点前后或者之后不久到达。当沃利斯和欧内斯特·辛普森夫妇驱车前往贝尔维德尔城堡，与威尔士亲王共度他们的第一个周末时，他们把行程安排在周六 6 点到达，车上还带着沃利斯的女仆玛丽。（有时客人带着自己的私人奴仆前来，有时则会独行，由当地的男仆或者女仆代为照料。）辛普森一家在门口受到了亲王本人的欢迎，亲王带着他们走进八角形的客厅，介绍了其他客人：塞尔玛·康弗斯，她在从尤斯顿驶出的夜车上不敌诱惑，最终当上了弗内斯伯爵夫人，而且一连好几年做了亲王的情妇；塞尔玛的姐姐和姐夫；还有杰拉尔德·特罗特，亲王的洗马。介绍完毕后，亲王亲自把辛普森夫妇带到他们的房间。

晚餐后，辛普森一家回来喝鸡尾酒，他们发现亲王正穿着苏格兰短裙（他的皮囊里藏着一个银色的香烟盒），做一些针线活儿，两只凯恩犬站在他的脚边，其中一只发现动静后立即扑上来，试图咬欧内斯特·辛普森的脚踝。晚餐很简单：牡蛎、烤牛肉、沙拉、布丁和开胃菜。饭后，客人们受邀去玩拼图游戏，拼图的碎片被摊在客厅的长桌上；或者他们也可以抓一副牌来玩儿。等到大家感到无聊的时候，塞尔玛建议开始跳舞。留声机播放起了《鸳鸯茶》，亲王抱起他的情人，把她带去了一旁的大理石大厅。接着，在先后与塞尔玛的姐姐和沃利斯短暂地跳完舞后，他宣布要上床睡觉了。“这是你们第一次来这座城堡，”他对辛普森夫妇说道，“也许我应该告诉你们一些规则。那就是，没有规则。你想睡多久就睡多久。想几点起床就几点起床。不过我要早睡早起，这样我就可以去花园里干活了。”[17]

星期天早晨，他们一边下楼吃早饭，一边向窗外望去，只见主人正挥舞着镰刀穿过草坪，身上穿着毛衣和肥大的灯笼裤。他邀请夫妇俩与他一道修剪月桂树。“这算不上什么命令，”杰拉尔德·特罗特圆滑地说道，“可我也从没见过有谁会拒绝。”[18]

沃利斯参加乡间别墅聚会的经历，仅限于和萨克维尔一家在克诺尔度过的几个闷热的周末，对于贝尔维德尔堡轻松的氛围和亲王相对简单的家庭生活——亲王是公认的崇尚简约生活的社交名流——她并没有做好准备。吃完自助午餐后，亲王带着辛普森夫妇参观了城堡。“让我着迷的，”沃利斯后来写道，“是建筑上的魔法，它在这座庞大城堡的内部营造了一种温暖而随意的氛围……就一座属于单身汉的乡间别墅来说，这里的整体效果产生了惊人的暖意和吸引力。”[19]

威尔士亲王招待周末来客的随和态度，与一些大公爵宅邸里的虚文浮礼形成了鲜明对比，在那里，许多战前的礼仪仍然牢牢地保留了下来。全套的晚礼服实际上早已随着战争一道远离了视线，但是身着盛装出席晚宴，仍是必不可少的礼仪，打上黑色的领带，也属于正常的着装要求。

7 点 30 分左右，宾客们聚集到会客厅，在一名男仆的协助下，一名男管家会端上鸡尾酒。据阿斯特子爵说，这是“最糟糕的一种饮酒方式”，因为这么一来，就要空腹把鸡尾酒喝下去，女性和年轻女孩很容易中招。[20]20 世纪 30 年代早期，社交界特别流行喝“白夫人”（杜松子酒、橘香酒和新鲜柠檬汁）和“天堂”（杜松子、杏子白兰地和橙汁）。据说这两种酒都是由哈利·克拉多克发明的，1920 年至 1938 年，他曾经是萨沃伊酒店美国酒吧的传奇酒保。如果这是一场大型聚会，而大多数客人又互不相识，女主人就会小心地把每一位男士介绍给待会儿他要护送进去吃饭的每一位女士。

晚上 8 点，管家宣布晚餐准备好了，客人们随之步入餐厅。在一些更大的别墅和更正式的场合，严格的优先位次依然被人遵循，主人会在前面领路，同时护送头衔最高的女士，接下来，是头衔次高的女士和男士，以此类推。头衔最高的男士排在最后，由女主人陪同。“假如你对优先位次存有疑问，一定要找一本贵族或从男爵名册来作参考，因为来宾都各具头衔。”在 1916 年版的《良善社会的礼仪和规则》（*Manners and Rules of Good Society*）一书中，署名“贵族中的一员”的作者给出了以上警告，这本书在那些对社交缺乏安全感的人们中间被视为圣经。“在这件事上，财富和社会地位是不被纳入考虑的，这只是一个关乎年代的问题。”[21]但如果客人的社会等级难以确定，就会产生各种各样的问题了。近20年后，伊丽莎白·克雷格告诉“现代的女主人”：“对于如何在餐桌上安排你我这种普通人的位置，并不存在严格而固定的规则。”[22]她建议，在不涉及头衔的情况下，唯一要记住的规则是，把排在首位的女士放在女主人丈夫的右侧，把排在首位的男士放在女主人的右侧，并且在可能的情况下，让每一对丈夫和妻子分开落座。

大家就座后，戴着手套的男仆会把第一道菜呈上桌来。他们由男管家监督，后者通常站在主人的椅子旁边，或者站在他放酒的餐具柜旁边——喝完汤后喝雪利酒，吃鱼时喝啤酒，正餐剩下的时间喝香槟，直到上布丁，然后再喝红酒、雪利酒、波尔图葡萄酒和马德拉葡萄酒。刚冰镇过一会儿的白葡萄酒端了上来，冰凉的香槟端了上来，最后是稍稍温过的波尔多红葡萄酒，这是把它放到烤盘上热过几分钟的结果。

典型的乡间别墅晚宴，采用的是爱德华时代的那种食谱搭配。20世纪30年代，汉布尔登（Hambleden）子爵夫人经常和丈夫在亨里郊外的乡间别墅宴请宾客，她表示：“就一场盛大的宴会、一场时髦而奢华的宴会而言，出席的宾客会先喝到浓汤或清汤，接着吃鱼，下面是正餐前的开胃菜——鸡肉或鹌鹑。然后是作为正餐的羊脊或者牛脊；之后你会来一份布丁；再吃一道餐后助消化的小菜；最后是水果。”[23]署名“贵族中的一员”的那位作者建议，年轻女士应避开味道浓烈的菜肴（“中老年女士可以随心所欲地放开了吃”）。她们也应避免吃洋蓟，因为那玩意儿吃起来不可能显得优雅；“年轻女士在晚宴上不应该吃奶酪，这是一件理所当然的事”。[24]

等宾客们吃完布丁，仆人便离开了餐厅，大约 10 分钟后，女士们会移步客厅。咖啡有时是用银咖啡壶端上来的，每一位女士会给自己倒上咖啡，同时男仆或女仆会帮忙端着托盘。不久，男士们也加入了女士们的行列。在入口通道逗留超过 15 或 20 分钟的做法，已经不再时髦了，现在的等候时间只够上两巡酒，顺带让男士们抽根烟。

晚餐后的娱乐活动取决于这次聚会的性质。桥牌很常见，客厅里总会摆上几张牌桌。“在大多数乡间别墅聚会中，桥牌就算不是唯一的娱乐，也是最主要的一种。”《良善社会的礼仪和规则》里写道：“人们不仅在晚餐后玩桥牌，有时候也在下午玩上几把。”[25]正如沃利斯·辛普森在贝尔维德尔城堡发现的那样，在某些圈子里，很流行随着留声机唱片一同跳舞。洛丽亚·庞森比来到伊顿府的第一个晚上，招待她的就是“那种并无恶意、遍布世界各地的餐后娱乐——纸牌游戏”。[26]威斯敏斯特公爵购买伊顿府时的经纪人巴兹尔·科尔少校，是公爵最亲密的友人之一，他是一个会玩纸牌的天才，他和本德两人用他们的谈笑风生和玩牌戏法招待了每一位来客。

音乐演唱会并没有完全被留声机或者无线电所取代。“西碧尔·桑代克和她的母亲过去常常表演二重唱。”莫莉·特里维廉夫人的女儿波琳回忆道。[27]这就是他们总在诺森伯兰郡沃灵顿府的客厅里，摆放着两架钢琴的原因。1922 年，伊顿公学的校长约翰·克里斯蒂（John Christie）接管了家族占地1万英亩的地产，他非常喜爱音乐方面的娱乐，以至于在他那栋杂乱的苏塞克斯郡的宅邸里，新建了一座崭新的大厅，用来安放一架足有教堂大小的管风琴，这样他的一个朋友，一位最近刚刚退休的前圣詹姆斯皇家教堂的风琴手，就可以来这儿演奏了。整个20世纪20年代，这一类管风琴室都是为客人和当地民众举办音乐会、歌剧晚会的场所，克里斯蒂也和一些专业、半专业的音乐家一道参与了演出。他爱上了其中一位来访的表演者，一位名叫奥黛丽·米尔德梅的年轻女高音，1931年两人结婚后，他产生了要在别墅里腾出一块更大的空间以方便妻子展示才华的想法。这么做的结果，就是格林德波恩音乐节的诞生。1934年，该音乐节上演了歌剧《费加罗的婚礼》，从而以这种方式首次向公众开放。

时不时地，别墅里还提供更现代的娱乐活动。劳埃德·乔治是个超级影迷，有一段时间，每个周六他都会在位于萨里郡的乡间别墅的书房里，为朋友、农场工人和其他的当地人举办一场电影放映会。他的私人司机教会了他如何操作电影放映机，劳埃德·乔治做出了一个勇敢的决定，他故意不选择每周五从伦敦提前送来的电影，而更愿意在第二天碰碰运气。“在最近的一次周六晚间娱乐活动中，”1928年，《曼彻斯特卫报》的报道称，“那里放映的一部电影被证明是最粗俗的爱情片之一，而另一部则是查理·卓别林的作品。”[28]

早餐比晚餐要随便得多。女客人通常喜欢在自己的房间里吃早餐，一些女主人也是如此。当 9 点或者 9 点半的早餐铃声响起时，男士们开始聚集在一起，但通常不会等到每个人都坐好，因为有些客人可能要到 10 点左右才会出现。如果此刻女主人不在床上，就是在餐桌旁正忙着主持，男仆和女仆则全程在旁侍候，负责从热盘子里端上鸡蛋、香肠、熏肉和烤制的辣味腰子；或者从餐具柜上取来火腿、口条和野味馅饼。

早餐结束后（可能要到 11 点或 11 点半），男主人和女主人就会列出当天的选择。“最重要的是，既要让人们找到乐子，又不要让他们觉得太井井有条。”罗斯伯爵夫人表示。[29]这一看法也得到了《良善社会的礼仪和规则》的作者的赞同，该作者还指出，好的女主人是这样的，她“如此成功地发挥了自己的体贴和机智，不知何故，她的客人们总是发现自己在做他们最喜欢做的事情，而且与那些最适合他们的人待在一起”。[30]在坎布里亚郡的霍尔克府，莫伊拉·卡文迪什夫人过去常常列出一张名单，上面写有谁想去骑马、钓鱼、打网球或者玩高尔夫球。“有许多活动可供选择。”她的女儿黛安娜回忆道。拼图游戏很受欢迎，它被摆放在图书馆或客厅的靠墙边的桌上，经过的人都可以贡献一两块碎片。客人们或许会被带去参观当地有趣的教堂和风景如画的古代建筑废墟，又或者，也可以参观他们所住的房子。

在访问威斯特摩兰郡期间，年轻的洛丽亚·庞森比发现，自己正被年老的朗斯代尔伯爵领着，在洛瑟城堡周围转来转去，随着老伯爵从一个房间来到另一个房间，他讲述的奇闻逸事也越来越五花八门。当他指出，苏格兰的玛丽女王曾经被囚禁在其中一个小房间里时，洛丽亚当场呆住了，而后她便找了个机会，戏剧性地溜走了（洛瑟城堡是由罗伯特·斯默克爵士在1806年至1814年间建造的，那已经是玛丽去世200多年后的事了）；还有一次，当老伯爵向她展示一架铁做的雪橇，并告诉她，自己曾用6只哈士奇拉着这辆雪橇去过北极，然后又坐着它回来时，她简直惊讶得下巴都要掉了。不过，她后来发现，这两个故事竟然都有一丝真实性：苏格兰的玛丽女王在向南逃亡，越境进入英格兰后，确实曾经被关押在一座年代更早的洛瑟城堡之中；而在1898年至1899年间，朗斯代尔伯爵也确实曾经乘坐雪橇，完成过一场惊心动魄的旅行，他不仅到访过北极圈，还抵达了阿拉斯加的北部。

让洛丽亚印象更深刻的是，她的主人——一位热衷赛马的人士，也是赛马会的一位资深管事——带她参观了洛瑟的马厩院子：

每天早晨，马夫们都要先在马厩里铺上刻有朗斯代尔家族徽章的模板，模板被分成了不同的板块，每一块模板都标注了编号，随后，他们便按照编号，在每一块模板上撒下对应的彩色锯屑。所有事情都做完后，模板被整个移开，朗斯代尔家族的徽章已然印在了地上，呈现一种绚丽的全景视觉效果。[31]

每天早上，伯爵都会带着他的一群宠物狗前来视察，狗儿们在碎屑上爬来爬去，把马夫们的工作弄得一团糟。

在林姆尼港，极度活跃的菲利普·沙逊爵士很少让他的客人休息，他把客人们塞进劳斯莱斯的后座，在乡间小路上一路狂奔，去寻找遥远的安妮女王时代和早期乔治王朝时代的乡间别墅。菲利普·蒂尔登曾经参与过对这些建筑领域的探索，他描述了下面的场景：有一回，沙逊突然萌生了一个念头，他必须去一趟位于肯特原野边缘的坦特登，就在距离坦特登不远的地方，坐落着一座 17 世纪晚期建成的别墅，他要去里头看一看。他大步走到别墅前门，对开门的女仆说，他是来看麦金托什太太的；当女仆告诉沙逊，这里没有叫这个名字的人时，沙逊就吩咐她再去查看一下。“菲利普的微笑，他的自我介绍，还有他的名片（顺便说一句，就算没有这些阴谋诡计，单凭他的名片，本来也足以达到目的了），把我们带去了一位热情好客的主人那里。”蒂尔登回忆道，众人也因此对这座古宅留下了难忘的一瞥，“那里有褪色的房间，里面贴有高高的、简朴的镶板，看上去简单却不失庄严，还有弧形的楼梯、陈旧的家具和 50 年前的印花棉布。”[32]

20 世纪 20 年代，弗朗西丝·斯蒂文森曾是劳埃德·乔治的情妇兼秘书，经常陪同乔治参加乡间别墅聚会的她，也被沙逊的闹剧弄得筋疲力尽。1921 年 5 月，她和劳埃德·乔治从特伦特庄园的一场喧闹聚会中逃了出来，事后她在日记中写道：“菲利普的房子里总有一种躁动不安的气氛，总有一群人试图变得聪明起来。”[33]在那个特别的周末，他们的逃亡可能受到了沙逊邀请桃丽姐妹的影响，这对长得一模一样的孪生姐妹在欧洲各地的赌场、皇家卧室里的滑稽表演，与她们在舞台和银幕上的表演一样出名。20 世纪 30 年代末，斯坦利·鲍德温向保守党的历史学家亚瑟·布莱恩特讲述了，沙逊在伦敦的特伦特庄园举办大型周末聚会的详情，客人中竟然包括“涂了脚指甲的女士”。当然，那些时候他都不在场，他急忙补充道。[34]

在任何乡间别墅聚会中，一个不变的现象就是，一天的活动会被长时间的用餐所打断。如果安排了狩猎活动，男士们通常会消失一整天，上午 11 点离开，很少能在晚上 7 点之前回来。遇上举办大型狩猎活动的时候，女客们也会加入男士们的队伍，一起到野外用午餐，然后留下来观看比赛，或者投入属于她们自己的活动中。而若非如此，餐厅通常在下午 1 点或者 1 点半供应午餐。那将是一顿简单的饭菜：一上来也许是蛋奶酥，然后是正餐前的开胃菜，接着是冷肉，随后是布丁，最后是奶酪和甜点。

下午茶安排在下午 4 点或者 4 点半，其实这只是提供一点东西，好让大家撑到晚饭时间。对此，伊丽莎白·克雷格推荐了一份合适的菜单：奶油松脆饼、涂了黄油的椰枣和核桃面包、奶油芝士和抹了西班牙甘椒的三明治、宫女馅饼、咖啡泡芙糕、巧克力海绵卷和葡萄干小软饼。

尽管浴室的数量和现代化程度，在不同的别墅之间有很大的差别，傍晚的时间还是被例行的沐浴占据了。斯特拉斯莫尔伯爵位于赫特福德郡的圣保罗沃尔登伯里庄园，有 25 间卧室，却只有 2 间浴室，就是在这里，伊丽莎白·鲍斯－里昂在一次聚会上接受了一位王子的求婚。作为巴克卢公爵在苏格兰的别墅之一，德拉姆兰里格（Drumlanrig）城堡也只有 2 间浴室，而且这 2 间浴室还是因为城堡在“一战”期间被征辟为军事医院，才专门加装的。“要不然我们连一间浴室都不会有。”公爵夫人表示。[35]其他房主就还在坚持维多利亚时代的原则，也就是说，浴室是一种不必要的奢侈品，因为会有女仆帮他们搬来装有热水的铜罐。

而在光谱的另一端，是配备了 30 间浴室的威廉·伦道夫·赫斯特的圣多纳城堡，以及采用电力照明和大理石外墙、看起来赏心悦目的先进住宅，如埃尔瑟姆宫。正如阿瑟·奥斯瓦尔德在 1931 年所写的那样，从效率更高的中央水箱中供应热水，意味着“热水不再是从标着‘热’的水龙头中温吞吞地滴淌下来，现在它是经过冷热水井的精心调和的混合物，随着气泡的跳舞奔涌而出”。[36]尽管如此，客人还是很少能找到与客房配套的独立浴室：在弗利特，米尔德梅夫人把一些旧的更衣室改造成了浴室，但仍然没能为每一间卧室都配备浴室，“所以你不能想住多久就住多久”，说着说着，夫人望眼欲穿地回忆起了她的女儿。[37]但很快就到了 7 点半，洗完澡，精神焕发，穿好衣服后，又是去楼下的客厅喝鸡尾酒、用晚餐、打桥牌的时候了。

当一场乡间别墅聚会落下帷幕，是时候和主人说再见了，当女仆收拾好行李，汽车在前门等候，还有最后一个仪式环节要遵守。客人必须给侍者小费。

要给的还有司机，如果他开车送宾客进出车站的话；还有马夫，如果他帮忙照看猎犬的话；还有各种不同的男仆和女仆，如果客人在入住期间，委托他们办理过任何私人事务的话。在他们当中，最重要的是管家。如果他曾经为客人拆开行李，做过贴身服侍的工作，或者代为跑腿，如查询火车时间和发送电报，他可以得到大约10先令（相当于今天的50便士）的报酬，即使是从周六忙到周一。以今天的货币计算，这个数字介于25镑到125镑之间，取决于人们如何计算。如果管家除了他的日常工作之外，什么也不做的话，每位客人也许只需要给他5先令。给客人当贴身侍从的男仆，还可以多得5先令，但如果由另一个男仆负责端上早餐盘，那么他就只能收下半个克朗。在没有男仆的情况下，提供这些服务的女仆，其应得的报酬只有男仆的一半。在某些情况下，客人可能还会给领班女仆一些小费。

为这个小小仪式选择合适的时机，可能会很尴尬。在酒店住过一段时间后，你也许可以把钱留在梳妆台上，但是对于私人住宅来说，这么做就有点冷淡了。如果你想给女仆小费，你可以按铃，要求见她。至于男管家，特鲁布里奇夫人建议把东西留着，直到“他在车里帮你铺好小地毯。到那时候，再让纸币从你手里溜到他们手里，即使你的朋友还在前门向你挥手”。[38]

有去便有回，别墅里也有临别礼物留给宾客。在沃本庄园，一名男仆会站在前门，手里端着一个托盘，托盘里放着雪茄和香烟，客人们可以随意自取，这些东西可以在回家的车里或者火车上抽。在霍尔克府，他们收到了一个精美的纸制礼品盒，里面装满了小饼干和蜜饯，还有填满莫克姆湾虾和其他佳肴的小烤饼。在回家的路上，每一件礼物都被单独包装，贴上了寄回家的标签，每个礼品盒里也都有一张标签和几张邮票，所以等食物全部吃完后，客人就可以直接去最近的邮局，把它们送上归途。

第 14 章

野外运动

有组织的聚会，发挥了乡间别墅的一大优势：它是精英阶层寻求休闲的基地。

在英国的一些地方，生活是以打猎为中心的。20 世纪 20 年代，在格洛斯特郡，从 8 月中旬到来年的 5 月 1 日，博福特狩猎团每周都有 6 天的聚会时间，还在白德明顿（Badminton）庄园的马厩里养着 50 匹马。在英格兰中部，在梅内尔、廓恩、派奇利、贝尔沃这几处英国最著名的猎人啸聚之地，专为狩猎季准备的乡间别墅，在出租市场上十分火爆。1935 年 1 月，为了方便客人，贝尔沃城堡先在头一天承办了一场令奇普斯·钱农陶醉不已的邀请舞会，第二天，又为集结在此的众人举行了一场特别的赛马会。

即便有这些丰富的安排，在有组织的乡间别墅娱乐中，狩猎才是王道，三四十年来始终如此。在第一次世界大战之前的那些年里，有组织的狩猎聚会是如此流行，以至于成为一种时尚的乡村活动。在爱德华时代，就一位成功的捕猎者而言，一天内射杀的鸟儿数量可以高达数千只。历史上的最高纪录是由一个7人的狩猎团队创造的，其成员包括乔治五世和时年19岁的威尔士亲王，他们在比肯斯菲尔德附近的霍尔谷仓（Hall Barn）庄园打出了这个纪录。1913年12月18日，他们一共杀死了3937只野鸡、3只鹧鸪、4只兔子——还有一只“其他”。优秀的射手会一路扩大他们的猎杀总数。20世纪30年代，正处在高光的第6任波特兰公爵，在回顾自己的运动生涯时，充满敬畏地回忆起了1923年去世的第2任里彭侯爵的英勇。从1867年到1900年，里彭侯爵杀死了370728只动物。猎物清单中包括142343只野鸡，近10万只鹧鸪，还有2只犀牛。波特兰公爵称，他曾目睹里彭在尼泊尔用一杆四孔来福枪，在一头大象的背上射杀了左右的2只犀牛。[1]（喜马拉雅山有犀牛吗?）

波特兰津津有味地回忆起维多利亚时代晚期和爱德华时代的其他光辉岁月。比如，温斯顿·丘吉尔的父亲伦道夫·丘吉尔勋爵，曾经在伦敦德里侯爵位于英格兰东北部的温雅德庄园里开枪，意外杀死了一位客人的宠物，一只达克斯腊肠犬。急于弥补过错的伦道夫勋爵，把这只狗做成标本，放在一个玻璃柜里，当作一份圣诞礼物，送还给了它宛如失去亲人的主人。

第9任德文郡公爵的枪法是出了名的不靠谱。德比郡的查兹沃斯庄园有一扇门，他会自豪地向朋友们炫耀，说他就是在那里一枪打出了一个记录袋。当时，一只受伤的野鸡要溜出大门，公爵朝它开枪，把它打死了。然而同样是这一枪，还打死了一只追逐这只野鸡的猎犬，打伤了这只猎犬的主人的腿，并且击中了他自己的厨师，那位厨师恰好正在大门的另一边观看这场行动。

记录袋的大尺码——那里面的腊肠犬、厨师和犀牛可都是稀有货——得益于火器射杀效率的稳步提高和驱赶狩猎的日益流行，在驱赶狩猎的过程中，鸟儿已经被驱赶到等待着的枪口之前，而不是像在过去的简单狩猎中那样，猎手们排成一排，一起穿过遍布残茬、根茎的田地，去寻找他们的猎物。驱赶狩猎，需要仔细、集中的狩猎管理。在萨福克郡，著名的艾尔夫登（Elveden）庄园占地高达 2.3 万英亩，艾尔夫登伯爵雇佣了 70 人，可是这里的农业生产却要让位于至关重要的鸟类养殖。到 1911 年，英格兰、威尔士和苏格兰的各处庄园，一共雇佣了大约 2.5 万名饲养员；[2] 在广袤的农村地区，可能有多达 50% 的原本属于佃户的农业用地，被改造成了狩猎保护区，这种局面带来的危害，在官方圈子里引发了不安。1913 年，土地咨询委员会在一份报告中抱怨，对猎物的保护正是土地未能实现充分产出的原因之一。根据法律，土地所有者可以保留杀死和带走有翅膀的猎物的权利，并将这一权利授予他或她选择的任何人；佃户们不能打猎，而且不得不忍受野鸡和其他鸟类肆意糟蹋庄稼。为了不惊扰到鸟类，许多佃户甚至不被允许在他们自家的农场里射杀兔子。根据 1908 年的《农业控股法》，理论上他们有权要求赔偿，但很少有人选择走这条路，正如一位诺福克郡的农民向委员会解释的那样：

我们有法律方面的补救措施，但没有多少人愿意付诸实践。

很少有地主愿意为狩猎造成的损害付钱，当他们被迫这样做时，通常总能找到发泄不满的方法。换句话说，他们通常总能找到摆脱佃户的借口。[3]

1914 年，这个黄金时代已然日薄西山。饲养员们奔赴了战场。诺福克郡和伦敦周围各郡生产的枪炮，陷入了佛兰德的泥泞。1914 年的《王国防卫法案》规定，用谷物喂鸟是违法的，这自然反过来导致组织狩猎时大家收获的记录袋变小了。1918 年之后，狩猎一度出现了短暂的复兴，但随后又因为乡村地产的出售和分割而陷入了低潮。肯特郡令人惊叹的布鲁姆庄园，是一栋始建于 17 世纪的古宅，曾经是基钦纳勋爵的家。它的占地面积逐渐从 1908 年的 5400 英亩，萎缩到了 1930 年的 650 英亩，可是下一年，它仍然作为狩猎活动的出色承办地而被广而告之。虽然如此，对于那些疯狂热爱这项运动的人来说，布鲁姆庄园的广告还提到了位于不远处的迪尔、桑威奇的高尔夫球场，并指出这栋房子也有自己的板球场地。毕竟，到海边的绿地上钻出 18 个高尔夫球洞，花上一个夏天，每天下午倾听柳条款款摇曳的沙沙声，要比维护一座占地 5000 英亩的狩猎庄园便宜得多。

地产市场的流动，意味着一些大型狩猎庄园被租给了辛迪加财团，这是 21 世纪常见的商业化狩猎活动的前兆。20 世纪 30 年代，波特兰公爵看着诺丁汉郡的邻居们一个个人去楼空，不禁感叹当年盛极一时的别墅，如克伦伯和鲁福德，要么被出租，要么被抛弃。与此同时，曾经被恐惧和封建义务所束缚的佃户们，如今买下了自己耕耘的农场，开始在自家的土地上自由地打猎——或者把土地租给热情洋溢的新一代猎手——因此，人们又重新点燃了对早先那种简单狩猎的兴趣。“庄园的解体使大众参与狩猎成为可能，并极大地提高了狩猎的受欢迎程度。”在一本 1938 年出版的写给外行人看的小册子中，关于简单射击，作者如此写道。“如今，任何有一把二手猎枪，还有 30 英镑余钱的人，都能‘打上几枪’，许多并不具备其他资格的人都可以这么玩一玩。”[4]简单狩猎的定义五花八门，有的只涉及几块场地、一个人、一把猎枪和一条狗，有的则要用上几把甚至更多的猎枪，有五六名助猎者，而且组织严密。

关于养鸟的最佳方法，各方歧见纷呈。尤斯顿制度，是以格拉夫顿（Grafton）公爵在诺福克郡的庄园尤斯顿府（Euston Hall）命名的。20 世纪初，这项制度在那里得到了完善，它很受外界欢迎，但是属于劳动密集型的运作方式。实践中，它需要先将鸟蛋从灌木篱墙的鸟巢中取出，用假鸟蛋代替，同时将真鸟蛋放进矮脚鸡的鸡窝里孵卵，最后再将真鸟蛋放回野外的鸟巢中孵化。这是一项需要投入全部时间的工作，光是寻找鸟巢和正确的时机，就困难重重。但这么做的好处是，降低了鸟蛋被害虫和野兽吃掉的风险，增加了野生鸟类的存活数量，而且较之人工饲养，它让鸟类得到了更好的活动锻炼。“总的来说，”《简单狩猎》一书的作者写道，“我发现，庄园的业主们（也就是说，他们的工作似乎就是打猎，并从饲养员的辛勤劳动中受益）对此全力赞成，可是饲养员们却巴不得没有这回事，他们表示，即使在最好的情况下，这也是一项充满风险且难以令人满意的行当。”[5]

这也是一项很难持续开展的制度，尤其是在第一次世界大战之后的年月里，当时猎场看守人的数量比1914年前的水平下降了大约30%。这一降幅，再加上可耕地的萎缩，共同导致了猎鸟的减少，尤其是鹧鸪。更少的猎场看守人，意味着鸟类数量管理的进一步废弛，也意味着来自鸟类天敌的破坏进一步加剧；随着耕地变作了牧场，它们也同时变作了不太适合鸟类的栖息地。到20世纪30年代，每1000英亩内能够射杀的鹧鸪数量，比战前减少了近一半。恶劣天气和疾病又加剧了危害：在1930年到1931年的狩猎季，一个异常潮湿的夏天，连同由寄生线虫引发的圆线虫病，使鹧鸪种群蒙受了巨大的灾难。1931年，维尔贝克庄园的鹧鸪记录袋里只有793件战利品，比前一年的3486件大幅下降。1932年，战利品的数字又再次下跌。

不过，其他年份的情况则有所不同。猎取被驱赶的鹧鸪，在波特兰公爵看来，是“一切优秀运动的巅峰”，鹧鸪的供应也经常十分充足。在维尔贝克庄园，从1919年到1936年的16年中，有10年鹧鸪记录袋的战利品数量超过了3000只。仅在1934年到1935年这一季，就有6537只鹧鸪和5148只山鸡被射杀——这些都是野生鸟类，因为几年前人们已经放弃了人工饲养。因此，如果认为1914年之后，大型驱赶狩猎和大规模、有组织的狩猎聚会已经完全成为历史，成为公司宴请时的特别活动，那就错了。

当然，并不是每个乡间别墅的主人都喜欢野外运动，即使是那些喜欢的人，彼此间也有很大不同。各个郡里的一些历史悠久的家族，之所以骑着马去打猎、射击，是因为他们天生就是这样的人：这些就是他们的第二天性。可是新来的人这么做，或者是因为他们认为别人期望他们这么做，或者是因为这有助于他们融入这个圈子。不过，还是有些人更喜欢打网球和玩桥牌，至于邻居们怎么想，让他们见鬼去吧。

第 2 任威斯敏斯特公爵是一个非常重视体育运动的人。他打网球，也打高尔夫球。他拥有几匹赛马，每年都在安特里附近的伊顿府为全国赛马锦标赛举办聚会。他在苏格兰最北部的拉克斯福德河畔有一座大型庄园，在那里，他追踪野鹿、捕捞鲑鱼，又或者，他会去米米赞（Mimizan）旅行。米米赞是一座乡间小屋，地处波尔多和比亚里茨之间的朗德，他把这儿当作猎捕野猪的基地。他乘坐自己的蒸汽游艇“卡蒂萨克号”，到挪威参加过几次垂钓探险；又或者，他会乘坐他的另一艘游艇“飞云号”，沿亚得里亚海航行到阿尔巴尼亚。他身穿粗花呢衣服，头戴霍姆堡毡帽，在荒凉的湖泊之间漫游，与强盗交朋友，还猎捕沙锥、山鹬和水鸭。然后，每年冬天，他都要到圣桑斯（Saint-Saens）去住上几个星期，那是他在法国诺曼底的一座小型城堡，他要去那里捕杀更多的野猪。在苏格兰，他多次赢得所谓的“三冠王”称号，因为他在同一天射杀了一只雄鹿、一对松鸡，还捕获了一条鲑鱼。

每年在伊顿府进行的秋季狩猎都是重大事件，在第一次世界大战结束很久之后，它们仍在以爱德华时代的规模和仪式延续着。庄园里雇佣了大约 20 名饲养员。每一次狩猎中，他们都头戴圆顶礼帽，身穿浅黄色的打底裤出现，饲养员的负责人还会穿上一件带黄铜纽扣的绿色天鹅绒折角大衣。他的圆顶礼帽上镶有金色的穗带，显示了他与众不同的身份。80 名庄园工人戴着宽边猩红色毡帽，穿着及膝的白色罩衫，充当助猎者。看着他们从树林里走出来，那种场面就像是在观看一幅勃鲁盖尔的绘画。

客人们会在周四晚上抵达伊顿，周日离开，这与其他乡间别墅的常规做法不同，那里的狩猎活动通常在周二、周三和周四举行。在一个即将出门打猎的早晨，一辆马车会把皮制的弹药箱送到看台上，每个弹药箱上都标有其主人的名字，此外还有折叠座手杖、专用外套和弹夹。看台上有 12 根标着号码的白色短桩，钉在地上，排成交错的两列，一根接一根。弹药车后面还跟着一辆马拉的四轮轻便马车，上面载着装弹手，每名装弹手的身上都携带了一对枪支。

9 点 30 分，当本德和他的客人们乘坐专职司机驾驶的汽车，到达短桩近旁时，装弹手已经把设备分类整理好了。每队各有 2 名装弹手，其中的一名装弹手背着一个装有 200 个弹夹的袋子，另一个小伙子则帮他背着另外两个同样装满弹夹的袋子。随着每个人都各就各位，只听到饲养员负责人吹出一声尖锐的哨声，俨然从勃鲁盖尔绘画里走出来的助猎者，就开始驱赶鸟群——山鸡，以及少量处在庄园狩猎范围内的鹧鸪——纷纷向着猎枪飞了过来。

一轮射击将持续大约 30 分钟，在这段时间里，每支枪都能打光 200 个弹夹。接着，汽车和货车又出现了，每个人都上了车，出发去下一轮射击的地点，车队后面还跟着一辆精心油漆过的、用马拉载的比赛专用车，车上装着当天到目前为止捕获的猎物。三轮射击过后，猎枪会交还回去带走，猎手们将回到伊顿府，与女士们一道用午餐。一份礼仪手册写道："女士们以打草地网球为乐，要不然，她们就会去附近的慈善集市，到义卖会上帮忙。"这有点误导人，因为 20 世纪 20 年代末，女性偶尔也会扣动扳机。[6] 1937 年，贝德福德公爵夫人去世，享年 71 岁，当时她乘坐的飞机坠入了北海，她至今仍然被《野外》杂志认为是历史上最出色的百大猎手之一。

下午，女士们通常会加入男士的队伍，作为观众，观看两轮射击。当天的晚宴上，每支猎枪的前面都放着印有格罗夫纳家族徽章的比赛卡牌，上面标明了猎物袋的大小。在一天内射落 2000 只山鸡，或者在某个狩猎之夜，邀请 150 位客人到伊顿府共进晚餐，都是很平常的事情。

1931 年，由于担心伊顿森林被砍伐殆尽，公爵租用了兰戈伦旁边的一座偏远的名叫"世界尽头"的山谷，往山谷里引进了大约 1 万只山鸡。"那个地方遍地是悬崖峭壁，仿佛瓦格纳歌剧的背景一样。"洛丽亚·庞森比回忆道。"如果看到老沃坦高踞在某一块巨大的圆石之上，人们并不会感到惊讶。"[7] 那里有一座木质结构的农庄，名为艾格洛赛格的普拉萨－伊沙夫（Plas Uchaf yn Eglwyseg），它曾属于激进的千禧年信徒、弑君者约翰·琼斯，他也是奥利弗·克伦威尔的姐夫。当地还有一种传说，认为 16 世纪伊丽莎白一世退避到这里的时候，曾经在这儿诞下了一个私生子。

秋天的狩猎一如既往地继续着，只是如今它们的举办地被转移去了离伊顿府20英里远的地方。枪支、马车、180名助猎者、装弹手、饲养员和驯犬员，都随着车队一路颠簸，穿越边境，来到了登比郡。而一旦到达那里，因为地形过于崎岖，汽车和马车都无法把枪支从一座看台转移去另一座看台，他们必须改由步行。1931年，温斯顿·丘吉尔在"世界尽头"与本德一起打猎时就被提供了一头驴，可以把他从这座看台驮去那座看台。好在厨师们带来了大餐，那是在普拉萨-伊沙夫的烤箱里烤好的半成品。在这样美妙的野外环境中，洛丽亚写道："我们吃了一顿十足精致的午餐，伴着香甜的热葡萄酒下肚。"[8]

在第一次世界大战后的日子里，类似瓦格纳的歌剧那种规模的狩猎聚会相当少见。当然了，在战前，它们也一样少见。更常见的是盛大的驱赶狩猎——战后它们的规模仍然很大，大到要调动七八支枪，安排5个饲养员看管四五十名庄园工人。午餐由男管家和几个男仆送到一座饲养员的住所里，有三明治或炖菜，通常还有充足的苹果酒、啤酒佐餐下肚。即使是那些无望赢得比赛的人，也有数不胜数的机会出现在公众的视野里：有的太话痨；事实上，有的从头到尾都在忙着说话；有的给的小费太少（饲养员的小费从5先令到10先令不等，具体取决于狩猎的天数和猎物袋的大小——按照当时的市场价，打一天鹧鸪，要付给领班的猎场看守人1金镑①，打一天山鸡则是2金镑）；有的打下了一只本属于另一支猎枪的鸟；有的带了一只不守规矩的狗过来；有的穿着

---

① 金镑，旧时的英国金币，面值相当于一英镑。——译者注

一身看起来太新了一点的衣裳。即使是《良善社会的礼仪和规则》一书，也懒得去预测菜鸟猎手面临的所有危险和陷阱。“在野外运动中，还有许许多多‘初出茅庐的运动员’容易犯错的地方，简直不胜枚举。”书中如是写道，“但是那样的话，在这样一部作品中，它们就会占据过多的篇幅。”[9]

20 世纪 30 年代，塞西尔·比顿的房东——当时，此人还是地处沙夫茨伯里的、未来的格罗夫纳阿姆斯酒店的房东——在威尔特郡、多塞特郡交界处的阿什库姆庄园，安排了许多场狩猎活动，对此，比顿留下了极富感染力的描述。市议员、治安官罗伯特·伯利特别留意购买邻近的土地，以用作猎场，每年秋天，他都会为郡里举办一场大型狩猎活动。每到那时，比顿就会竖起耳朵，聆听助猎者们在灌木丛中移动的声音，只见他们驱赶了一群又一群鸟儿，直到鸟群飞出去，迎来密集的枪声。“一时间，各种声响彼此交织，鸟儿们惊恐地啁啾，助猎者们如幽灵般嘶喊，‘成了！成了！’，猎犬兴奋地吠叫和哀嚎起来，山谷中也隐隐传来回响的枪声。”[10]随后，众人来到长长的餐桌旁，在浆洗过的白桌布上，享受了一顿必不可少的大型午宴——馅饼、点心、奶酪，搭配着果酒和波尔图葡萄酒——餐毕，他们又再度出发，去赶下午的旅程和山鸡了，那些山鸡“宛如笨拙的轰炸机”，才飞到空中，就变成一团凌乱的羽毛，又落在了地上。在这些场合，充当助猎者的是一群形形色色的人，他们当中有老人，也有孩子，都穿着绿色双排扣的长礼服，套着打补丁的丝绒马裤，戴着圆顶小礼帽。他们似乎是从另一个时代来的，等到狩猎结束后，又会回到那个时代。

“随着时间的推移，狩猎远征变得越来越糟糕，这支奇怪的军队也似乎消失在了他们来的那片阴影里。”[11]

就在他们随着旧时光一起消失的同时，另一支奇怪的军队走上前来，取代了比顿的助猎者和他们的同类，这是另一支身穿奇特服装的暴民，只听得他们的叫喊声，在英格兰各地的灌木丛、田野、湖边的庄园里回荡。

那是高尔夫球手。

1931 年 5 月，威尔士亲王乘坐他的“德哈维兰银蛾号”私人飞机，从亨顿起飞前往哈姆布机场，在南安普顿检阅了一艘全新的加拿大太平洋班轮“不列颠皇后号”（*Empress of Britain*）。然后，他乘坐快艇穿过南安普敦的水域，抵达了海斯，那里有一艘新打造的帝国航空公司的飞艇正等着他。到了那儿，他拿起飞行员的控制装置，立即起飞了，紧接着，当“不列颠皇后号”驶入索伦特海峡，降下旗帜行礼时，他刚好驾驶轰鸣的飞艇，从轮船上空穿过，在做完这一切后，他就把控制装置还给了飞行员。后来，他又搭乘快艇返回了哈姆布机场，然后开着自己的那架机器飞回了亨顿。那天晚上，他将在伦敦的一场慈善晚宴上发表讲话，但他不慌不忙地发了一个口信过去：“我在乡下不可避免地耽搁了，但我希望宴会能继续进行，大约半小时后，我将与你们会合。”[12]

后来人们才知道，之所以“不可避免地耽搁了”，是因为他为了参加俱乐部的比赛，而降落在了萨里郡的沃尔顿希思（Walton

Heath）高尔夫俱乐部。

亲王年轻时是位敏捷的越野障碍赛马选手。但 1924 年，他参加了一场定点越野赛马比赛，结果在第一个栅栏处马失前蹄，把自己摔得昏了过去，在床上躺了一个月，这让拉姆塞·麦克唐纳专门从唐宁街 10 号写信，催促他以后要格外小心。继麦克唐纳来信之后，国王又寄来了一封不那么客气的信。“你表现出了极大的勇气和骑术，每个人都很欣赏，”他对儿子说道，“但现在该是时候了，我必须要求你停止参加一切越野障碍赛马和定点越野赛马的比赛。”[13]

亲王继续打猎，但高尔夫取代了竞技赛马在他生活中的位置。1922 年，他以 15 个差点的“佳绩”，当上了英国皇家古典高尔夫俱乐部的队长，而后又在接下来的几年里，相继接过了里士满的皇家米德萨里俱乐部、桑威奇的皇家圣乔治俱乐部的队长头衔。他去专业人士那里上课，其中包括公开赛冠军特德·雷。1933 年，他在议会举办的一场高尔夫巡回赛中进入决赛，但是在决赛的第一个洞，就因为遗失球而落败。1936 年他登基时，外国媒体在头条上宣布，“高尔夫是这位统治者最喜爱的运动”。[14]

亲王的热情帮助这项运动跻身于乡间别墅的娱乐殿堂。住址靠近一座高尔夫球场，或者比这更好的是，拥有一座自己的高尔夫球场，现在成了乡间别墅生活中的一个惹人追逐的附属品。《泰晤士报》的房产专栏在称赞这座或者那座乡间别墅的优点时，会特意声称它“几乎毗邻某一座高尔夫球场”，“紧挨着某一座高尔夫球场”，或者提供“极好的高尔夫场地”。1925 年，萨里郡的塔德沃斯宫（Tadworth Court）挂牌出售，广告词称其为“真正的安妮女王的府邸……距离沃尔顿希思高尔夫球场仅有1英里”。（结果，这座高尔夫球场对于买主并没有多大用处——买主是奥蒙德大街医院，它把塔德沃斯用作了呼吸困难儿童的疗养所。）9年后，白金汉郡的东伯恩罕庄园（East Burnham Park）出售，引起了人们的兴趣。部分原因是门德尔松和珍妮·林德曾住在这里，部分原因是那里栽有品种丰富的稀有植物和树木，这要归功于园艺学家哈利·维奇爵士，他也曾经在这儿住过。但最主要的原因，还要算是“庄园附近建有高尔夫球场，1英里处有伯纳姆比奇斯，2英里处有斯托克波吉斯，3英里处有比肯斯菲尔德，5英里处有德纳姆”。[15]

比起住在高尔夫球场隔壁，拥有一座属于自己的高尔夫球场甚至更加令人向往。1926年，汽车制造商、纳菲尔德勋爵威廉·莫里斯，买下了牛津郡的一座高尔夫俱乐部，他不仅去那里玩儿，还以独资经营者的方式经营这座球场，直到近40年后他去世为止。同时，他搬入了俱乐部会所旁边的房间，一直住到1933年，才有能力买下纳菲尔德庄园（Nuffield Place），那是奥斯瓦尔德·米尔恩建在球场隔壁的一座乡间别墅。“岩石”（Rocks）是地处格洛斯特郡马什菲尔德的一座19世纪的哥特式城堡，以附带私人高尔夫球场而著称。哈罗德百货公司提供了一座未命名的安妮女王时代的乡间别墅，它坐落在七橡树区，有15间卧室、许多座美丽的花园和一片精致的庭园，庭园里还有一座9洞的高尔夫球场。在佩思郡的梅克尔，兰斯道恩勋爵在自家庭院里开辟了一座9洞球场，原因是他的男仆们——按照传统，他的男仆可以使用位于当地乡村酒吧旁边的梅克尔保龄球场——每次玩完保龄球侍奉主人用晚餐时，都会散发出啤酒的气味。

波特兰公爵和菲利普·沙逊爵士等不同的业主，都在他们的庄园里修建了 9 洞球场。在沙逊的特伦特庄园，周末往往热闹非凡。有一次，参加聚会的成员们吃完午饭后，结队前往观看澳大利亚高尔夫球手乔·柯克伍德的特技击球表演。享用完下午茶后，沙逊驾驶私人飞机，展示了贴地飞行；晚餐过后，更是上演了一场这个季节在伦敦决计看不到的烟火表演。即使到了那时，娱乐活动也还没有结束：等月亮升至花园上空时，每个人都聚集到露台上，聆听了奥地利男高音歌唱家理查德·陶伯的歌声。

也许最好的乡间别墅高尔夫球场，是卡斯勒罗斯（Castlerosse）子爵的杰作。他是《星期日快报》的八卦专栏作家，也是第 5 任肯马尔伯爵的长子。卡斯勒罗斯被他的传记作者描述为“没有右肘的最佳高尔夫球手”（第一次世界大战期间，他在法国受了重伤），在肯特郡、苏塞克斯郡、萨里郡的高尔夫俱乐部里，他是一个传奇人物。这也多少与他的古怪行为和这样一则事实有关——他总是安排一个拿着一壶威士忌的仆人陪在身边，每次开球时，都要让仆人给自己斟一大杯。一次，在迪尔比赛时，他的球埋进了沙坑。围观的人群聚上前来，看他如何破解，只见他对着天空呼喊道：“哦，上帝，下凡来帮我打好这一球吧。但不要让耶稣来。这不是一个男孩能做的工作。”[16]

1913 年，卡斯勒罗斯子爵的家族所在地，凯里郡的肯马尔别墅（Kenmare House）毁于火灾，他的父亲没有重建那座巨大的维多利亚时代的豪宅，而是把幸存下来的乔治时代风格的马厩改造成了一栋房子。20 世纪 30 年代末，卡斯勒罗斯决定在肯马尔别墅庭园的西段建造一座全尺寸的高尔夫球场，从这里可以俯瞰基拉尼全境的潋滟湖光。他征求了许多人的意见，包括《星期日泰晤士报》的高尔夫球记者亨利·朗赫斯特，高尔夫球场设计师盖伊·坎贝尔爵士，还有威廉·麦克唐纳·坎贝尔，设在丘园的英国皇家植物园的新馆长，他一时兴起，主张每个洞都必须与不同的开花植物相关联。“我决定参观天堂的颜料盒，好用海量的颜色画出 150 英亩土地的全景。”卡斯勒罗斯说道。“问题是你要如何高声大嗓，粗俗无礼，才能让上帝把颜料盒租给你呢……我有 3 块占地 1 英亩的河岸土地，每一块都长满了本地的野花，我在澳大利亚、新西兰也各有一块这样的河岸土地。”[17]

1939 年 10 月，肯马尔高尔夫球场，全世界最可爱的球场之一，伴随着凯里主教的祝福正式开放。球场紧邻鲜花盛开的河岸，从每一片草地上远眺，都能欣赏到美丽的湖景，卡斯勒罗斯子爵还想出了一个主意，以后再也不用仆人带上酒壶跟着他了。他让人沿着球场周围的各处战略要地，建起了一连串上锁的小屋，每座小屋里面都存放了一瓶威士忌。

第 15 章
这就是我们干活儿的地方

任何一座乡间别墅，若是想平稳运转，都依赖于大量廉价劳动力的供应。没有仆人，谁来做饭、打扫卫生、侍候用餐？谁来生火、放洗澡水、照料孩子？门铃响的时候，谁来开门？1906 年，一位评论员写道：“没有人会否认，仆人在每一个家庭都必不可少。”[1]

因此，在 1918 年以后的那些年里，当国内的服务市场似乎陷于崩溃的边缘时，所有雇佣仆人的阶层都为之不寒而栗。造成这一危机的原因有很多：在家庭仆役中，绝大多数都是女性，然而她们发现，自己很享受战争期间的工作赋予她们的自由，不愿意再回到一个受到严格控制的环境中去，在那里，她们的晚间时光，甚至她们的身份，都不属于她们本人。据《每日邮报》报道，工人阶级女性“对于独立的不安分的渴望，是战争的一笔遗产”。[2]大众教育的兴起，开阔了她们的视野。军人在战时的高伤亡率，为她们提供了取而代之的工作机会。社交时的耻辱感——尤其是在她们所属的圈层内部——也正成为一种强大的阻碍她们去做仆人的心理因素。政府曾经派人调查家庭仆役的市场供应状况，一名侍候用餐的客厅女仆向调查人员报告称：“我‘只是一名女仆’，背着这样的身份，我承受了无法形容的痛苦。发给我们的邀请函是这样的——‘千万别让其他人知道你是一个下人。我们不能让自己的朋友和仆人混在一起。’这是我们这个阶级的势利。”[3]

1918 年，鉴于仆人短缺的严重程度，政府不得不采取行动——或者说，至少他们成立了一个调查委员会。距离宣布停战仅仅过去几周，重建部就邀请妇女咨询委员会来研究这个问题。第二年春天，他们提交了报告，强调了当前的一系列问题，包括仆人们缺少培训、缺乏地位，在薪酬、工作条件等方面存在巨大差异，等等。

委员会提出的一些解决方案至少没有多少坏处：例如，取消脱帽致意的礼节，又如，劝说雇主不要直呼仆人的教名。这种否认身份的行为，是招致女仆抱怨的一个常见原因。伊迪丝·洛克伍德的女主人叫她“安妮”，因为她已经有一个朋友叫伊迪丝了。戈登·格里米特去找了一份第二男仆的工作，他的雇主告诉他：“如果你来我这儿干活儿，你以后就是詹姆斯了，我所有的第二仆人都叫詹姆斯，就像我所有的第一仆人都叫威廉一样。”[4]弗洛伦丝·大卫开始当厨房女佣时，她的雇主都叫她“玛丽”，因为他们对所有的女佣都这么叫。他们发现这样做更容易。

委员会的其他建议则更为激进。它主张“大幅缩短仆人在工作日的劳动时间，留出固定时间供他们吃饭和外出，后者包括每周日的一个半天，以及每周的一个下午加一个晚上；不仅如此，仆人每天应享有 2% 至 2.5% 的自由时间，并有权留在或者离开宅邸；另外，他们每年还应获得带伙食费的 2 周假期”。[5]

委员会为不同的仆人制定了周薪标准，从给厨师兼女管家的每周 25 先令外加食物供应，到给没有任何技能的 14 岁女童的最低 6 先令 6 便士。（男仆并没有被纳入考虑：妇女咨询委员会认为，就男仆的问题发表评论是不合适的。）甚至有人建议，应该给家政人员加班费，并最终为他们组建一个自己的工会。这在其中一位委员会成员看来，有些太过分了。这位委员就是伦敦德里侯爵夫人，她实际上没有参加过任何委员会的会议，也拒绝在报告的部分内容上签字。对此她作出了解释：“我认为，将目前存在于工业生活中的那种雇主、工人之间的关系，引入家政服务的任何可能之举，都是极不可取的，而且很可能对整个家庭生活的根基产生灾难性的影响。”[6]

具有讽刺意味的是，尽管家仆的劳动力供给确实在下降——事实上，自 20 世纪初以来一直在下降——但伦敦德里侯爵夫人其实并不怎么需要为此担心。正如《纽约时报》的一位记者在回应妇女咨询委员会的报告时指出的那样，“小家小户的女主人完全无法在仆役市场上竞争”，而“未来大户人家的处境甚至会比以往更有利”。[7]仆人短缺的现象，不是发生在伦敦德里侯爵夫妇在公园巷的宅邸里，也不是发生在他们一共 4 座乡间住所中的任何一座里面，而是发生在银行经理、店主、医生、律师等中产阶级位于郊区的家里。不过，即使是他们，也很快从亲自做家务的可怕前景中，找到了暂时的喘息之机，因为20世纪20年代晚期的大萧条，迫使女性重新投身于家政服务这一行业。

在那些人手较少的家庭里，对于仆人来说，主要的问题很简单：总有更多的工作要做。不过在此之外，还有一个地位的问题。1924年，与新世纪一起诞生的露西·麦克利兰（Lucy McLelland），去了贝尔沃城堡的拉特兰公爵身边，做了厨房的第一女佣。这是她自16岁开始服役以来，所接手的第7份工作。她很快就晋升为厨师，手下有4个姑娘，归她管理的家仆班子总人数不低于20人。

贝尔沃是一个独立的社区。有一年圣诞节，拉特兰公爵邀请庄园工人们观看查理·卓别林的一部电影，作为款待，当时有近100人出席。也是在那个时候，露西开始和比她大20岁的阿尔斯特人、一位在内庭侍奉主人的马夫约会，1926年，他们结婚了，两人去了小说家阿加莎·克里斯蒂那里，做起了女厨师和男管家，当时阿加莎正和她的第一任丈夫阿奇一道住在桑宁戴尔。在与贝尔沃城堡的一大家子仆役共事过之后，用露西的话说，克里斯蒂夫妇的别墅斯泰尔斯（Styles）已经“没落”了。[8]细数那里的仆人，除麦克利兰两口子之外，就只剩下了一个打杂女佣；一名保姆，除了照顾克里斯蒂家7岁的女儿罗莎琳德，她什么也不干；还有一位园丁，他的妻子偶尔也会被请来帮忙。阿加莎喜欢招待客人，“那会儿的我真是可怜，不仅要做饭，还得自己洗碗呢。”露西回忆道。[9]她的丈夫既要去餐桌旁侍候，还要在饭后帮她收拾杯盘，把餐厅扫净、擦亮。他们只待了 4 个月。①

相比之下，拥有许多员工的大型乡间别墅，往往保持着严格的身份界限。在贝尔沃城堡，虽然露西掌管厨房，手下有 4 个女佣，还是有另外 2 个女仆专门在茶点整备室负责烘烤。“厨房里面从来不烤面包，也从来不做烤饼、蛋糕，那里什么都没有。茶、咖啡——都是从那间茶点整备室里送来的。”[10]1922 年到 1925 年间，查尔斯·迪恩（Charles Dean）担任第 2 任阿斯特子爵的副管家，据他回忆，克莱夫登庄园的劳动分工也很明确。“一切都是分开的。”他说道。“没有人干扰你。你也不敢为别人代劳，因为如果你事先没问便做了某事，他们就会问，‘你到底在搞什么鬼？’”[11]

克莱夫登庄园是一座俯瞰泰晤士河的豪宅，外观宛如意大利风格的宫殿，它是一个很好的例子，说明了在整个 20 世纪 20 年代和 30 年代，那些更大、更富有的乡间别墅，如何保持了维多利亚时代的人员配置。[12]1850 年至 1851 年，议会大厦的建筑师查尔斯·巴里爵士为萨瑟兰公爵设计了这幢建筑，因为起先坐落在原处的一栋房屋——那时距离萨瑟兰买下它，才刚刚过去几个月——被大火烧毁了。第一次世界大战爆发时，它的主人已经变成了第 2 任阿斯特子爵，1906 年，他的父亲，威廉·“被围墙包围的”·阿斯特把别墅送给了他，作为他迎娶富有的弗吉尼亚离异女子南希·肖（Nancy Shaw）的结婚礼物。

---

① 克里斯蒂一家也没有继续待多久。当年年底，阿奇离开妻子，与另一个女人住在了一起。就在这一年，阿加莎上演了一起著名的失踪案。11 天后，人们在约克郡哈罗盖特的一家酒店里发现了她。

阿斯特家族的财富很大程度上与土地无关，因此没有受到20世纪20年代农业萧条的冲击，这意味着，他们能够以一种不受市场兴衰波动影响的方式，在克莱夫登庄园接受宾客的朝觐。他们还在圣詹姆斯广场4号拥有一处宅邸，周一到周五议会开会时，他们都住在那里。1919年之前，阿斯特一直是代表普利茅斯的议会议员，直到他父亲去世，作为第2任阿斯特子爵的他被送进了上议院，南希则成功当选，代替了他原来的议员身份，成为第一位在英国议会中占得一席之地的女性。① 这对夫妇还在肯特郡的桑威奇，拥有一座带14间卧室的“小屋”，另外，他们在普利茅斯也有一座别墅，在赫布里底群岛的朱拉岛，还有一所用于狩猎、钓鱼的乡间小舍。

阿斯特子爵夫妇在一年中的不同时间分别使用这5座别墅，但圣詹姆斯广场4号和克莱夫登庄园是他们的主要住所，大多数的家政人员则在它们之间往来奔波——工作日在伦敦，周末又回到乡间。阿斯特夫人具有双重形象，分为她所谓的城市风格和乡村风格。城市风格体现在圣詹姆斯广场，那里的大多数宾客都来自政界，气氛正式，有身着制服的男仆在晚宴上侍候，餐后还将举办一场多达1000人参加的招待会。那可是一栋大房子。② 阿斯特夫妇是狂热的禁酒主义者，虽然宴会上通常少不了葡萄酒，但接待

① 但她不是第一位当选议员的女性。这份殊荣属于康斯坦丝·格里布斯，在1918年的大选中，她以康斯坦丝·马凯维茨的身份，代表爱尔兰都柏林圣帕特里克选区当选，然而，她和其他一些新芬党议员都拒绝接受她的议员席位。

② 圣詹姆斯广场4号如今是海军和陆军俱乐部的所在地，更以“进进出出”（In and Out）的诨名为人所知。

活动有时却因此变得颇为枯燥无味。

在克莱夫登庄园上演的乡村风格则要放松得多。那里的气氛就像一座大酒店，人们来来往往、三五成群地聚集在一起。（20 世纪 80 年代，当这座别墅变成了一座真正的大酒店时，几乎不用做什么大幅度的改造。）来参观的人形形色色，但都是大名鼎鼎的人物：作家乔治·萧伯纳和西恩·奥凯西，同为贵族的洛锡安侯爵，他和南希·阿斯特一样，都是虔诚的基督徒科学家；还有登门拜访的欧洲王室成员、美国来的朋友、电影明星。查理·卓别林是这里的常客，当然，在两次世界大战之间的那段时间里，他似乎是大多数乡间别墅的常客。阿拉伯的劳伦斯也是如此，当时他还被称为“空军士兵”T. E. 肖。有一次，劳伦斯和南希突然从克莱夫登的客厅里一跃而起，跑到外面，跳上了劳伦斯的优等布拉夫摩托车，在一片尘土中，呼啸着沿着车道驶向远方。几分钟后，他们又从远方减速滑行回来。“刚才我们以每小时 100 英里的速度飞驰。”南希尖叫道。听到这儿，她丈夫转身走开，气得说不出话来。

查尔斯·巴里爵士的这件作品第一次迎来改造，是应了第 1 任威斯敏斯特公爵之邀，1869 年，他从姐夫第 3 任萨瑟兰公爵手中买下了这栋房子；1893 年，房子的主人又从威斯敏斯特公爵，变成了第 1 任阿斯特子爵，随即迎来了第二次改造。1906 年，阿斯特把它交给了儿子和儿媳，到那时为止，巴里爵士的克莱夫登庄园虽然只有不到 50 年的历史，却已经拥有钟楼和供车辆出入的门廊，并且接受过某些激进的改造和二次装潢。别墅包括一座有 9 个隔区宽的主楼，它通过迂曲的走廊，与侧方的凉亭相连。这个中心区域的主体部分，是一座巨大的客厅，是由弗兰克·皮尔森在原先查尔斯·巴里爵士的大厅、晨间起居室和图书馆的基础上，为阿斯特子爵重新打造的。隔壁是“法国餐厅”，之所以这么叫它，是因为第1任子爵在餐厅里安装了从巴黎附近的阿涅尔城堡带回的洛可可风格的镶板。接下来，一间图书室和一座客厅组成了一处准公共空间。另外，阿斯特子爵的书房和阿斯特夫人的闺房，也同样设在一楼。楼上的主卧室是为家庭成员和重要客人准备的，主要以花卉命名：从玫瑰、橙子花到雪花莲、薰衣草。顶楼设有日间和夜间使用的育婴室：1928 年，这座别墅正值鼎盛时期，阿斯特夫妇有了 5 个孩子，年龄从 21 岁到 9 岁不等。因为南希的第一次婚姻而身世坎坷的儿子鲍比·肖，也偶尔出现在这里。

东侧的耳房用作了客房：房子客满的时候，会有多达 40 人同时住在别墅里。家庭办公室、工作人员的卧室被安排在西侧的耳房，地下室是厨房。此外，还有仆役大厅；瓷器室和酒窖；交给男管家打理的餐具室，里面有洗涤银质餐具的柚木水槽；最后是一座同样用银打造的冷藏室。有一条地下通道，连接了服务区和客房区，这样仆人们就可以在不被客人、家人注意的情况下来来往往。1928 年，罗西娜·哈里森（Rosina Harrison）来到阿斯特家，做了子爵夫妇 18 岁的女儿菲莉斯的女佣，她注意到，厨房的主过道上铺有轨道线路，食物可以放到装轮子的小车上，从厨房直接送进载货升降机。“不过，在我加入之前，这种做法就已经停止了，”她写道，“一些厨房的杂役会用男管家提供的托盘盛好食物，端入升降机，而后食物就被送进了餐厅隔壁的备餐室，放到了一张巨大的烤盘上。”[13]

按照最初的设计，克莱夫登是由一小群仆人来管理的，可是到了 20 世纪 20 年代，阿斯特家族已经雇佣了 33 名员工：1 名男管家，1 名副管家和 3 名男仆；子爵的 1 名贴身男仆，他的妻子、女儿的 2 名女仆；1 名女管家，4 名女仆，2 名掌管茶点整备室的女仆，还有 2 个每天过来，但是住在外面的女人；1 名厨师、3 名厨房女佣、1 名洗碗女工和另外 1 个在厨房帮忙打杂的日工；4 名洗衣女仆；2 名男杂工和 1 名大厅侍者；还有 1 名电话接线员，1 名木匠和 1 名守夜人。这还只是室内工作人员。除了他们，还有 70 多名庄园工人，包括许多位园丁、猎场看守人、电工，以及 1 名船夫和 1 名兼职上发条的钟表工。

这支劳动大军的规模随情况而变化。例如，孩子们还小的时候，他们由保姆吉本斯小姐照看，她同时负责育婴室的日间和夜间工作，并有一个女佣专门在育婴室侍候她；此外，还有一系列法国、德国的女家庭教师，负责培养年龄较大的孩子。到 20 世纪 30 年代后期，负责烘焙面包、蛋糕和制作早餐的茶点整备室的女仆数量，已经从 2 名减少到 1 名。员工的流动率很高，部分原因是南希·阿斯特是个苛刻的雇主，有时显得既刻薄，又小气；但主要原因还是，家政就业市场的性质促使仆人们选择离开，要么去结婚，要么换一个更好的地方。到了 20 世纪 30 年代末，就连克莱夫登庄园这样久负盛名的大型乡间别墅，也开始感受到了吹过其仆役大厅的社会变革之风。1934 年，诺埃尔·怀斯曼成为阿斯特家的助理房地产经纪人，据他回忆，年轻一代的家仆都不太愿意接受他们的长辈认为理所当然的雇佣条款和条件：

当年，你有那些愿意长时间工作，并且乐在其中的老一代人，那时一切都很好。可是一旦我们失去了那种人，走出了那个时代，要让人们停住脚步，还照过去的法子来做事，实在难如登天。[14]

从理论上讲，阿斯特家族的员工管理工作，归他们的房地产经纪人 H. J.福斯特・史密斯负责。但是就室内的仆人而言，他们只需要服从一个人的指令，那就是阿斯特令人敬畏的男管家埃德温・李（Edwin Lee）。1912 年，他以男仆的身份加入了这个家仆班子，随后通过自己的努力，逐步升至最高职位。对于这个家庭，他是“李”或者“李先生”，对于其他员工，他是“阁下”，但无论在何时何地，他永远表现得完美无瑕。“见过他的人，还以为他是阿斯特子爵。”他的一位同事回忆道。“他表现得恰如其分。”[15]他经常出现在克莱夫登庄园和圣詹姆斯广场的那座别墅里面，他乘坐私家车往返于两者之间，从而与其他仆人区分开来，后者则要挤进一辆面包车。是李面试了未来即将入职的员工，尽管南希・阿斯特也会敷衍地扫上一眼；也是李维持了楼下的纪律。1931 年，南希的儿子鲍比・肖因为犯下同性恋罪，被判入狱。李把所有室内工作人员召集到仆役大厅，用十分笼统的语言解释了发生的事情。接着，他宣布：“你们离开仆人的大厅之后，不要再谈论这件事。任何在屋内或屋外，被听到或怀疑有此行为的人，都将立刻遭到解雇。”[16]

李就是这个家庭对外的脸面，是这家人和宾客之间的主要联络人，白天他会穿上黑色羊驼夹克和蝶形领结迎接客人，晚餐时则会盛装打扮，穿上深蓝色燕尾服、黑色齐膝短裤、长筒袜和带有金色带扣的黑高跟鞋。阿斯特家的晚宴甚至需要一些舞蹈表演。在 1922 年 2 月，在为会见前任首相亚瑟·贝尔福而举行的晚宴和招待会上，有 40 人坐在了一张用镀金盘子、橙色郁金香装饰的餐桌旁。用餐者包括现任首相大卫·劳埃德·乔治、温斯顿·丘吉尔和克莱曼婷·丘吉尔夫妇、德文郡公爵和公爵夫人、伦敦德里侯爵夫人、艺术家约翰·辛格·萨金特，以及其他一些类似的重要人物。共有 850 人参加了晚宴结束后的招待会。

李总是亲自监督餐桌上的状况，确保每位用餐者都有男仆侍候，男仆们则穿戴着棕色夹克、条纹马甲、马裤、白色长袜和手套。直到第一次世界大战之后，他们还在往头发上扑粉，为了达到这种效果，他们使用了从厨房送来的面粉。“尽管它让你感觉到，头顶上仿佛裹了石膏，男士们却并没有反感这么做。”李后来回忆道。[17]晚饭后，他会伺候宾客饮酒，为他们端上波特酒和利口酒。身为一名禁酒主义者，阿斯特子爵对酒的问题不感兴趣，把这档子事完全交给了自己的管家。“最好限制利口酒的选择，”李认为，“如果你听任每个人从其所好，你就有可能忙前忙后，顾此失彼。”[18]通常，他会为来客提供白兰地、薄荷甜酒和顾美露酒。

李是一位严厉的管理大师。有一次，一个男仆正要把一盘美味佳肴送进餐厅，却失手把它们掉在了地上。尽管那个人事后辩解，是因为盘子滚烫的缘故，李却并不同情："雇你来就是为了拿住盘子，将来你还是需要拿住它，哪怕盘子烫到骨头……手指能愈合，食物却不能。"[19]

当阿斯特家族在圣詹姆斯广场举行大型招待会时，是李前去葡萄街警察局，请求警察帮助管控交通，也是李和他手下的男仆在招待客人，取走他们的外套和斗篷。在这些招待会上，他不会亲自宣读嘉宾的姓名，因为他觉得，这件事需要一个专业的播音员；他经常邀请巴特利先生来代劳，巴特利先生以其清晰的嗓音和表达而闻名，"能让一句平淡无奇的'先生们、女士们'，听起来事关重大"。[20]

福特（Ford）夫人是克莱夫登庄园的女管家，负责清洁卫生。她从 1936 年开始在阿斯特家工作，年薪为 45 英镑，每周还能支取 2 先令 6 便士的洗刷费补贴——理论上，这笔钱应该用于定期清洗围裙和其他与工作有关的服装——以及 2 个先令的啤酒钱。她每年有 2 周的假期，偶尔也能享受周末。不过，因为她不像其他大多数室内仆人那样，工作日要去伦敦，所以周末往往成了她最忙的时候。她一天的工作大约从上午 8 点 30 分开始，8 点钟，仆人们开始吃早餐，而后她就要开始例行的巡逻，以确保楼下房间里的女佣们开始工作。他们很早就开始工作了，20 世纪 20 年代是 5 点钟，20 世纪 30 年代是 5 点 30 分，因为在客人起床之前，他们必须完成擦拭、除尘和生火等多项工序。做完这些后，他们就要上楼去打扫卧室。1975 年接受采访时，福特夫人还想起了她的一些其他职责：

我要处理所有的亚麻织品，嗯，要确保房子里的一切已经准备就绪，所有的活儿都做好了，房间也为客人准备完毕了，诸如此类。接下来，如果我在那儿，我还要做橘子酱和果酱……为了周末来到克莱夫登和伦敦那处住所的访客，我必须把该做的全做完，而且到了夏天，做果酱可是一项大工程，要先从花园里摘来水果，然后装瓶储存。[21]

考虑到家仆班子的人员规模和身份复杂性，克莱夫登庄园保持了维多利亚时代的旧式等级制度，也就不足为奇了。埃德温·李和福特夫人是最上层的仆人。排在次席的，是阿斯特子爵的贴身男仆亚瑟·布歇尔（Arthur Bushell）和阿斯特夫人的贴身女仆罗西娜·哈里森，他们仍然属于较高级的仆人。

布歇尔是楼下逗乐儿的小丑。传统上，贴身男仆常常难以得到其他员工的信任，就像贴身女仆一样，这是出于同样的原因：他们有接近雇主的特权，所以会被怀疑，向雇主报告仆役大厅里的不当行为。可是在克莱夫登庄园，要为大多数不当行为负责的却是布歇尔。比如，他会模仿阿斯特家的宾客，连最尊贵的玛丽王后和乔治五世也不能幸免；再比如，他会男扮女装，引得其他仆人捧腹大笑。就像一些中世纪宫廷小丑那样，他总是把事情推向荒唐的极致，有时甚至超越了极致。当保姆吉本斯小姐和阿斯特家的孩子们，被邀请到仆役大厅参加完一场晚会后，布歇尔竟然打扮成女人，讲了一些成人笑话，保姆连忙提醒他，他的行为还有许多有待改进之处。“噢，吉本斯小姐，”他说道，“这让你产生了什么欲望吗?”[22]他甚至不把他的滑稽局限于仆人之间。有一年圣诞节，他参加了在克莱夫登举办的化装舞会，扮演音乐厅的喜剧女演员奈莉·华莱士。当他经过南希·阿斯特时，他撩起裙子，展示了印有英国国旗的绿色女用短衬裤，问道:“夫人，您觉得我的绿色连衣裙怎么样?”“亚瑟呵,”南希回答，“你可真恶心。”[23]

罗西娜·哈里森（罗丝）曾是克兰伯恩夫人住在伦敦和多塞特郡期间的侍女，后来被阿斯特家族以每年60英镑的报酬挖走，去照顾他们18岁的女儿菲莉斯·阿斯特，不久，她又开始担任菲莉斯母亲的侍女，并一直陪伴在南希·阿斯特左右，直到后者于1964年去世。

作为夫人的侍女，罗丝的一天与女主人的活动密不可分。这一天会从7点半开始，她下楼到南希的化妆室去取前一天晚上换下的衣服，晚些时候拿去熨烫。她会在8点吃早餐，半小时后，把早餐送去南希那里，再伺候主人泡冷水浴。9点钟，南希要求独处，一个人诵读《圣经》，之后她通常花上一两个小时，与秘书一道写信、打电话。然后，她又换好了参加晨间锻炼的衣服，去打壁球、网球或者高尔夫球——再换衣服，去用午餐；再换衣服，去做安排在下午做的任何事情；再换衣服，去用晚餐。通常，她一天要穿5套衣服：

这要求我在背后做大量分配、熨烫、洗涤、缝补的工作。（罗丝说道）还有没完没了的短信要寄送，购物呢，有时我要一个人去，有时要和夫人一起去，做完这些，还要裁制服装、誊抄文件。总之，夫人的许多事都是我做的。[24]

不过，侍女虽然 24 小时听命于人，却过着相对优越的生活。罗丝自己有一间大而舒适的卧室，装饰得很好，里面摆着 2 把安乐椅、1 张沙发和 2 个衣橱。她不必穿制服。她有机会去旅行，这是她那一代和那个阶层的大多数女性梦寐以求的。她每年都去瑞士和法国的里维埃拉，有时还去更远的地方，如百慕大、纽约和伊斯坦布尔。有一回，那是 1936 年，当时阿斯特子爵和夫人作为玛丽王太后（被暗杀的前任南斯拉夫国王亚历山大一世的遗孀）的客人，到访南斯拉夫时，罗丝和亚瑟·布歇尔被提供了一辆配备私人司机的豪华轿车，把他们送去了目的地——贝尔格莱德郊外的一座宫殿。“喂，罗丝，我的王后，这总好过在血腥的牛奶上漂流。”亚瑟说道。[25]

这种特权生活的代价，是必须应对南希·阿斯特的情绪。按照罗丝本人的描述，她的女主人反复无常、专横跋扈，偶尔还很暴力。一次，大发雷霆的她竟然试图踢她的女佣。“说真的，每当我伤害别人的时候，”她在另一个场合向罗丝坦承，“我很享受这么做。”[26]

而应对的秘诀，罗丝发现，就是要勇敢地面对南希。在一次特别不愉快的争吵之后，南希宣布，她们之间的区别是“我天生就适合发号施令，而且我又通过经验学会了如何与人相处”。“我们之间的区别，我的夫人，”罗丝反驳道，“就是你有钱。金钱就是权力，人们尊重金钱和权力，所以他们才尊重拥有金钱和权力的你。”[27]她们的争吵成了克莱夫登庄园的笑谈：后来罗丝发现，阿斯特子爵常常跑到更衣室里，一边隔着墙壁偷听，一边开怀大笑。争吵甚至拉近了双方的距离，带来了某种亲密感。1937年，南希·阿斯特的妹妹菲莉斯·布兰德死于肺炎，南希心烦意乱。但她求助的并不是自己的家人。罗丝还记得，当时布兰德家的男管家冲进来说：“快去找阿斯特夫人。她需要你。”她找到了南希，发现她的女主人在尖叫、哭泣和祈祷。“我把她抱进怀里，尽我所能地安慰她。”[28]

对家政服务一概而论总是有风险的，即使是在最豪华的别墅里。在克莱夫登庄园，厨房由阿斯特家身穿白上衣的法国厨师吉尔伯特（Gilbert）先生掌控，他会和女主人仔细商量吃饭的事。巴克卢公爵夫人住在北安普敦郡的鲍顿别墅，她把点餐、编订菜单之类的事完全交给了手下的女厨师，她的那位厨师过着一种奇怪的独立生活，极少走出厨房，独自在自己的起居室里吃饭，只有几位厨娘在旁伺候。在伍斯特郡的克鲁姆宫，考文垂伯爵和伯爵夫人发现，要使收支相抵是一桩难事，因此夫妇俩雇了一位厨师兼女管家温妮·萨普斯福德，她是一个瘦小、像鸟儿一样的老姑娘，已经年近五十。可惜，她的能力并不出众：在克鲁姆宫，管事厅开饭时，通常会由男管家莱特先生第一个用餐，每到这时候，他就会望着自己的盘子，悲伤地问：“温妮，温妮，你这都做了些什么？”[29]

然而，这样的事只会不断上演。在大多数大别墅里，上等仆人——男管家、女管家、主人的贴身男仆和夫人的贴身女仆——都不与其他仆人一起享用每天的正餐，以此来申明自己的地位。在一些家政班子里，上等仆人会去一个完全独立的房间用餐，那个房间也许是留给管家的管事厅。厨师和她的工作人员在厨房吃饭，保姆留在育婴室，由大厅侍者伺候，女家庭教师的就餐地点是自己的房间或者教室。奥利弗·梅塞尔的姐姐安妮回忆道，1935 年，她以新过门的罗斯伯爵夫人的身份来到比尔城堡时发现，那里的人们每天要在 6 个不同的房间里吃 6 顿不同的午餐。克莱夫登庄园的仆役大厅里摆有两张餐桌，一张是上桌，另一张是下桌。其中一张由李主持，另一张由他的直管下属，副管家查尔斯·迪恩主持。

从 1922 年到 1925 年，迪恩一直是克莱夫登庄园的副管家。1925 年，他离开庄园，成为阿斯特夫人的侄女爱丽丝和她的新婚丈夫、离过婚的俄罗斯移民谢尔盖·奥波伦斯基的管家。（“奥波伦斯基王子那时是一个几乎身无分文的俄罗斯流亡者，所以嘛，爱丽丝·阿斯特的数百万美元就派上了用场。”罗丝尖刻地评论道。[30]）迪恩描述了他在克莱夫登的职责：

我的第一份工作是早上 6 点半到 7 点起床。如果有一场周末派对……我的工作就是把一切准备妥当，一等男仆过来摆放（午餐的）餐桌，我就要上楼去餐厅。摆放午餐的餐桌，是男仆的工作，而我的工作是查看人们想要的东西，比如，银质餐具和其他玩意儿，是否都已出现在应该出现的位置上。摆好晚餐的餐桌，是我的工作；

这与男仆或者男管家无关，是副管家的专属差事。当旁边有一大群人手的时候，自然会有其他人过来帮你，但一般来说，把一切准备妥当，是你一个人的工作，这样人们就不用到处去找刀、叉、盐、胡椒以及诸如此类的东西了。男管家则要检查所有的东西……[31]

而且，迪恩补充道，李总是会挪动一些东西——只是为了突显他的存在——再把它们放回原处。

阿斯特家族既通过非正式的口口相传来招募仆人，也通过伦敦传统的家政中介公司，尤其是那些专门从事家政服务的中介公司来招募仆人。尽管罗丝在来到克莱夫登工作之前，曾经陪同她的前任主人克兰伯恩夫人访问过克莱夫登，其间还进行了一场闲谈，她也仍然是在克兰伯恩家族的帮助下通过贝克街的马西公司的介绍，才找到了这份工作。这家公司成立于1845年，是所有注册在案的家政公司中最著名的两家之一，与玛丽波恩的亨特夫人公司齐名。此外，这一行还存在一个更隐秘、完全属于非正式性质的招聘网络，通常由商人运营。露西·麦克利兰也是通过马西公司的介绍，找到了她的第一份工作，但是随着她职业生涯不断提升，她也开始造访著名的茶馆和杂货店皮卡迪利大街的杰克逊家，“在那里的办公桌上”找到新的工作。她定期去杰克逊家取咖啡，结识了那里的工作人员；当一位主厨或者厨师进来问，这里的员工是否认识想在厨房工作的人时，他们就可能会推荐露西。她在福特纳姆和梅森公司也做过类似的安排。

查尔斯·迪恩通过北奥德利街的梅菲尔家仆中介公司，在阿斯特家找到了副管家的工作，这家公司专门从事男管家、贴身男仆和普通男仆的介绍工作，阿斯特家族（或者更准确地说，是负责招募男仆的埃德温·李）是这家公司的主顾。他们的窗户上贴满了展示不同工作的卡片，即使男仆们不想更换工作，也会朝窗户瞄一眼。“这能让你了解男仆的市场价格。”20 世纪 20 年代初加入阿斯特家族，担任第二男仆的戈登·格里米特（Gordon Grimmett）表示。格里米特最初被李看中，然后接受了阿斯特夫人的面试，他们之间的简短谈话大致如下：

“他看起来是个强壮的大个子男孩，李。你的家在哪儿，戈登，你的父母还在吗？”

“我父母都在，我的家在伯克郡的阿斯科特，夫人。”

“噢，那好极了。我们在克莱夫登有一座乡间别墅，靠近白金汉郡的塔普洛。你可以定期回家看父母了。”然后她快步向门口走去。“你多久能加入我们？我们需要你一周内过来。再见，我得飞去下议院了。”说着，她就走了出去。[32]

李被留下来告诉格里米特他的雇佣条件——年薪 32 英镑，啤酒和洗衣费 2 先令 6 便士——并安排他去阿斯特家族在梅菲尔区的裁缝店，量身定做西装和制服。①

---

① 如果格里米特的话可信，那么这些裁缝就是一帮骗子，他们欺骗了雇佣家仆的客户。他们向阿斯特夫妇要来一条羊毛长裤，说是要把它衬在格里米特的制服裤子里面，后来却悄悄请格里米特喝了一杯威士忌，让他不要来取这条裤子。

和男管家一样，男仆也是服务各方的公仆，在主人家、宾客和工作人员之间起到串联作用。为了使他们保持身材苗条，波特兰夫妇要求维尔贝克庄园的男仆们做健美操——他们的身高通常也是匹配的，但克莱夫登庄园并没有这样的情况，因为李在这方面有一次求职被拒的悲伤记忆，“他们想要一个与他们的男仆身高匹配的人，而我比他矮了一英寸半”。[33]在德文郡的弗利特，米尔德梅家的男管家拒绝聘用比他高的男仆。幸运的是，他本人身高6英尺3英寸，所以新来的男仆必须身高超过6英尺，但又不能超过6英尺2英寸。在弗利特，他们有一项古怪的工作，就是每天早晨把桌上的电灯拿走，晚上再把它们放回来，这是过去每天把油灯拿去灯具厅装饰和填装灯油时，遗留下来的惯例。“我现在还能看见他们，”米尔德梅勋爵的女儿海伦回忆说，“他们趴在图书馆的大桌子下面，把电灯的插头塞进插座。”[34]

克莱夫登庄园雇有3个仆人，偶尔有4个。他们在西侧耳房的地下室里，有属于自己的房间，那里靠近仆役大厅。男仆们负责在晚餐前招呼客人，端上饮料，在餐桌旁侍候；客人摁铃时，他们要做出回应，按照客人的需求取来东西。他们可能会客串阿斯特家的大男孩们的贴身男仆，因为他们还没有自己的贴身男仆，他们也被要求为没有带来贴身男仆的宾客提供相应的服务。

较重的家务事通常由2个杂工（odd men）来做，正如他们的名字所暗示的那样，他们在家里做些古怪（odd）的工作，任何不属于其他仆人负责的事情，从把行李搬上搬下、运去卧室，到把重重的托盘从厨房抱去备餐室，到去楼下打扫卫生，再到去招待会的前台帮忙，都归他们管。杂工，指的是没有达到标准，而且永远也不会达到标准的人。“他们中的一些人和其他人不大一样。”罗丝·哈里森写道。“我的意思是说，他们常常缺乏脑力，也少了些雄心壮志……他们的兴趣大多局限于啤酒和烟草。我还不知道他们中有谁结过婚呢。”[35]李曾经说过，他总是能从对方走路的方式，辨认出一个杂工，就好像他背负着一种沉重的负担。

使阿斯特一家的生活能够正常运转的网络，远远超出了克莱夫登的地下室和走廊。我们还没有提到一位叫安·金德斯利（Ann Kindersley）的女子，人们对她有各种各样的描述，她是别墅的主计长和阿斯特子爵的首席秘书。而在阿斯特家族位于普利茅斯、桑威奇的住所里，还雇有 7 名秘书、3 名会计师和若干常驻管家。

有 5 位私人司机负责保养交给他们的汽车，把主人们从一处地方送到另一处地方：其中一位司机专职为阿斯特子爵服务，另一位司机专职为阿斯特夫人服务，两人都不被允许侵犯对方的职责；剩下的 3 位里面，一个驾驶运马的拖车，两个在做司机之余，兼任机械师，同时照管割草机。有一对已婚夫妇，麦金太尔先生和夫人，受命照看阿斯特家建在朱拉岛的一座田园小舍。克莱夫登庄园中配有农场经理、牛仔、马夫，无论是供阿斯特家消遣时骑乘的马，还是子爵那片 450 英亩的种马场上的良马，都交由他们打理；当然，最后还有一组园丁，共计 20 多人。他们的工作是维护厨房的花园、温室，以及设在泰晤士河边的令人叫绝的游乐场地，后者绵亘数英里，在那儿可以散步，也可以享受林间骑行。

有些雇工跨越了室内和室外的界限，其中之一就是南希·阿斯特的室内装潢师，她的工作是为克莱夫登、圣詹姆斯广场的两所住宅提供和布置鲜花。1928 年，弗兰克·科普特（Frank Copcutt）从北部 30 英里处罗斯柴尔德家族的沃德斯登庄园，来到克莱夫登做园艺师，他最初在温室里工作，后来南希的室内装潢师乔治搬走了，他便取代了乔治的地位。（此后一年多的时间里，南希·阿斯特一直叫他“乔治”，他也不敢纠正南希。）他的一天从早上 7 点开始，他先走到别墅前面，检查楼下的花，做些浇水、更换、整理的活儿，然后等客人们下楼后，再把花搬去一间间卧室。到了晚上，当他需要把鲜花搬到餐桌上时，他又会重复这一过程。如果夜晚有一场聚会或招待会，程序还会更加复杂：

（科普特说道）布置聚会的会场时，首先需要考虑的地方是综合性区域：大厅、楼梯和舞厅。这些地方面积很大，可以摆放灌木、连翘、杏树、樱桃、金缕梅、紫藤之类的植物。标准规格的倒挂金钟、天竺葵也很有用，而且视觉上显得色彩丰富。在这些植物周围，可以摆放报春花、多花水仙、勿忘我和一些体型较小的护边植物。这些植物都是在温室中人为修剪和培育而成的。如果我能在圣诞节期间，为夫人端上金盏花，她会比收到兰花还要高兴。我们把中等大小的花放入“棺材”，那是一些形似实物的微型容器。然后，再把它们用黏土包裹起来，上面铺上青苔。[36]

科普特喜欢用橘子树做装饰，可是又难以让它们同时开花和结果。于是他想到了一个简单的办法——用铁丝把橘子挂到树枝上。没有人注意到这里面的玄机，甚至连阿斯特一家也蒙在鼓里。

克莱夫登庄园的家仆班子，似乎对自己的命运相当满意，虽然大多数关于阿斯特家楼下生活的回忆，都是由上等仆人书写的，他们在克莱夫登开创了自己的事业，并强烈认可他们的雇主和雇主的价值观。我们不大了解家仆班子中地位较低的成员，如厨房女佣、洗碗女佣和杂工们的态度。但毫无疑问，阿斯特夫妇算得上是好的雇主。即使是在两次世界大战之间的岁月里，他们也竭尽全力在克莱夫登打造了一个典型的庄园社区，成立了一个提供酒水的俱乐部（尽管他们信奉禁酒主义），以及员工的足球队和板球队。不管是在室内还是室外工作，所有仆人都可以使用保龄球场和体育馆，员工们每 2 周就会迎来一场舞会。“那里定期举办员工运动日，”汤姆 · 斯帕加德（Tom Spuggard）回忆道，他的父亲曾是庄园的樵夫，“他们会邀请梅登海德镇的乐队，来这里演奏一个下午……阿斯特子爵和子爵夫人也会参加，而且确确实实乐在其中。”[37]

放在今天，当年的那种家长式的作风很难被忽视，也很难被接受，但是置身于 20 世纪 20 年代末到 30 年代的经济大萧条时期，会有很多人乐意与埃德温 · 李和罗丝 · 哈里森等人交换位置。从乡间别墅——哪怕是从乡间别墅的地下室——看到的景色，较之于从领取救济金的队伍中看到的景色，仍然要引人入胜得多。

第 16 章
服务者

克莱夫登庄园和它的仆人们的故事，记录下了一个时刻，那是关于乡间别墅的楼下生活的一张快照。而赫伯特·帕克（Herbert Parker）的服务生涯，则贯穿了他的一生。

帕克是维多利亚时代的人，出生在一个强调服务和顺从的世界。他的父亲是拉特兰公爵的贝尔沃城堡的猎场看守人，他本人最生动的童年记忆发生在 1906 年。当时他只有 10 岁，穿上一身黑色的衣服，被带去别墅的大厅，去瞻仰他父亲的雇主的遗体，那具遗体以合乎公爵身份的哀荣被陈列在那里。他在不同的乡间别墅里工作了一辈子，有时有归属感，有时没有，但无论如何，他都是英格兰豪宅所依赖的家仆大军中的一员。他的职业生涯始于 1909 年，当时英国的国王还是爱德华七世。70 年后，他的职业生涯画上了句点，那时玛格丽特·撒切尔正准备成为英国首相，至于帕克出生时的那个英格兰，已然变成了历史课上的一节内容。

帕克在他 13 岁生日的第二天离开了学校，去当地农场当了一名寄宿工人。但户外生活并不适合他，一年后，他去北安普敦郡的法恩谢德庄园（Fineshade Abbey）做了一名男仆，几个月后，又去了拉特兰郡的科茨莫尔府（Cottesmore Hall）求职，那是一座都铎时代风格的乡间别墅。

在第一次世界大战来临前的那几年里，他在科茨莫尔的雇主，塞西尔（Cecil）和伊迪丝·诺埃尔（Edith Noel）夫妇，有 3 个年幼的儿子和一座典型的中等大小的乡间别墅。别墅里有 9 名室内仆人：1 名保姆和 1 名育婴女佣，负责照顾年纪较小的 2 个男孩；1 名厨师和 1 名烧饭女佣；2 名女仆，2 名洗衣女佣，剩下的 1 名童仆就是赫伯特。家里没有管家，楼下的事务由厨师肯普太太管理。作为地位最低的仆人和唯一的男性，赫伯特被派去干重活儿。他的日常工作包括擦洗地板、劈柴和伺候其他员工，比如在仆役大厅为他们端上饭菜。

17 世纪末，塞西尔·诺埃尔的祖先们帮助组建了科茨莫尔狩猎团（Cottesmore Hunt），每逢冬季，他们就会带上猎犬去打猎。这一习惯常常使家仆们害怕接受工作，因为他们要做大量额外的工作，如清洗狩猎用具。

赫伯特在科茨莫尔庄园干了 9 个月，其间他目睹了 8 名不同的女仆来来去去。接着，赫伯特又沿着职业生涯的阶梯往上攀了一截，他去了北安普敦郡的弗洛尔菲尔德（Flore Fields），在罗德家族（Rhodes）找到了一份工作。他的新雇主只雇了 7 位室内仆人，但这一次，那里不但有 1 名男管家奥尔特雷先生，还添了 1 名穿制服的新男仆——赫伯特·帕克。另外，这家人为他们的 4 个女儿——其中 3 个较大的女儿都快 20 岁了——雇了 1 名来自瑞士的女家庭教师。

这是一个年轻的家仆班子。奥尔特雷先生 30 岁，年纪最大；其他人里面，最大的是 27 岁的厨师，最小的就是 15 岁的帕克。那名女家庭教师年仅 21 岁。

这家人喜欢款待宾客，每到那时，帕克就要忙着侍候餐桌，清洗银质餐具。他回忆道："那时候我上了第一课，学会了用手去刮擦银器，直到所有的划痕都被抹掉。"[1]这家人也喜欢狩猎：冬天，每一周，罗德先生和夫人都骑马外出 3 天，3 个大一点的女孩甚至骑马外出 4 天。为此，帕克和奥尔特雷先生总要为了收拾狩猎装备而手忙脚乱。多数日子里，女士们的骑手服总会浸泡在马厩院子里一个盛着软水的水箱里，而她们的外套、靴子，则要拿去一个专门清洁和干燥的房间里接受护理。

"我成了为上流社会服务的一员。"在说出这句话之前，帕克只在弗洛尔菲尔德工作了不到一年。[2]确实，这几乎是上流社会的最上流了，这儿的主人是声名卓著的第 5 任兰斯道恩侯爵，曾经的加拿大总督和印度总督。兰斯道恩还曾在布尔战争期间出任国务大臣，并以外交大臣的身份在 1904 年与法国商谈，签署了《英法友好协约》。如今他已经 60 多岁了，他掌管着一个大家庭，以及大量的市内房屋和乡村庄园，其中最主要的是位于威尔特郡的家庭住宅鲍伍德。多年来，罗伯特·亚当、乔治·丹斯、科克雷尔和查尔斯·巴里爵士等众多杰出的建筑师，对其进行了一连串的改造；此外，他还拥有伯克利广场上的兰斯道恩别墅，那是 18 世纪 60 年代由罗伯特·亚当设计的作品。

一开始，帕克为侯爵的次子查尔斯·佩蒂－菲茨莫里斯（Charles Petty – Fitzmaurice）勋爵工作，他是国王乔治五世的侍从官，有一位年轻的妻子，在伯克郡有一栋巴洛克风格的乡间别墅。帕克在查尔斯勋爵手下待了几年，就被人挖走了——挖他的是兰斯道恩侯爵的管家约翰·伯迪特（John Burditt）。有一天，伯迪特把他拉到一边，对他说，虽然自己不希望这个孩子匆匆忙忙离开查尔斯勋爵，但是等到他确实想更进一步的那一天，他可以来见自己。

帕克领会了这条暗示。他去了侯爵家，从管事厅的男仆开始做起，在那里，他负责侍候上等仆人——伯迪特先生、女管家文纳德（Vennard）太太、内庭侍从、夫人的贴身女仆、侯爵的贴身男仆、副管家等。（内庭侍从的职责是宣告宾客的来访，并确保接待室整洁得体。“据我所知，”彭布罗克伯爵的女儿说道，“威尔顿的内庭侍从只需要把笔擦干净，在所有的写字桌上放上吸墨纸和水。”[3]）仅仅过去几个月，帕克就升为第二男仆，最后终于升为第一男仆。

侯爵的家庭具有维多利亚时代的规模：兰斯道恩别墅的员工总人数，是帕克以前工作过的任何地方的 2 倍。除了白天穿的日常制服外，这里还为帕克准备了红色长毛绒马裤，白色长袜和轻便鞋，一件白色背心和一件黑色“紧身短上衣”，这些都是他侍候用餐时穿的。在此之外，他得到了一套只有在特殊场合才穿的正式制服，平时存放在管事厅的橱柜里。一套男式晨礼服。最后是一个装满户外服装的衣橱，里面有一件乘坐箱布马车的外套，一件乘坐防雨马车的外套，一顶大礼帽和一双手套，一件乘坐汽车的外套和一顶制服帽，以及一件处理车上杂活儿时使用的黑色防水雨衣。

1915 年，帕克自愿加入了英国近卫步兵第一团。到那时为止，他已经为 5 个不同的雇主提供过 5 年的家政服务。他曾经在爱尔兰工作过，因为兰斯道恩家的年轻人，每年会去他们位于凯里郡德林的庄园里钓上 3 次鱼。他曾经侍候玛丽王后和年轻的阿尔伯特王子、玛丽公主用午餐，曾经在王国各地的乡间别墅聚会上，协助款待列国的大使和政治家；他甚至还遭到过德皇威廉私下里的指责，因为在威廉拜访完侯爵要离开兰斯道恩别墅时，他没有帮皇帝穿上大衣。（他不知道威廉有一只干瘪的胳膊。）他曾经把一份陆军部的电报送给兰斯道恩侯爵，眼看着老人打开电报，读了一遍，瘫倒在地。他又亲自把电报中的消息转告给了侯爵夫人，说她的儿子查尔斯勋爵在伊普尔阵亡了。

在做完所有这一切之后，他仍然只有 19 岁。

从一座别墅跳槽去另一座别墅，永远不满足现状的生活模式，在希望以家政服务为职业的年轻人中十分典型。虽然，每一次变动都可能伴随工资的稍稍提高，但这并不是唯一的动机。成为名门望族的一员，这样的身份具有一种魅惑力。有机会旅行和接近大事件的旋涡中心，这些可能性也让人心动。此外，在一个规模更大、组织更有序的家庭里，员工之间往往界限分明。而总的来说，职责明确便意味着，职责不那么艰巨。

比如，兰斯道恩侯爵一家在鲍伍德举办圣诞节活动时，帕克被派去把托盘送到育婴室。做这件区区小事，竟然有另外 3 名男仆给他搭把手。要知道，除了这件事之外，他需要做的活儿，就只剩下了帮忙清洗银餐具。午餐和晚餐用的银餐具，仅此而已；有另外 2 名男仆，负责把早餐和下午茶使用的银餐具洗干净。

帕克于 1919 年退伍，他在比利时度过了军旅生涯的最后一段时间，其间作为私人仆役，为近卫步兵第一团的指挥官莱瑟勒斯子爵服务。战后，他没有回到鲍伍德和兰斯道恩侯爵那里。就像“斗牛犬”德拉蒙德的男仆兼战时勤务兵丹尼那样，他留在莱瑟勒斯身边，继续做贴身男仆，把他们在战壕中建立的主仆关系延续了下去。

莱瑟勒斯是哈伍德伯爵的长子，他把帕克介绍给了周围不安分的乡间别墅、狩猎小屋和赛马会。这名年轻的男仆（帕克当时才 23 岁）很少一次在一个地方待到 4 天以上。有时，他们住在莱瑟勒斯位于约克郡的家庭住宅哈伍德别墅里面；又有时，他们会去观看切尔滕纳姆和纽马克特的赛马比赛，并前往拜访莱瑟勒斯在爱尔兰的朋友：伦敦德里侯爵住在斯图尔特山庄园，格拉纳德勋爵住在福布斯城堡。“接下来（1920 年）的整个夏天，在威尔顿别墅、伊瑟姆·莫特庄园和波莱斯登莱西庄园，上演了一场又一场赛马会和聚会。”随着冬天的到来，莱瑟勒斯和赫伯特回到了约克郡，但仍然以哈伍德别墅为基地，马不停蹄地参观周遭的乡间别墅，就好像莱瑟勒斯——他曾经在战争中3次负伤，还有一次差点被毒气杀死——因为害怕发现什么，甚或是记起什么，所以一刻都不敢逗留似的。他们参观了英格兰中部地区的一连串大房子，帕克回忆道："伯利、格里姆斯索普、鲍顿，一路都是为了参加打猎、射击和狩猎舞会，这让我忙得不可开交，直到赛马季重新开始。"[4]

1921年，帕克离开了子爵，决定去开创自己的事业。他之所以做出这个决定，是因为他恋爱了。1920年，他陪同莱瑟勒斯从爱尔兰归来后，见到了21岁的格特鲁德·派普斯（Gertrude Pipes），她是德比郡一个矿工的女儿，在他离开的那段日子里，她加入哈伍德别墅，做起了女佣。他们谈了3年恋爱——其中2年，格蒂在国外度过，她在利兹公爵夫人那里找到了另一份工作。与此同时，赫伯特开始经商了。正如他后来在回忆录中写的那样，"我脑子里产生了一些愚蠢的想法，认为我能在汽车行业过上好日子。"[5]

他不能；不到一年，他又回到了家仆的岗位上，先是在家乡莱斯特郡当司机兼贴身男仆，接着，在工作受挫之后，他又去了莱斯特郡斯基芬顿府（Skeffington Hall），做起了乔治·泰比（George Tailby）的管家。

海军上校泰比雇佣了1名女管家、1名厨师、1名男仆、6名从事各种工作的女佣以及1名男管家。帕克接受这份工作，还有其他的原因。他对这片地区很熟悉，而且自打他从事家政工作开始，他就很熟悉像泰比家这样喜欢狩猎的家庭。

斯基芬顿的周围景色如画，却又凌乱不堪，四处散落着都铎王朝和加洛林王朝的遗迹，还有乔治时代早期和维多利亚王朝的遗迹，但别墅本身仍然是“一座可爱的老建筑……满是漂亮的橡木家具，但这也意味着有很多工作要做”，于是第一次，他全权负责整个家政班子的管理。[6]斯基芬顿的插曲，标志着一个雄心勃勃的男仆在传统的职业道路上迈出了重要的一步，从童仆到男仆，再到贴身男仆，最后到男管家。

吸引赫伯特·帕克的另外一个原因，是泰比上校主动提出，要在村里建一座“相当舒适的房子”，就在当地酒吧的旁边，距离斯基芬顿府仅有 500 码。这座小屋也意味着，帕克终于可以和他心爱的女仆结婚了。1924 年 7 月 23 日，28 岁的男管家大卫·赫伯特·帕克，终于在女方家庭所属的一座德比郡的教堂，与 25 岁的老姑娘格特鲁德·爱丽丝·派普斯喜结连理。

1931 年发布的英格兰、威尔士人口普查的《综合报告》，提供了大量统计数据，让我们对当时英国家政服务的状况有了简要的了解。在全部 1880 万工作人口中，有 140 万是室内仆役，其中 120 万服务于私人民宅。这使得仆役成为这个国家最大的职业群体之一，近二十分之一的家庭至少雇佣了一名佣人。

在 120 万仆役中，除了 3.6 万人之外，其余都是女性。家政服务轻而易举地成为女性最大的就业门路，有五分之一的职业女性从事仆役工作。自从 1921 年的上一次人口普查以来，这一数字略有上升，反映出经济大萧条迫使更多的妇女外出工作，投身于家政服务的行当。

有家室的男仆接近总数的一半；但只有十二分之一的女仆已婚。对于女性来说，家政服务通常并不被视为一项职业。一个女孩 13 岁离开学校——1921 年出台的法律提高了离校年龄，变成了 14 岁——然后就进入了家政服务这一行。在未来 10 年左右的时间里，她可能会换好几次工作，可能是为了得到一个更合意的职位，可能是为了获得晋升和更好的薪资，也可能仅仅是因为她想换个环境。珍·雷尼是一名厨房女佣，本来在罗克斯伯格公爵夫妇家里干着自己喜欢的工作，结果因为擦洗厨房地板的问题，与另一名女佣发生了愚蠢的争吵，“孩子气地大发脾气”，随即提出了辞职。[7]

无论她们在家里工作了多久，女孩们都认为，家政服务只是临时迈出的一步，是学校和自己家庭之间的权宜之计。身为一名仆人，“你是个无名小卒；婚姻才是你的出路”。[8]当然，这并不总能奏效：罗丝·哈里森写下了下面这段话，她从未结婚，而是选择家政服务作为毕生的职业，还放弃了长达 9 年的婚约。（“好吧，在那个年代，立下长时间的婚约是正常的，但这种做法现在已经变得很荒谬了。”[9]）但罗丝的情况只是个例外。到 20 多岁的时候，大多数女仆，甚至连那些在光鲜亮丽的贵族之家，如克莱夫登庄园服务的女仆人，也都已经结婚，离开了家政市场。

在 19 世纪，乡间别墅里有已婚的仆人，几乎是闻所未闻的，直到第一次世界大战之前，这仍然是一个罕见的现象。20 世纪初，查兹沃斯庄园的室内员工都没有结婚，布伦海姆宫和凯德斯顿庄园的也没有。出于某种原因，男仆是这个规则的例外。19 世纪 90 年代，第 9 任考文垂伯爵的贴身男仆在克鲁姆宫结了婚，并与妻子一起住在由亚当设计的一座动物园里，这座动物园是 1781 年由第 6 任考文垂伯爵建造的，用来存放他收藏的珍奇动物和鸟类。拉特兰公爵也在贝尔沃城堡里雇佣了 2 名已婚的男仆，他们的妻子都没有在那里工作。

1914 年 3 月，《泰晤士报》开始刊登房主的广告，招聘已婚夫妇做家仆。一开始，这样的广告还很少，但随着战后仆役短缺的恶果开始显现，刊登此类广告就成了普遍现象。多数广告都是为了招聘去小型别墅或住宅里工作的夫妇而被设计出来的，房主寻找的可能是一名厨师兼管家，也可能是一名家庭美容师，后者是最近才出现的一种新职业。更多时候，应聘者会被要求多才多艺——他应该同时是司机、园丁、勤杂工，要懂一些电力装置的知识，还能随时准备好在餐桌旁侍候。到处都是这种没有孩子的夫妇，他们想在社会地位更高的地方立足，而且确实有可能遇到结伴而行的机会：

招聘夫妻（无亲无故）：120 英镑；男管家和领班女仆；劳斯多福；双亲家庭，3 个男孩在上学；10 个仆人……有贵重礼物相送。[10]

有意者需来诺福克郡一座大型乡间别墅工作，招聘已婚的司机兼园丁；其妻要能洗衣服，必须是个洗衣好手。[11]

道金区的乡间别墅，招聘已婚夫妇（没有孩子），女方任厨师兼女管家，男方任全权负责的男管家；家里还有 2 名家务女佣和厨房女佣；小家庭；工资150英镑；可自由外出。[12]

赫伯特和格特鲁德·帕克一起，在泰比家的斯基芬顿府待了2年。到1926年，他们又离开了，先是去了萨里郡的一座乡间别墅，接过了同时留给已婚夫妇的两个职位，继而，他们又投奔了亨特利（Huntly）侯爵。

侯爵是一位年届古稀、和蔼可亲的老人，“有很多头衔，却没有钱。”帕克回忆道。[13]如果不是因为他在漫长的一生中始终身陷危机，人们可能会把他视作战后贵族阶级危机缠身的一则完美例证。事实上，他常常处于毁灭的边缘——1898年和1910年，破产管理署的清算官两次被请过去，处理他的债务问题。两次，他的债权人都接受了每英镑折10先令的还款。1917年还发生了另外一场危机，当时他的债权人两度提出，要没收他借债的抵押物——位于亨廷顿郡的家族所在地奥尔顿府（Orton Hall），那是一座不朽的古建筑，始建于1835年，呈现詹姆斯一世时代的风格，顶部设有塔楼和城垛，里面满是彩绘玻璃，上面画着家族纹章的图案。好在亨特利想出了另一个方案来安抚他们，尽管清算官曾“怀疑它是否会被债权人或法院接受”。[14]

即使到了战后，英国社会对于头衔已经不那么恭敬，一个贵族通常还是能够得到信任。亨特利用了能用的一切办法，竟然坚持了下来。1922年，在第一位妻子去世后，他娶了俄亥俄州辛辛那提的寡妇夏洛特·麦克唐纳；这场婚姻给了他喘息之机。在帕克看来，这个家简直是“一座吵闹的疯人院”，他的时间都花在了奥尔顿府和亨特利家族在格罗夫纳广场的房子里，后者尽管位于黄金地段，却几乎没有摆放家具。因为每天都有越来越多的家具从美国，“从那位女士的前两任丈夫那里”运来。不管家具是否真的送到，那位俄亥俄州的寡妇，显然并没有解决亨特利面临的所有的问题，因为还有另一次破产听证会，他的第四次破产听证会，在等待着他。这次是在 1928 年，一位债权人起诉他欠下了 615 英镑的债务。

奥尔顿府不是一个令人愉快的地方。帕克和格蒂在那里工作的 3 个月里，亨特利的司机开车撞死了一个人，之后被吊销了驾驶执照；而后，家里的一名男仆被困在 4 楼的盥洗室里，丢掉了性命：门里侧没有把手，他从窗户爬出去，失足摔了下去。

一天，帕克夫妇正在格罗夫纳广场住宅的地下室里吃早饭，一个男人走到门口，谨慎地宣布，沙夫茨伯里伯爵需要一位管家，问帕克是否愿意到玛丽波恩路的钱多斯别墅谈一谈这件事。

这次面试标志着，帕克连续为一位雇主服务最长时间的开始，长达 23 年。他接受了这份工作，1926 年 8 月 26 日，他去了位于温伯恩—圣吉尔斯的多塞特庄园。他的妻子没有陪他同去，这不是提供给已婚夫妇的职位。格蒂不得不在肯特郡一位准男爵的妻子那里，接了一份贴身女仆的临时工作。

直到第二年，沙夫茨伯里才在庄园的边缘地带，为帕克夫妇找了一间房舍。从那时开始，格蒂偶尔会为这个家庭工作——20 世纪 20 年代末，她曾多次作为伯爵夫人的贴身女仆，与伯爵夫妇一道去苏格兰，照顾他们的 2 个女儿——但是 1931 年，她生下了这一生唯一的孩子，从那时起，直到儿子基本要离开学校为止，她都待在家里照顾儿子。等男孩足够大的时候，他会在星期天早上去圣吉尔斯的别墅，那时，父亲和儿子会一起步行去教堂。

赫伯特加入的这个家庭受到了公众的关注，但这里面的原因有好有坏。1927 年 2 月，沙夫茨伯里伯爵的儿子兼继承人阿什利（Ashley）勋爵，娶了一个歌舞团的女子西尔维娅·霍克斯（Sylvia Hawkes），这严重违背了他父母的意愿，直到两人结婚的那一刻，伯爵夫妇还一直坚信，这场婚姻不可能发生。正如他们所预期的那样，这段感情没有持续太久：西尔维娅进入电影界，搬去了好莱坞，并与老道格拉斯·费尔班克斯有了一段婚外情，1934 年阿什利夫妇离婚时，费尔班克斯也被列为共同被告。离婚后，她相继嫁给了费尔班克斯、克拉克·盖博和其他几个人，并在她的后半生，愉快而不顾礼节地继续使用阿什利勋爵夫人这个名号。

反过来，令沙夫茨伯里伯爵一家——还有对阿什利婚姻的流言备感痛苦的赫伯特·帕克——感到高兴的是，伯爵当上了英王乔治五世的内务府大臣。内务府大臣是英国王室最倚重的三位重臣之一，他必须出席王室的重要仪式。这就意味着，伯爵要定期去白金汉宫，帕克也发现，自己从此开始了没完没了的奔波。随便哪一个星期，他都要在沙夫茨伯里的伦敦住所里面住上两晚；在白金汉宫住上两晚，在那里他有自己的房间；接着，周五晚上和几名员工开车，去圣吉尔斯别墅度过周末，周一早上再回到伦敦。1928 年夏天，玛丽王后来到圣吉尔斯住了 2 个礼拜，她对帕克说：“我希望你以后住在我们家时，就像我住在这里一样舒适。"[15]等他再次入住白金汉宫时，他注意到，自己的房间里放了一张新床。

帕克的职责多年来变化很大。这在一定程度上是因为，他在沙夫茨伯里家中的角色一直在变化。最初，他被聘为男管家；可是当伯爵的贴身男仆生病，在 1927 年夏天离世后，他被邀请接替前任贴身男仆的位置，陪伴伯爵去一趟伦敦，去圣詹姆斯宫朝见国君，为伯爵准备制服。他的能力如此之强，以至于他和雇主回到圣吉尔斯后，伯爵问他，是应该再雇一个男管家，还是一个贴身男仆？赫伯特回答，他宁愿当伯爵的贴身男仆——这句话让他获得了升迁。不久之后，他遇见了一个战时的老朋友，叫斯坦登，曾在近卫步兵第一团当过下士；于是，受聘为男管家的斯坦登与妻子一道，搬进了格蒂隔壁的小屋。

赫伯特在沙夫茨伯里家工作的那段时间里，最有趣的事情之一，是高级员工走马灯似的迅速更替。（在赫伯特的记忆中，下级员工占到的比重很小，这本身就说明了问题。）斯坦登没有待多久。跟在他后面的是另一个不知名的男管家，然后是梅先生，"一个快乐的家伙，但并不十分文雅；我被他穿着围裙，宣布吃早餐的样子逗乐了。我看到老爷经常因为他那滑稽的举止暗地里窃笑"。[16]接着，摩尔先生来了；而后是汤普森先生，他曾经在威尔顿别墅担任过彭布罗克伯爵的内庭侍从。下面是康普顿先生，"一个非常讨人喜欢的人，在员工中很受欢迎"，可是他后来加入贝尔沃城堡，为拉特兰公爵工作去了。1937 年，一名没有留下姓名的新男管家上任了，但他随后离开，到另一个地方待了一段时间，所以赫伯特接替了他的职位，就像他在任何一段过渡期所做的那样。在这之后，斯托沃德先生来了；然而，伴随着他在1940年应征入伍，赫伯特又一次升职了。“在战争年代，我们又迎来了另外3名男管家。”他犹自记得。“他们都没有待多久。”[17]忠心耿耿地侍奉一位主人，从一而终，这样的仆人在文学中比在生活中更为常见。

显然，这就是所谓的忠诚。帕克描述过这样一件事，在他离开沙夫茨伯里一家后，长长的男管家队伍中的一位老兄也辞职了。然后有一天晚上，那位前男管家回到了圣吉尔斯别墅，在一名男仆的帮助下，从储藏室里拎出几只箱子，往里面装满银子，把箱子装上了两辆自行车，沿着车道向一辆卡车骑了过去。“他真是个非常淘气的家伙。”对此，沙夫茨伯里伯爵夫人用值得称赞的、克制的口吻说道。

1949年，帕克从圣吉尔斯别墅辞职，他去沃里克郡的霍宁顿府，在喜爱猎狐的威金家族那里找了一份工作，霍宁顿府是一座17世纪建成的美丽的乡间别墅。帕克夫妇之所以决定搬回英格兰中部地区，是因为他们的儿子被伯明翰大学录取了——这本身就是时代变迁的标志——他们想和儿子更亲近些（可是他们接受了这份工作后，儿子又被伦敦大学录取了）。帕克和妻子都住在别墅里面，格蒂也会在这儿帮忙。他们刚到霍宁顿府的时候，那里有一名厨师，但几年后他就离开了，他的位置被一个接一个的临时厨师取代，帕克和格蒂则在换人的间隙接班。从霍宁顿出发，他们又去了莱斯特郡，加入了这一生为之服务的最后一座乡间别墅——维多利亚时代风格的普雷斯沃尔德府。

回顾在十几座大型乡间别墅里担任上等仆人的漫长职业生涯，帕克还记得男管家如何在所有废弃的地窖里种蘑菇。

各种各样的体育运动，在他的工作和业余生活中，扮演着举足轻重的角色。当他的雇主和其他贵族正对着松鸡、鹧鸪、山鸡狂轰滥炸的时候，他似乎总是在华盖和帐篷之下，忙着装好猎枪、准备午餐、侍候用餐，无休无止；又或者，当波特曼狩猎团在圣吉尔斯聚会时，他要确保伯爵得到合乎体面的招待，可以享用提供鸡蛋、培根的狩猎茶。他自己偶尔也有机会开上几枪，或者参加一些体育运动。在沙夫茨伯里伯爵的女儿，嫁给拥有多塞特附近克里切尔别墅的阿灵顿勋爵后，帕克和其他仆人被允许去克里切尔的球场打高尔夫球。他还成了台球方面的专家。“（白金汉宫的）管事厅里，有一张顶好的台球桌。”[18]

帕克小心翼翼地维护着，他战时在近卫步兵第一团服役时建立起来的老战友的关系网。他经常遇到在团里认识的战友，他信任他们，与他们结交，有时甚至是在几十年后。斯坦登先生，营指挥部的下士，在帕克的举荐下，来到圣吉尔斯担任了男管家。1927 年，帕克在韦斯特莫兰郡的洛瑟城堡，参加一个周末的狩猎活动时，发现朗斯代尔伯爵的家庭总管是他在近卫步兵第一团时的老朋友，两人立即建立了工作上的友谊。1936 年乔治五世去世后，巴克卢公爵顶替沙夫茨伯里伯爵，成为王室的新任内务府大臣，对此帕克评论道，巴克卢公爵的家庭总管哈钦斯先生，是“我的一位老朋友——我们曾经一起在部队里共事过”。[19]

帕克在家仆的职位阶梯上不断晋升的机制，随意到了让人惊讶的地步。通常，他是通过口口相传打听到一份新工作，再通过个人推荐得到那份工作，他不需要回复广告上的邀请，或者是去劳动中介机构注册。更有趣的是，他有能力从一座别墅搬去另一座别墅，这表明对优秀的仆人存在市场需求；而且他愿意这样做，这最初是为了让自己变得更好，到了后来，只是为了寻找一个更契合自身性格的工作环境。那种忠诚的仆人对于一个家庭的尊重和忠诚——如果曾经存在过的话——在20世纪，正在被更符合习俗的雇主—雇员关系所取代。玛丽安·肯特是20世纪30年代德比郡萨德伯里府的女佣，工作3年后，她向女主人宣布，如果还不能给她升职，她恐怕就要搬到隔壁的一座别墅去了。弗农夫人“对我的要求感到震惊和沮丧”。[20]但是玛丽安还是如愿升职了。

尽管连接仆役与雇主的那根顺从的纽带，在20世纪30年代有所放松，但帕克仍然牢牢地认同雇主们的价值观——他不是把雇主们视为单独的个体，而是将其视为一个阶级，视为一种特定生活方式的坚持者，在他眼中，这种生活方式是正确的。他强烈地反对工党：拉姆塞·麦克唐纳在1931年当选首相，从他的角度来看，是“政府的又一个败笔”；艾德礼在1945年的大选中击败丘吉尔，更是一场灾难。[21]

但最终，这些共同的价值观，还是无法弥合不和睦的工作环境造成的裂隙。帕克的不安分，他愿意接受雇主的意识形态，却拒绝成为“家庭”一员的做法，无不凸显了转型时代职业仆人的困境。家政服务，即使是帕克所从事的那种高级服务，也正在变成一种工作，一种可以收买忠诚的工作，而不是一项使命。在沙夫茨伯里勋爵家里干了 23 年之后，他离开了自己的职位，因为他觉得自己被低估了："当我离开时，1 名男管家和 1 名男仆进来了。对于男管家的职位，我已经向往了 2 个月了；而且他们俩挣的钱都比我多。"[22]他离开霍宁顿府的威金一家，则是因为他和妻子被要求把烹饪的活儿置于其他所有的事情之上；何况，在战后的世界里，仆役供不应求，在接受普雷斯沃尔德府提供的最后一份工作之前，他设定了严格的条件。他不愿意清理狩猎用具，也不准备在这样的家庭里工作：在那里，男人们在品尝波尔图葡萄酒、饱餐一顿之后，要在餐厅里坐上几个小时。于是，帕克－德鲁里－洛上校向他承诺，女士们离席后，他不超过 10 分钟就走，后来帕克显然很满意。"他遵守了诺言。"[23]在回忆录中，帕克用斜体字写道。

到他退休的时候，帕克已经从事家政服务近 70 年了。他曾经在 11 户人家和几十座乡间别墅里工作过。他成了一个奇人，他的工作在小说中比在现实中更加常见。他也遇上了最好的时代：对职业仆人来说，两次世界大战之间的那几十年是一个黄金时代，在那个时代，拥有乡村地产的阶级对于好仆人的需求仍然足够旺盛，因此允许仆人有自己的选择，在市场供给较少的时候，甚至足以让雇员占据上风。在那个时代，献身于楼下的生活并不一定意味着对某一个家庭忠诚不渝；那是一个吉夫斯可以走开，为自己找到另一个伯蒂·伍斯特的时代。

第 17 章

政治性别墅

有一些乡间别墅在政治史上赢得了一席之地，它们是伟大和优秀的人士在猎松鸡的荒原上，喝着波尔多葡萄酒，谨慎地决定国家命运的舞台。另一些乡间别墅的名声，则是建立在其主人卓越的政治声誉之上的——如查特维尔和丘吉尔，或者休恩登和迪斯雷利。还有一些乡间别墅，它们的主人虽然在这场伟大的游戏中，从来都不是大玩家，却作为激进人士，在万神殿中占得了一个席位。

诺森伯兰郡的沃灵顿府（Wallington Hall）属于这最后一个阵营。20 世纪 30 年代，到过沃灵顿的游客很快就意识到，它的主人并不是传统意义上的地主阶级。别墅的一根门柱上展示着王室的徽号，提醒人们，查尔斯·特里维廉（Charles Trevelyan）爵士是诺森伯兰郡的治安长官，也是国王在该郡的私人代表。

另一根门柱上装饰着锤子和镰刀。

自从 18 世纪的一位祖先缔结了一场有利可图的婚姻以来，沃灵顿 1.3 万英亩的地产一直属于特里维廉家族。1928 年，查尔斯爵士继承了这笔遗产，当时他已经 50 多岁了，是一名在职的工党议员，以激进主义著称，并曾在 1924 年拉姆塞·麦克唐纳短命的少数党政府中，担任过教育部长。他的社会主义信仰为他赢得了英国左派不无动摇的赞扬，也为他招来了背叛阶级的指责，而指责他的，正是由他父亲率领的地主乡绅。

1928 年，查尔斯爵士和他的妻子莫莉夫人入住了沃灵顿府，他们发现这个地方在荒废了 10 多年后，已经变得糟糕透顶。但是，与有关乡间别墅的传统叙述，如危机、衰落相反，这里的荒废并不是贫穷的结果。特里维廉一家实在是富有极了。造成这种局面的原因在于，查尔斯爵士年事已高的父亲既无法有效地管理庄园，又下定决心，只要他还活着，就决不让他那危险而激进的儿子插手庄园的经营。

等到从男爵二世在 90 岁的高龄上去世后，查尔斯爵士和莫莉夫人立即开始了一项浩大的修缮工程。他们改造了破旧的农舍，使之更现代化，接着改善了农场，修复了外围建筑，重建了沃灵顿府本身——这是一座具有 17 和 18 世纪风格的迷人别墅，带有维多利亚时代风格的中央大厅，里面展示着大量威廉·贝尔·斯科特创作的前拉斐尔派风格壁画。“我们的房子属于建筑工人、电工、水利工程师和水管工。”查尔斯爵士告诉佃户们，那是 1929 年的春天，租户们正聚集在这里，庆祝特里维廉夫妇的银婚纪念日，当时翻修工程正在进行。[1]

这不是一场普通的佃户舞会，举办它，是为了给忠心的佃户们提供演说的机会，同时也好申明责任的归属；沃灵顿的建筑工程不是——至少不只是——为了东家的利益。如果佃户们还不知道这一点，查尔斯爵士已经向他们做出了说明：

你们都知道，我不支持那种纯属偶然地让我本人富有，而让其他1000个人一辈子贫穷的制度，我不是它的朋友……我想让你们知道，我既不把自己看作沃灵顿的所有者，也不把自己看作它的子民，而是把自己看作这笔财产的受托人，按照更明智、更人性化的法律，这笔财产终将属于这个社会……我想让你们感受到，过来照看沃灵顿，从你的角度来说，不是闯入，而是一种权利……我们愿意把图画、瓷器、书籍、森林、花园，看作这里所有人共同的财产，去珍惜和使用。[2]

最后，他宣布，他打算向这片地产上的每一个家庭支付丰厚的子女津贴。

那年夏天，每逢周末和公众假期，特里维廉一家都会向游客免费开放沃灵顿。别墅的马厩变成了一座青年旅舍：查尔斯爵士的弟弟，历史学家 G. M. 特里维廉，是青年旅舍协会的第一任主席。在这所别墅里，开办了成人教育课程；纽卡斯尔的人民剧院受邀把沃灵顿当作他们的第二个家。

特里维廉的政治主张，在人们的不置可否中遭到了挫败。1931 年，他在选举中失去了议会席位，之后，旗杆上的那一面治安长官的旗帜就被偷走了，房子前面的雕像也被午夜登门的偷袭者涂上了沥青，并插上了羽毛，这些人被认为是从纽卡斯尔来的，尽管我们永远也无法搞清，这些袭击者到底在抗议什么。查尔斯爵士一直在寻求，使他的政治主张与他的出身相协调的新办法。“我对沃灵顿的使用仍然不太满意。”1934 年，他对莫莉说道。“我想更明确地做出尝试，把它变成一处度假胜地，用来招待有社会主义和国际主义思想的人士。”[3]

1936 年夏天，他找到了解决办法。当年 8 月，在一场庄园工人及其家人参加的花园派对上，他宣布，将把沃灵顿遗赠给全国托管协会，这是一场毫无保留的遗赠——包括房子、房子里面的东西，以及 1.3 万英亩的农场和荒地。

他的动机是复杂的。他不信任土地的私有制，他想确保沃灵顿永远向社区和更广泛的公众开放。他还承认，他所支持的税收制度，即使不会让乡间别墅的传统形式变得不可能存在，也将使其难以为继。带着值得赞扬的诚实，他坦承，他想让特里维廉家族保持与沃灵顿的联系：根据全国托管协会的遗赠条款，他的妻子和他们的孩子将继续以佃户的身份住在那里，这个愿望“会被许多不同情我的社会主义信仰的人们理解”。[4]

特里维廉的决定得到了广泛的赞同。关于乡间别墅问题，还有许多别的答案同时出炉。在法国，历史故居协会开创了以公共收益换取公共基金的新选项，即历史建筑的所有者向公众开放他们的住宅，以换取国家对其维护工作的拨款；与私人家园联系更密切的是，洛锡安侯爵——他在努力保住自己的祖宅，位于诺福克郡的布利克灵府——正忙着号召国家每年向全国托管协会拨款，以使该协会有能力购买陷入危机的豪宅和庭园，并继续让早先的业主租住。但在众多的答案中，查尔斯爵士的诚恳引发了人们的关注。《泰晤士报》写道，作为一名优秀的社会主义者，他希望人民能享受到沃灵顿的所有好处。“可是作为特里维廉家族的一员，他却要屈从于家族传统中一个可悲的弱点——他不属于无产阶级。”[5]结果，他大笔一挥，就妥善地应对了两个世界。①

第一次世界大战之前，要找到一个在乡村没有地产、房子的英国政府成员，是很困难的，可是1918年停战以后，在一个更加民主的世界中，留给乡间别墅的角色却似乎越来越少。在这样一个社会里，人们不需要接受身份、血统和经济价值的确认——这些都是土地所有权带来的——就可以爬上社会阶梯的最顶端。1922年，拥有一连串乡间别墅的寇松勋爵（其中一座是德比郡的凯德斯顿庄园，自13世纪起就属于他的家族），却在首相竞选中败给了安德鲁·波纳尔·劳，后者出生在新不伦瑞克，父亲只是苏格兰自由教会的一位牧师。

不过，乡间别墅作为权力的基础，更重要的是，作为制定战略方针、打破政治联盟的适宜环境，仍继续保持着自己的地位。而且，尽管独立工党崛起、大型地产解体、经济大萧条降临，但

① 查尔斯爵士是一个有远见的人，但他不是圣人。他拒绝就沃灵顿的处置问题与长子磋商，这在家族中引起了不安，同样引起不安的，还有他与一些佃户的密切关系（他70多岁时，与其中的一名女佃农生了一个孩子），以及他喜欢在诺森伯兰郡的荒原上光着身子走路的习惯。

在整个 20 世纪 20 年代至 30 年代，作为政治沙龙的乡间别墅还是迎来了某种复兴。像在许多事情上一样，在这方面为我们引路的，是菲利普·沙逊爵士在林姆尼港和特伦特庄园的经历。

在战争的大部分时间里，沙逊都是英军总司令道格拉斯·黑格的私人秘书。1919 年，他去了伦敦，直接与劳埃德·乔治就他上司的伯爵爵位进行谈判，这位陆军元帅只有在附带巨额养老金的情况下，才愿意接受爵位。事儿办成了，沙逊回到黑格在法国的官邸，正如他的朋友伊舍子爵对他说的那样，“从你的主教红帽里，飘出了塔列朗和梅特涅的羽毛”。[6]他对谈判的处理，给劳埃德·乔治留下了深刻印象，而且，这个年轻人还小心地建立了与首相及其身边关键人物——如首相的私人秘书兼情妇弗朗西丝·斯蒂文森——的关系。“菲利普·沙逊顺道来和我聊天。”1919 年 12 月，斯蒂文森在她的日记中写道。“这段时间，他变得十分体贴。”[7]那个月晚些时候，有一回，在沙逊和劳埃德·乔治打完高尔夫球后，她再次注意到，沙逊是如何把她单独约出来聊天的。“他似乎极其富有，但也很聪明，”她写道，“而且有趣极了。可是呢，这是我听过的最坏的流言蜚语之一。”[8]

1920 年 2 月，沙逊款待了劳埃德·乔治和弗朗西丝，这次是在特伦特庄园，之后他被任命为首相的议会私人秘书。这一举动导致了意料之中的，关于沙逊犹太人身份的抨击。法西斯党的领袖奥斯瓦尔德·莫斯利——他在 20 世纪 20 年代早期宣扬的反犹太主义，还只是寻常的、英国式的，并不是像 20 世纪 30 年代那样，带有强烈的种族仇恨——批评了劳埃德·乔治退居林姆尼港考虑国家事务的习惯，还旁敲侧击地讽刺了沙逊的出身。“争议各方的摩擦，再也不能通过慷慨涂抹从妖冶东方弄来的珍贵油膏来缓和了。”[9]

事实上，正因为他仍然是个局外人，沙逊很适合担任协调人，在林姆尼港或特伦特庄园，主持一场国际人士的聚会；有时，他也可以邀请政治家、金融家和实业家，参加一场低调的周末家庭聚会；还有一些时候，他只是简单地把自己的一座府邸交给当朝的首相，让他们自行安排。出人意料的是，莫斯利和沙逊之间私交甚厚（他第一次见到未来的妻子戴安娜，就是在沙逊位于公园巷的豪宅里，那时对方也是来客之一），他曾写道，沙逊“和蔼可亲的独特气质，天然有利于取悦伟大、快活、时尚的人士”。[10]

沙逊被任命为首相的议会私人秘书后，仅仅过去了几周，媒体就宣布，林姆尼港将用作劳埃德·乔治和法国总理亚历山大·米勒兰举办周末峰会的地点。如果天气够好，峰会将在别墅花园的帐篷里举办；但最后事与愿违，首相、总理和他们的部长们只好退至会客厅，好在大厅墙壁上应景地装饰了出自塞特之手的黑、金两色的寓言画，生动地描绘了法国战胜德国大象的场景，菲利普·蒂尔登最近对这幅壁画做出了修改，墙壁上增添了金色的条纹，高悬的镜子用上了黑色和牡蛎色的玻璃。《泰晤士报》的记者有点迟疑，也不太准确地报道称，“这座别墅本身就是一座现代的‘古董’，它尚且没有完工，呈现散乱的旧式英国风格。”[11]

所谓的第一次海斯会议，旨在使英法两国就德国的战争赔款问题，达成一致立场，但这个目的并没有实现。不过，对于两位总理来说，林姆尼港是一个完美的会面地点。他们手挽着手在花园里散步；沙逊还驾着车，带他们去往坎特伯雷大教堂，在那里，大教长向米勒兰展示了教堂里的陵墓。一位有事业心的女教师还鼓起勇气，说服米勒兰和劳埃德·乔治与50 名学生合影，当时她恰好带着孩子们在附近参观。

正如它的名字所暗示的那样，第一次海斯会议结束后，各方很快就在5 周后召开了第二次会议，而且地点再一次设在了林姆尼港。与会者在柱廊下拍摄了一组照片，沙逊懒洋洋地站在劳埃德·乔治、米勒兰和其他人的一侧，双臂交叉，面露微笑，神色却若即若离。但他的宠物，一只叫赫伯特的松狮狗，就没那么羞怯了，它站在英国首相的前头、所有人的正中央，直视着镜头。

1921 年 3 月，劳埃德·乔治又来到林姆尼港度假，并于 4 月在那里主持了第三次英法海斯会议。据媒体报道，周六晚餐后，别墅为与会者放映了一场电影，“查理·卓别林在战壕里的滑稽动作引发了许多笑声”。[12]

菲利普·沙逊爵士的郊外别墅——通常被报纸称为林姆尼港——变成了一处公认的周末政治场所，而且那时候主人常常不在家。无论沙逊是否出席，在劳埃德·乔治担任首相期间，他经常使用这座别墅。后来，弗朗西丝·斯蒂文森回忆起了 1921 年的一个欢乐夜晚，当时她和她的情人都在那里，她的情人把高等法院的王座庭庭长鲁弗斯·艾萨克斯、检察总长戈登·休厄特召集来，告诉他们，他计划对政府进行一次小型改组。他希望艾萨克斯去印度担任新总督，休厄特接替艾萨克斯担任王座庭庭长。这消息让两个人都兴高采烈。他们留下来用晚餐，餐后弗朗西丝弹奏钢琴，艾萨克斯先演唱了海边的船歌，继而，休厄特又在音乐厅里唱了一首滑稽歌曲。21 世纪的人们已经很难想象，当年英国政府的高层人物曾过着如此放纵的生活。

1922 年，劳埃德·乔治下台，但沙逊并没有受到影响。1924 年，他在斯坦利·鲍德温领导的政府中担任空军副大臣。这不是一个内阁职位，但它已经足够重要了，特别是在当前这样一个时刻——空军在未来战争中所扮演的角色，正被各方激烈讨论。丘吉尔写信祝贺他，告诉他，他的林姆尼港选址极佳，从那里可以随时监视南海岸的各个航空站。“我想，你去那里建房子，一定是出于一种未卜先知的灵感。”[13]

在林姆尼港度过的那些周末，让劳埃德·乔治产生了去威斯敏斯特附近为自己建造乡间别墅的兴趣。1921 年夏天，他找到了一座别墅，或者更确切地说，一个建造别墅的地方。当年 9 月，阿什库姆勋爵将他位于萨里郡的地产，占地 2000 英亩的切特（Churt）庄园挂牌出售，阿什库姆勋爵曾拥有博丁安城堡，还是现任康沃尔公爵夫人的曾祖父。在这些地块中，有 60 英亩地位于欣德海德附近丘陵的一处斜坡上，从那里眺望，萨里丘陵的壮美景色尽收眼底；于是，首相派弗朗西丝·斯蒂文森前去评估这个地方的建造潜力。

等她回到唐宁街后，她已经喜欢上了她所看见和汇报的一切。劳埃德·乔治想要阳光，也想要风景：当他问弗朗西丝，斜坡面朝哪个方向时，弗朗西丝回答“向南”。但直到他买下了这块地，他们才意识到弗朗西丝弄错了：这里的视野朝向正北方。据他们的孙女回忆，弗朗西丝快要哭了，但劳埃德·乔治只是笑了笑，说道：“我们会叫它布隆伊德（Bron-y-de）。”——它在威尔士语中的意思是“南面的斜坡”。[14]

劳埃德·乔治已经有了自己的建筑师。海斯会议期间，他曾在林姆尼港遇见过菲利普·蒂尔登，当时蒂尔登对这位首相佩服得五体投地。（这是一个不那么正式的时代的另一个标志，一场国际峰会正在进行，而沙逊的建筑师竟然还在林姆尼附近徘徊，对此似乎没有人介意。）“一个德鲁伊祭司般的人物，充满了自然的伟力……他是那个时代最引人注目的人物。”蒂尔登写道，他着迷地发现，首相本人完全符合他的公众形象，活力四射，言行富有戏剧色彩，对乡村和人类同胞满怀热情和同情。[15]

起初，布隆伊德仅仅是一个被蒂尔登称为“野餐之家”的地方——尽管劳埃德·乔治为从事耕作，栽种了几片果园，它仍然只是一处周末的乡村休养地。劳埃德·乔治依旧担任首相，为此蒂尔登在树林里藏了一间长长的军舍，为他保障人身安全的侦探们可以在那儿睡觉，当时人们担心，新芬党准备在英国本土采取轰炸和枪击行动。（这种担心是有根据的：1922 年 6 月，陆军元帅亨利·威尔逊爵士，英军的高级参谋，在他位于伊顿广场的家门口被 2 名来自爱尔兰共和军的男子枪杀了。）

别墅刚建成没多久，布隆伊德就被劳埃德·乔治的东西占得满满当当，建成的同年，蒂尔登又被带了回来，新建额外的住房、更大的厨房，以及可以停放更多汽车的车库。蒂尔登和弗朗西丝·斯蒂文森挑选的家具并不豪华，大部分是些优质的实心橡木，并配有明亮的窗帘和舒适的卧床。从一开始，劳埃德·乔治就喜欢待在那里。“政治世界的中心离开了伦敦。”蒂尔登写道。“汽车来来去去，重要人物长途跋涉，秘书们入住旅馆，各种各样的麻烦层出不穷，以至于一清早，劳埃德·乔治就得闻着松针的气味开始工作，等做完所有事情后，已经可以出门散步，去看夕阳落在斑斓的群山之上了。”[16]玛格丽特·劳埃德·乔治对弗朗西丝·斯蒂文森视而不见，但首相的孩子们却对她厌恶至极，每当首相一家来到别墅，她就不得不搬走。为此，她首先改造了附近的旧谷仓，一幢废弃的农场建筑。到了1935年，泰克顿公司——英国最顶尖的现代主义建筑商——的其中一位创始人安东尼·奇蒂，为她设计了一座可以俯瞰布隆伊德果园的木头平房。她把那幢建筑叫作“阿瓦隆”，还把她与劳埃德·乔治所生的5岁的私生女詹妮弗安置在那儿，并雇了1名保姆和2名谨慎的苏格兰仆人。

1922年11月，劳埃德·乔治领导的联合政府垮台了。他和弗朗西丝一起退回到布隆伊德，在那里撰写回忆录，梦想有一天，这个国家会恢复理智，再一次向他发出召唤。（弗朗西丝把她的新房子命名为阿瓦隆，是因为她把情人看作年迈的亚瑟王吗?）这件事自然从没有发生过，但他依旧保留了议会议员的席位，而布隆伊德即使不再是政治世界的中心，也至少还是政治世界中心的一颗遥远的卫星。劳埃德·乔治一直待在布隆伊德，直到第二次世界大战几乎结束。在那里，他召见约翰·梅纳德·凯恩斯，与他商议工业生产的条件；为进步的年轻保守党人提供建议，他们想知道如何赢得下次选举；与工党领袖亚瑟·亨德森私下会谈，讨论后者抛弃自由党转而投奔保守党的前景。议会中各派系的成员仍然前来寻求他的支持，或者就他们的宫廷革命计划征求他的意见。1934 年，弗朗西丝在她的日记中透露，她的爱人和雇主“现在正坐在切特欢迎所有的人，他以这种方式，相当公正地了解外部世界发生的一切，同时又远远地置身事外”。[17]

劳埃德·乔治满怀热情地在布隆伊德扮演着绅士农场主的角色，他安装了现代灌溉系统，为履带车辆添加巨大的机械旋翼舵，把农场的部分土地变成了蔬菜农场。圣诞节前后，他和弗朗西丝一同去树林里远足，寻找冬青。有一年，英国下议院议长爱德华·菲茨罗伊来到布隆伊德讨论政治局势，发现他若想进门，得先付一先令门票。

菲利普·蒂尔登垄断了政治家们的乡间别墅市场。1922 年春天，在林姆尼港和布隆伊德尚未完工的情况下，他又接受了一项新任务，将去肯特郡韦斯特勒姆的某处小村外，对一座占地 80 英亩却杂乱无章的别墅进行修缮和改造，这所别墅正因漏雨、干朽而濒于倒塌。这座别墅被称为查特维尔庄园（Chartwell Manor），蒂尔登的客户是劳埃德·乔治政府的殖民地秘书，时年 47 岁。他的名字叫温斯顿·丘吉尔（Winston Churchill）。

1921 年春天，丘吉尔爱上了查特维尔，那是一片拙劣的维多利亚时代风格的建筑杂烩，到处都是高高的山墙和常春藤。他试图在那年 7 月拍卖时买下它，但是以失败告终。他暗自坚持着，没有告诉妻子克莱曼婷（Clementine），1922 年 9 月，他的 5000 英镑的出价终于被接受了。

丘吉尔在林姆尼港为菲利普·沙逊工作时，就已经咨询过蒂尔登，蒂尔登认识丘吉尔，就像他认识所有的人一样。沙逊试图说服这位政治家买下贝尔维尤（Bellevue），那是他在林姆尼拥有的另一座 18 世纪早期的小型乡间别墅；但克莱曼婷拒绝了建议，因为那所房子让人感觉到凌乱不堪，里面摆放了太多古董。甚至早在 1922 年 11 月，查特维尔的出售彻底完成之前，丘吉尔就一直在催促卖主允许他开始建造，在狂热的乐观态度的支配下，他估计只需花上 7000 或 8000 英镑，就能把这座别墅重新装修一遍，使之提升到体面的标准。

在接下来的 18 个月里，蒂尔登实际上是在重建查特维尔。那不是他最辉煌的时刻。他新建了一幢耳房，从东翼伸出来，俯瞰着一处山谷，样子颇为尴尬，此外，他又引入了顶部呈阶梯状的山形墙，可是看起来有些无缘无故。这里没有林姆尼港的绚丽夺目，没有布隆伊德的轻松写意，也没有对竣工后模样的任何展望，整座别墅就以零敲碎打的方式接受了改造，想到哪儿就盖到哪儿。克莱曼婷·丘吉尔的热情很快就会冷却，不过她仍然保持着一种非常实际的兴趣，就仆人卧室的设施、住在宅邸内外的员工之间的平衡（丘吉尔夫妇在查特维尔同时雇佣了这两类员工）、新厨房的天花板高度等问题发表了评论。她对蒂尔登很不满，因为蒂尔登没有和她商量，就擅自安排了室内的布置方案，就像此前蒂尔登没有事先问她，就装好了厨房炉灶一样。1923 年 9 月日本地震后，她建议蒂尔登移民去日本，理由是在那里，蒂尔登可以投身于重建东京的工作，以取得更大的成就。

随着查特维尔的扩建——在一段时间里，计划是建造 6 间接待室、22 间卧室、7 间浴室和 1 间供仆役使用的耳房——成本亦随之增加。和许多建筑师的客户一样，面对不断膨胀的账单，丘吉尔的反应是寻找不支付的理由。他找到了。1923 年圣诞节刚过，这家人就搬了进来，但他们发现新家仍然存在干朽、漏水等问题。房间很潮湿，天花板上的灰泥脱落了；窗户不能挡水；木材尚未风干；新安装的电力系统发生了危险的故障。根据丘吉尔的记录，1926 年 9 月，一盏枝形玻璃吊灯掉落在客厅里，幸好没有造成人员伤亡。[18]最后，查特维尔重生的故事，在一连串的威胁和律师函中结束了，蒂尔登悲哀（但并不真诚）地表示，他对丘吉尔先生感到十分歉疚，“事实证明，查特维尔对他来说是一件极其不幸的作品，而我本来希望乃至于渴望看到，那会是一件真正的杰作，是一座外观美丽、建造良好的别墅”。[19]

1927 年年底，业主、承包商和建筑师达成了协议。此时，丘吉尔一家正在严肃地讨论，要不要把房子卖掉，或者把房子锁起来，裁掉大部分仆人。他们没有这么做；尽管存在种种缺陷，查特维尔庄园——人们仍然这样称呼它——还是变成了他们一直想要看到的样子：这是他们的 4 个孩子在乡间舒适的家，也是政界要人周末聚会的场所，这些要人包括菲利普 · 沙逊、亚瑟 · 贝尔福和劳埃德 · 乔治。

查特维尔也成了一处避难所。1929 年 6 月，丘吉尔从鲍德温政府第二部长的岗位上离职，从这一刻开始到第二次世界大战爆发为止，10 年间，丘吉尔再也没有担任部长级别的职务。他度过这些赋闲岁月的方法之一，就是修修他的乡间宅邸。他在庄园内建造了一座恒温游泳池、一座鸟舍，还计划建造一座蝴蝶小屋（工程由于战争而中断）。他养了一只非洲灰鹦鹉，名叫“鹦鹉先生”（但根据丘吉尔的女儿玛丽的说法，它的名字叫“波利”），那只鹦鹉住在餐厅的笼子里，只要它的嘴能够得着，只要有人胆敢走近，它就要啄对方一下。[①] 庄园里还养了鹤、鹅和虎皮鹦鹉。有一次，克莱曼婷去澳大利亚旅行，用游轮带回了 2 只黑天鹅，并且扬言，还要引进一只负鼠和一对小袋鼠。在热情高涨的间隙，温斯顿也有过卖掉查特维尔的念头，甚至在 1937 年，当真把查特维尔投入了市场。有几个潜在的买家来看过房子，但几个月后，他改变了主意，于是全家人继续住在这座肯特郡的乡间别墅里。一直等到一场大战爆发，他们才不得不离开。“二战”期间，查特维尔因为距离南部海岸太近，太容易受到德国入侵的威胁，被迫关门大吉。

1909 年，一位保守党议员亚瑟（Arthur）和他的美籍妻子露丝·李（Ruth Lee），获得了白金汉郡契克斯（Chequers）庄园的

---

① 2004 年，萨里郡一座园艺中心的主人声称，他那只高声叫骂着反纳粹口号的老金刚鹦鹉，已经 104 岁了，而且正是曾经属于丘吉尔的那一只。但这个故事被证明纯属子虚乌有。

终身租住权。3 年后，房子的主人亨利·德拉瓦尔·阿斯特利死于一场意外事故，于是李氏夫妇动用露丝（她是一名纽约银行家的女儿）的大笔遗产，直接从主人的遗孀手中买下了这处地产，这位夫人是一名音乐喜剧演员，对经营乡间别墅毫无兴趣。

契克斯庄园的核心是一座迷人的红砖宅邸，本来呈现伊丽莎白时代的风格，不过经过 19 世纪的改造后，已经在风格上严重地中世纪化了。李氏夫妇的建筑师雷金纳德·布洛姆菲尔德爵士拆除了它。其他的，包括那座门廊——被亚瑟·李描述为“虚伪的哥特式风情和带城垛的残暴之举”——都保留了下来；而房子内部则是“维多利亚时代的哥特式风格的狂欢”（又是来自李的描述），几乎没有任何证据证明，有更早时代的作品得以幸存。[20]虽然地产的出售直到 1917 年才最终完成，但是在租期内，李氏夫妇已经获准对房子进行改造，他们在布洛姆菲尔德的帮助下完成了改造，引入了镶板、楼梯、石膏和壁炉。

李氏夫妇没有孩子，几乎房子一归他们所有，他们就开始计划未来了。1917 年 10 月，媒体宣布亚瑟·李爵士——这是他如今的身份——向国家捐赠了契克斯庄园，一起赠送的还有庄园内的 1500 英亩土地、一笔资金和大量物品。后者包括伦勃朗、雷诺兹和康斯特布尔的画作；一座拥有 50 万册藏书的图书馆，里面的大部分书籍可以追溯至 16 至 18 世纪；还有一些从属别墅的克伦威尔的纪念品，这些东西是被阿斯特利典当出去，又被李赎回来的。其中包括奥利弗·克伦威尔在马斯顿荒原佩戴的宝剑、他的拖鞋、一个脸模塑像，以及英国微型画家塞缪尔·库珀绘制的克伦威尔家族的精美肖像画。（18世纪的契克斯庄园所有者拉塞尔家族，与克伦威尔家族渊源颇深：拉塞尔的一位女性先祖嫁给了奥利弗的儿子，另一位男性先祖迎娶了奥利弗的女儿，因此才有了这些遗物。）除此之外，李氏夫妇还赠送了丁尼生、罗伯特·路易斯·斯蒂文森的手稿，拿破仑一世的文件、信函，这位法国皇帝的一绺头发和“他出生房间的钥匙”。[21]

李氏夫妇都已经40多岁了，他们打算在契克斯庄园度过余生。他们的想法是，在他们死后，这座别墅将成为英国首相的官方乡间寓所，一处远离国家社稷的避难所。他们的思路在很大程度上反映了社会结构的变化，以及当代社会对于这种变化可能意味着什么的担忧：

> 人们不可能预见或者预言，这个国家未来的权力掌控者，将从什么阶级或者何种生活条件中产生。有些人可能像过去一样，出身名门，家财万贯；有些人可能身属贸易和商业领域；其他人可能来自体力劳动者的行列。对于上述的所有人而言，在他们艰苦而负责的工作中，契克斯的精神和止痛药都将大有裨益。特别是对于在城市长大的人来说，与最典型的乡村生活的定期接触，将在城镇与乡村之间，创造并维持一种权利诉求方面的合理比例感。而对于推动革命的政治家来说，契克斯庄园的古老，它的冷静与坚韧，还有它对历史的记录，则也许会在英国历史的延续性中，昭示某些可取之处，从而对过于仓促的剧变起到抑制作用。[22]

20 世纪初，英国首相第 3 任索尔兹伯里侯爵大可以指出，自从女王伊丽莎白一世时代以降，他们的祖先就一直在政府中供职，他们的家族也拥有不止一处住所，在哈特菲尔德和克兰伯恩，他们各有一座乡间别墅。当时，要说世界上最伟大国家的领导人，将可能来自体力劳动者的行列，这几乎是不可想象的。可是在这种背景下，李氏夫妇却坚信，未来的首相可能不会拥有自己的乡间别墅，这证明工党的崛起、上议院宪法地位的下降，已经改变了这一切。同样有趣的是，他们声称，在契克斯庄园度过的时光，将会把大都市的政治家与乡村的价值观联系起来，把信奉社会主义的激进分子与过去联系起来。

他们还把遗产捐赠看作保护契克斯庄园免受伤害的一种手段，这么做将使庄园避免“乔治时代晚期哥特风格和汪达尔主义的暴行”。转让遗产所有权的信托契约中，有一项规定是，“不得对房屋的主要特征进行涂改、毁损、增减”。[23]另一项规定是，庄园的名字应当保持不变：几年后，当有人提议将庄园改名为“The Chequers”时，李立即写信给《泰晤士报》指出，这违反了信托契约的规定。尽管有诸如此类的限制条件，这仍然是一份慷慨的厚礼，大卫·劳埃德·乔治公开写道：“你们如此慷慨地把这座美丽的豪宅交到他们手上，未来的首相们每当想到这一点，一定会感激不尽。”[24]

批评者们却暗示，李不过是为了给自己购买一个头衔，1918 年 7 月，当他被擢升为法勒姆的李爵士（Lord Lee of Fareham）时，对他的抨击更是愈演愈烈。这并不完全公平，因为这位男爵之所以获此殊荣，主要是因为他在劳埃德·乔治领导的联合政府中，担任了食品生产的总负责人。第二年，李氏夫妇决定推进他们的计划，尽快交出契克斯庄园，作为对战胜德国人的一种纪念；可是到了1921年年初，在移交进行期间，当李爵士试图迫使议会通过一项新的农业法案时，劳埃德·乔治却未能对他给予支持，这令李感到不满。"想想看，"李夫人在日记中写道，"2周之后，我们就将把心爱的契克斯庄园、一半以上的财产，以及我们在这个世界上所有最爱的东西，全部交给他们。"[25]

1921年1月8日，李氏夫妇为劳埃德·乔治举办了一场晚宴，之后，他们签署了授产契据，随即驾车离去，临行前，他们在来访者的记录本上留下了一张令人伤感的小纸条：

> 今晚，我们带着无法估量的失落感，离开了这个心爱的地方，但我们感到满足和幸福，因为我们相信，在塑造未来的过程中，契克斯将扮演重要的角色，在为完成这一艰巨的任务，而赋予它自由的过程中，我们正在竭尽所能，为我们的国家做出最大的努力。[26]

劳埃德·乔治很喜欢他新得到的这座乡间公馆。事实上，他太喜欢它了，以至于不愿意离开。在接下来的几天里，一系列官方的任命消息是从契克斯庄园发出的。报界充斥着劳埃德·乔治正在契克斯策划内阁改组的谣言。仆人们如此辛苦，他们甚至威胁要离开这里，还有传言称，原定在唐宁街与首相会面的威尔士亲王，将不得不改变行程，前往契克斯庄园。

李氏夫妇告别契克斯庄园一周后，劳埃德·乔治终于依依不舍地离开，主持他的内阁去了。但仅仅 3 天之后，他就又回来庆祝生日了。接下来的一周，他在巴黎和会期间忙里偷闲，回来待了一会儿；几周之后，他在契克斯庄园里又一次款待了法国总理。1922 年，当联合政府垮台，劳埃德·乔治最后一次离开唐宁街时，他的女儿梅根对此事的评价很简单："该死！"她写道。"首相别墅泡汤了。"[27]

尽管有李氏夫妇的预言，尽管人们普遍感觉到，英国政治已不再是地主阶级的领地，但 1937 年至 1939 年间，在内维尔·张伯伦（Neville Chamberlain）的内阁中，依然有三分之二的成员拥有自己的乡间别墅。不过，首相本人并不是其中的一员：虽然他的前任斯坦利·鲍德温早在"一战"之前，就去自己的家乡伍斯特郡，置办了一座朴素的维多利亚时代风格的乡间别墅，但张伯伦却满足于使用契克斯别墅，经常在没有办公室设备的情况下，来这儿度过周末。

他手下的大臣们拥有各式各样的乡间住宅，有农业大臣威廉·莫里森位于格洛斯特郡的简朴而迷人的庄园，也有斯坦霍普家族建于 17 世纪的宏伟古宅、坐落在肯特郡七橡树区附近的志奋领，身为英国教育委员会主席的斯坦霍普勋爵，最终将这座宅邸遗赠给了国家。内政大臣塞缪尔·霍尔爵士拥有诺福克郡的塞兹特兰府；但正如我们在第 7 章中看到的那样，塞缪尔·霍尔把它处理了，而后为自己建造了一幢更容易管理的建筑，一座帕拉迪奥风格的小特里亚农宫，也就是坦普尔伍德。

大法官海尔舍姆勋爵住在苏塞克斯郡的卡特角宫，那是一幢占地56英亩的伊丽莎白时代风格的古老建筑，周围风景如画，1920年，他扩建了卡特角宫，可是1932年，海尔舍姆的继子、代表伊斯特本的议会议员爱德华·马乔里班克斯，却被发现在台球室中遭人枪杀。负责殖民地事务的国务大臣威廉·奥姆斯比·戈尔拥有2座乡村别墅，一座是什罗普郡的希腊复兴风格的布罗吉廷府，另一座是格威内斯郡的格林·赛沃什庄园，它建于1616年，是一幢大型的乡绅宅邸。张伯伦的印度事务大臣泽特兰勋爵，甚至拥有3座别墅。

有些政治家正是在乡间别墅的世界里出生的。肯德尔的威瑟斯莱克府自1485年起，就属于贸易委员会主席奥利弗·斯坦利的家族，尽管现在这栋新修的房子论起历史还不满70年。其他人都是新人。金斯利·伍德爵士的父亲是卫斯理教会的一名牧师，他本人在地方政治、法律等领域卓有建树，于“二战”结束之际进入下议院。他曾是张伯伦政府的卫生部长和空军大臣，直到1927年他才加入地主阶级，当时他来到坦布里奇韦尔斯附近，买下了一幢维多利亚时代风格的大型建筑——布鲁姆希尔河岸庄园。

第3任哈利法克斯（Halifax）子爵爱德华·伍德（Edward Wood），是战前张伯伦政府中最杰出的成员之一，他出生在德文郡的泡德海姆城堡，那是他外祖父德文伯爵的家，他口里含着银汤匙出生，手里还握着几座祖宅的前门钥匙。① 他曾出任张伯伦政府的枢密院院长和外交大臣，并因为虔诚的英国国教信仰和对打猎的毕生热爱，被朋友和敌人称为“圣狐”。他出生在约克郡一个拥有大片地产的显赫家族，过去的几百年里，这个家族的主要住所一直是希克顿府，那是一座乔治时代风格的乡间别墅，坐落在唐卡斯特附近，别墅带有一片庭园，他的父亲——一个性情古怪的人，经常看见鬼魂，在家里建了好多条秘密通道——在庭园里养了牦牛、鸸鹋和袋鼠。

1904 年，在哈利法克斯 20 岁出头时，他的姑姑去世了，给他留下了坦普尔纽萨姆（Temple Newsam），这是一座都铎时代风格的华丽别墅，位于利兹附近，被称为“北方的汉普顿宫”。1923 年，他以 3.5 万英镑的价格——这比地产市场上的价值低得多——将别墅卖给了利兹公司，利兹公司随后向公众开放了别墅。“这座别墅现在已不再是名门望族的家，而是民主的遗产了。”《曼彻斯特卫报》如此写道，他们正在报道工党大臣蒙塔古·巴洛爵士在别墅开放仪式上的讲话，他希望“坦普尔纽萨姆能在某种程度上，恢复他认为英国人正在丧失的对于美的敏感”。[28]

哈利法克斯并不需要坦普尔纽萨姆，因为他父亲已经把加洛比府（Garrowby Hall）传给了他，加洛比府是一座家用的狩猎小屋，地处东雷丁海岸，在 19 世纪的最后几年里被大大扩建了。加洛比府是哈利法克斯的精神家园：1937 年，他邀请斯坦利·鲍

① 其实，爱德华只是家里的第 4 个儿子；可是在他过 10 岁生日之前，他的 3 个哥哥就都死去了，留下他成了父亲财产的继承人。

德温来此入住，他写道，“让我们漫步在约克郡的草地上，闻闻东风的气息，看看海鸥从海上飞来，追随犁耙，掠过荒凉的山顶！”[29]

加洛比从来不是一处政治沙龙。因为约克郡的东雷丁海岸距离伦敦太远了。但是，随着其他内阁成员消失在他们位于约克郡的自家庄园里，去打猎，或者去过圣诞节，哈利法克斯的朋友和同事们偶尔聚在加洛比过周末，也是很自然的事。张伯伦是这里的一位常客，就像鲍德温在他之前一样，然而，首相只要和哈利法克斯待在同一个郡，关于秘密会谈和阴谋的谣言就会开始流传。哈利法克斯以同情绥靖政策而闻名。[30]1938 年年底，张伯伦去拜访他的另一位大臣斯温顿勋爵，当他在斯温顿同样位于约克郡的庄园里逗留时，媒体开始报道，“圣狐”将在加洛比招待首相和希特勒的一名使者。两个人都不得不予以否认：“这些谣言实在太荒谬了。”哈利法克斯对记者说道。[31]

还有其他的政治性别墅。为了促进英德友谊，伦敦德里侯爵夫人邀请当时的德国驻英国大使里宾特洛普，与他们一道去他们的乡间别墅斯图尔特山庄园，度过 1936 年的圣灵降临节。那里位于爱尔兰的道恩郡，地靠斯特兰福特湖，别墅就坐落在湖畔上。可是这次访问并不成功：里宾特洛普乘坐戈林提供的飞机抵达，随行的是吵吵嚷嚷的党卫军，让每个人都心烦意乱。当伦敦德里一家带他在湖上航行时，他从船上掉了下去。

1938 年 4 月底，作家兼政治家菲利普·科尔（Philip Kerr），第 11 任洛锡安侯爵，公开驳斥了一则谣言，谣言声称，包括他在内的一个亲法西斯集团，在华尔道夫·阿斯特位于白金汉郡的克莱夫登庄园里举行了会面。一周后，阿斯特本人也给《泰晤士报》写了一封愤怒的信。“多年来，”他写道，“我和妻子在国内招待过各个党派的成员（包括共产主义者）、各种信仰的门徒、各个国家的人民、各种利益的代表。把我们的周末与任何特定的小圈子联系起来，就像指责我们这些希望与德国或意大利建立更好关系的人，是亲纳粹或亲法西斯分子一样荒谬绝伦。”[32]

克莱夫登庄园的许多常客都是记者：《泰晤士报》编辑杰弗里·道森、《观察家报》（归阿斯特所有）的编辑詹姆斯·加文、《泰晤士报》的首席社论作者罗伯特·巴灵顿－沃德。但活跃的政治家们也会登门拜访，享受阿斯特夫妇的盛情款待。1936 年 6 月，哈罗德·尼克尔森——当时他与极右势力关系暧昧，对方在背后坚定地支持他——在克莱夫登度过了一个周末，发现和他在一起的有外交大臣、下议院议长、牛津大学政治理论学教授、自由派议员、保守党议员、加拿大高级专员、温斯顿·丘吉尔的姑姑、一群没人搭理的美国人、阿斯特的家族成员和形形色色的攀附权贵之徒。

历史上并没有记载这场别墅聚会谈论了什么——也许是即将到来的柏林奥运会，也许是墨索里尼对埃塞俄比亚的吞并。尼克尔森评论了阿斯特家的装饰师弗兰克·科普特的作品，“大簇大簇的飞燕草和晚香玉，还有大片成荫的夹竹桃”。[33]但除了花以外，克莱夫登庄园并不符合尼克尔森的口味。“我就是不想要这样的房子，在这里，没有任何东西真正属于你，它们属于仆人和园丁。"他向薇达报告说，"这里的一切都有一种可怕的不真实感……我很喜欢看它。但是拥有它，住在这里，那种感觉会像住在米兰斯卡拉剧院的舞台上一样。"[34]

部分媒体把阿斯特夫妇和他们的朋友们，看作20世纪30年代末期席卷欧洲的那场恐怖浪潮的主角。1937年到1938年的冬天，这场战役的力度加大了。有一次，张伯伦在克莱夫登度过了一个周末，工党政治家斯塔福德·克里普斯爵士便宣称，"出现在克莱夫登小圈子里的人……正是那些今天在内维尔·张伯伦身后执行政策的人，也是那些希望英国变成法西斯国家的人。"[35]在《旗帜晚报》上，漫画家大卫·洛把南希·阿斯特、洛锡安侯爵、《泰晤士报》的杰弗里·道森，描绘成了"战栗的姐妹"，她们一边高举着写有"以任何代价换取任何和平"字样的标牌，一边跳舞。这个小圈子也遭到了政治舞台和新闻界的挖苦。回到纽约，向罗斯福汇报德国反犹主义的美国驻英国大使约瑟夫·肯尼迪，被记者问及他对那些人的同情。"我从没有见过那个小圈子里的任何一个人。"他对《纽约论坛报》的记者表示。[36]当英王乔治六世去美国大使馆用餐时，服务生端上了弗吉尼亚火腿和乔治亚腌桃子，《纽约时报》开玩笑地把这顿饭的菜单，归因于同在宾客名单上的阿斯特夫妇的邪恶影响。"克莱夫登小圈子的总工程师又在扯动提线了。"《纽约时报》报道说，"大家都知道，生于弗吉尼亚州的南希·阿斯特，会在餐桌旁从事她最致命的工作。这一次，她是在为了自己的南国故乡暗中操作。"[37]

不那么有趣的是那些恐吓信。一个例子是这样的：“你这个当受诅咒的歌舞团卖艺的美国婊子。”另一封信写道：“滚回你自己的国家去。”有人指控南希怀了希特勒的私生子。还有一些人声称，当她终于在下议院大厅被介绍给克劳德·考克伯恩时，她朝对方吐了口水。

关于克莱夫登的小圈子，人们有两个问题要问。也许最简单的一个问题是，克莱夫登真的是绥靖主义者和亲纳粹分子的温床吗？南希和华尔道夫欢迎形形色色的人，来他们这儿共度周末。乔治·萧伯纳当时是斯大林的支持者，是一个自封的共产主义者，他驳斥了公众对这个小圈子的激愤，认为这“毫无意义”，并且指出，“我可以证明，克莱夫登是布尔什维克主义的巢穴，又或者，它实际上是世界上任何一种蜜蜂的蜂巢。”[38]阿斯特的贴身男仆也表示，这是一派谎言。“不管是谁发明了这些说辞，都应该来这儿当一个星期的女佣。他们绝不会在克莱夫登的床下找到纳粹分子。”[39]但另一方面，洛锡安、道森、加文、南希·阿斯特和他们的其他朋友，确实都是亲德派，而且在希特勒是一个大坏蛋的事实已经昭然若揭之后，他们仍然在很长的时间里坚持了立场。南希更是一个坦率且顽固的反犹主义者。在不同的时间段，在不同的程度上，这一群体的成员全都坚信，《凡尔赛条约》让德国产生了合理合法的不满情绪；希特勒在东欧寻求“生存空间”的行为，与英国无关。

当时，有许多英国人相信这些东西。许多人羡慕德国强大的领导能力，不喜欢犹太人，当张伯伦出卖捷克斯洛伐克，并且承诺将在我们的时代实现和平时，他们欢呼雀跃。这就引出了第二个问题：那个小圈子真的拥有很大的权力吗？那些乡间别墅的周末聚会，真的可以左右英国的政策吗？这里的答案是“不”。小圈子里的个别成员具有一些小小的影响，尤其是道森，他让《泰晤士报》保持亲德路线，已经有太长的时间。可尽管如此，他们并没有那么重要。张伯伦首相和外交大臣哈利法克斯对希特勒的绥靖，不需要任何鼓励；而一旦他们看到，这么做失道寡助，战争即将来临，他们便对那种要求放弃波兰、不惜以任何代价换取和平的呼声置若罔闻。

1939 年春，哈罗德·尼克尔森确切地指认了，克莱夫登小圈子内部傲慢的核心成员。随着战争的迫近，他指责南希·阿斯特是那种“愚蠢自私的女主人”，给人的印象是“政策是在他们自家的客厅里决定的”，这造成了巨大的破坏效应。[40]到此时为止，大多数人都已经在修正自己的观点了。洛锡安读了希特勒的自传后，终于得出了姗姗来迟的结论，希特勒是一个会不择手段的流氓。阿斯特在上议院起立，敦促张伯伦考虑与斯大林谈判。“我认为，”他说，“我们应该有足够的勇气承认，在过去的一到两年里，我们每个人，所有人，无论是个人，还是政党，都可能犯了一些错误。”[41]

在克莱夫登举办的政界周末聚会的最后一次，也是 20 世纪 30 年代的最后一次大型乡间别墅派对，发生在 1939 年 6 月初。那一次，阿斯特家迎来了 30 多位宾客，包括哈利法克斯、洛锡安和道森。他们齐聚一堂，会见了当时身在英国的德国外交官亚当·冯·特洛特，试图为一项阻止战争的策略寻求支持。特洛特并不是纳粹的朋友，但是他的建议并不能满足克莱夫登的小圈子中现已坚决反对绥靖政策的多数人。他回到了德国。英国开始了战争。

后　记
旧秩序注定要灭亡

1939 年 6 月 16 日，《泰晤士报》的来信专栏刊登了一则通告。作者是乔治小组的主席德温特（Derwent）勋爵。他写道，得益于泽西伯爵的好意，乔治小组计划在米德尔塞克斯的奥斯特利庄园，举办该组织的第一次年度舞会。这将是一场以乔治时代风格为主题的游园大会，一定会成为今年狩猎季的盛事。

最近几周，奥斯特利庄园经常出现在新闻中，这是泽西伯爵决定把这座家族所有的、由亚当设计的豪宅，每周向公众开放 3 天的结果。参观周围庭园的门票是每人 6 便士，参观别墅主楼则要另收 1 先令。当被问及他为什么要这样做时，泽西表示："我并没有住在里面，而且很多人都渴望看到它，这就足够了。"[1]

他们确实渴望。开放后的第一个月，就有 1.2 万名客人来访，报纸上到处是对主人和他的别墅的盛赞。当代英国艺术家——从奥古斯都·约翰到邓肯·格兰特、查尔斯·昆达尔——的作品展览,更是让别墅增光添彩。“近来，那些曾经环绕伦敦的大型乡间别墅，大部分要么人去楼空，要么遭到拆除，要么变成了机构。”《泰晤士报》报道说，“如果能让公众看到米德尔塞克斯的乡间别墅，不仅看到它本身的辉煌，还能看到它周遭的自然环境，那真是一件大好事。”[2]

游园大会是一件更专属的事情，是一项募集资金的活动，参加者每人交纳 25 先令，可以得到“自助餐、啤酒和酒杯”，其收入将归乔治小组所有，用于保护 18 世纪的古建筑。客人们被邀请盛装出席。电影明星泽西伯爵夫人（来自好莱坞的弗吉尼亚·切瑞尔）穿着奥利弗·梅塞尔为她量身定做的一袭网眼礼服，淡淡的蓝色、紫色和玫瑰色，在她身上交相辉映。梅塞尔接过了大部分的组织工作，还为舞会装点了一座巨大的湖畔凉亭。她撒了粉的灰头发上，戴了一顶冕状的钻石头饰，手腕上箍着一只钻石手镯，不过当太阳升起的时候，她却把这只价值 250 英镑的手镯给弄丢了。“这是一个戏剧性的高潮时刻。”一名社会专栏作家写道，“在这个引人注目的狩猎季，几乎在每一场宴会上，都出现了珠宝和皮草的神秘‘失踪’。”[3]

奥利弗·梅塞尔的妹妹，罗斯伯爵夫人，脖子上戴着海蓝宝石，染成蓝色的头发高高地梳着，活像是蓬巴杜夫人。黛安娜·库珀头戴温帕尔头巾。演员兼导演彼得·格伦维尔完全抛开了 18 世纪的主题，饰演了特洛伊王子帕里斯，他穿着另一套梅塞尔 7 年前为奥芬巴赫的《美丽的海伦》设计的戏服。塞西尔·比顿身披一件织锦做的外套，北爱尔兰新教徒安特里姆勋爵则选择了红衣主教的猩红色长袍。

仆从们站在门廊的台阶上，迎接了大约1000名宾客，他们全都头戴扑粉的假发，穿着古色古香的制服。烟火从湖面上升起，被夜晚的泛光灯照成了青紫色。呈现在来宾面前的，是一座弥漫着18世纪风情的啤酒花园；还有露天的摔跤表演。一个打扮成18世纪农民的管弦乐队，演奏起了轻快的小步舞曲，但“客人们没有随着音乐跳舞，而是带着宗教般的庄严神情聆听”，直到他们退入了梅塞尔的凉亭内，才在一个现代摇摆乐队的伴奏之下跳舞到天明。[4]

就在那一天，政府向全国各地的家庭发放了1500万份传单——《你的防毒面具：如何保存和使用》。

那年夏天，当世界正步履蹒跚地走向战争之时，英国的豪华宅邸却保持着平静，继续前行。在克莱夫登，南希·阿斯特主持了全英妇女完全禁欲联盟当地分会的年度集会。据当地媒体报道，茶话会的安排“令所有人皆大欢喜”。[5]布伦海姆宫一年一度的花园盛宴的主宾，是英国财政大臣约翰·西蒙爵士。战争可能永远都不会来，他告诉围观的人群。英国人民凭着坚强的心和冷静的头脑，会“把这件事办好”。[6]吉妮·考陶德在埃尔瑟姆宫招待了英法艺术和旅游协会的成员们，与此同时，有4只巨大的防空气球悬挂在来客们的头顶。在哈伍德庄园，公主的两个十几岁的儿子受到了陆军部的谴责，原因是他们在学校放假期间，用打字机写出来的单页小报《哈伍德新闻》过于翔实地描述了防空火炮的细节。

300名宾客在霍华德城堡的舞厅跳舞，庆祝马克·霍华德成年，“佃户与有头衔的贵族挨肩擦背”。[7]5年后，已是冷溪近卫团少校的马克·霍华德在诺曼底战死，几个月后，他的轰炸机飞行员弟弟，也在对莱茵河的一次白天突袭中丧生。在查兹沃斯庄园，德文郡公爵举办了一场有2800人参加的花园派对，以庆祝他的儿子兼继承人比利·卡文迪什的成年，好多个马戏团被请来为众人表演节目。夜幕降临后，查兹沃斯被泛光灯照亮，数百辆汽车停靠在了俯瞰庄园的车道旁，只为看一眼盛况。1944年，比利·卡文迪什在比利时前线被敌方狙击手射中身亡。

在那个炎热潮湿的8月，80多岁的波特兰公爵和公爵夫人在维尔贝克庄园举行了一场庆典，以庆祝他们的金婚。有800名公爵的庄园工人参加了庆典，他们身穿戏服，重现了庄园过去的一些场景。罗宾汉和他的随从们出现了，随之登场的还有2位国王——1633年访问庄园的查理一世、1695年来访的奥兰治的威廉。演员们表演了一场芭蕾舞和一段精心编排的开场序曲，在开场序曲中，当地妇女饰演了正在编织生命之网的命运三女神，来自周围村庄的学生则饰演了织网的部分纺线。坎特伯雷大主教也亲自前来观看。

那年夏天，乡间别墅又因为其他原因登上了新闻。一旦出现紧急情况，学校就将占据空置的豪宅，人们已经在做准备，到别墅的土地上为撤离者搭建帐篷了。如果最坏的情况发生，大公司将会买下乡间别墅，作为员工在伦敦以外的住所。牛津郡的弥尔顿山别墅，变成了埃索别墅；位于比斯特城外的一幢意大利风格的豪宅切斯特顿小舍，被皇家交易保险公司收购；地处温彻斯特附近，呈现乔治时代早期风格的奥尔斯福德庄园，也被卖给了普洛维登相互保险公司，用作战争发生时的总部。

有人批评像泽西夫妇这样的别墅业主，眼看欧洲濒临世界末日的边缘，还在忙着玩化妆游戏。对于这种声音，他们十分敏感，《乡间生活》杂志则有意保护奥斯特利庄园的游园大会，暗示我们将要被召唤去保卫的正是这样的活动，“因为在 7 月的夜晚，举办一场了不起的乡间别墅舞会，从某种意义上说，正是文明在某一方面绽放的美丽花朵”。[8]不过与此同时，该杂志也开始刊登广告，就“乡村豪宅的防火事项”提供预防空袭的建议。[9]

政府也开始向人们做出一切可能的讲解，从让窗户变黑的办法，到疏散儿童、孕妇、“可运送的成年盲人”的相应程序，各种建议纷至沓来。[10]燃烧弹被认为是乡间别墅的主要威胁之一，业主被敦促清理阁楼和屋顶空间的垃圾，火灾最可能从这里开始，并确保顶楼存放了消防装备——几桶水和沙子，一个手泵，一个浴缸或者水箱，里面盛满水，作为桶里的水用完以后的补充。“如果你把一桶水倒向一枚点燃了的燃烧弹，它会爆炸，向四面八方迸射燃烧的碎片。你应该用沙子或者干土把它闷死。”[11]

航空部宣布了一个计划，将把斯托海德庄园的一部分土地改造成机场，但在此之后，又放弃了这个计划。有事业心的公司推出了新产品——外墙带栅栏的混凝土防空洞，它们是圆形的，上面有穹顶，据说可能会被误认为是乡间的花园神殿。事实上，这让它们看起来更像公共设施了。

9 月 3 日，星期日，战争于早晨宣告打响。当天下午，时任议会议员的哈罗德·尼克尔森从威斯敏斯特驱车前往西辛赫斯特城堡，沿途经过了一支支满载伦敦东区撤离者的卡车车队。当其中一辆卡车上的一位老妇人，对着他驶过的汽车挥舞拳头大喊“战争全是富人的错”时，他被吓了一大跳。这是充满预兆的一天，在抵达西辛赫斯特之后，他发现塔顶飘扬的萨克维尔的旗帜，已经被取下来了。

那天早上11点15分，几乎是在内维尔·张伯伦著名的全国广播结束之前——“我们要对抗的是邪恶：野蛮的暴力，不公正，压迫，迫害，我相信正义一定会战胜它们”——乡间别墅就已经被派上新的用场了。到了月底，布伦海姆宫和阿廷汉姆庄园、兰斯道恩侯爵的鲍伍德别墅和梅图恩勋爵的科尔沙姆宫，都被用作了寄宿学校。哈伍德伯爵也主动提供了哈伍德别墅作为医院使用。许多大型别墅的主人都采取了类似的措施。虽然还没有战俘，但莱斯特郡的多宁顿府已经被设立为战俘营了。彭布罗克伯爵夫妇在威尔顿别墅收留了40名从幼儿园撤离的小难民，还在阿什库姆的塞西尔·比顿过来给他们拍照，他们在别墅内一座帕拉迪奥风格的小桥上挤作一团，满脸笑容，又迷惑不解。

“豪宅中那些最难以管理的、华而不实的东西，如今被安全地征用，为战时机器而服务。”《乡间生活》杂志评论道。“的确，一栋住宅的客房、耳房和外屋越多，看上去就越令人向往。”[12]

从索姆河战役到第二次世界大战，这期间，乡间别墅发生了哪些变化？

首先，它改变了使用目的。1944 年，罗伯特·卢琴斯估计，战争结束后，将不会再有祖传的别墅存在了。“一方面是代际收入的波动，以及拥有别墅阶级的大规模扩充；另一方面是对持有土地家族的不动产的逐渐剥夺”，意味着这一次，旧秩序真的穷途末路了。[13]

但这并不意味着，乡间别墅也穷途末路了。正如我们所见，家族、豪宅、社区之间的传统纽带的瓦解，庄园的解体，别墅及其附属物品的出售，通常只会导致所有权的更改，并且将不那么传统的生活方式引入乡间别墅。不过，厄运的感觉依然存在，20 世纪 30 年代至 40 年代初，人们一直在为那些经济上难以维持的历史建筑寻找未来。1934 年，在全国托管协会的年度大会上，洛锡安侯爵呼吁该协会作为私人慈善机构，扩大其保护的范围，在那之前，保护的范围仅限于乡村地带和规模较小的历史建筑，“而我们的另一部分国家财产——这个国家历史悠久的住宅——现在也面临着潜在的破坏威胁”。[14]他告诉在场的听众，英国的乡间别墅业已被判处了死刑，摧毁它们的斧子就是税收。听到这儿，他们欢呼起来。

洛锡安侯爵建议，全国托管协会应当接收一批家具齐备、历史悠久的豪宅。（协会目前拥有两座这样的宅邸，分别是蒙塔丘特别墅和巴灵顿宫，二者都在萨默塞特郡；然而，协会根本不知道该拿它们怎么办。）他还敦促当局免除历史建筑的遗产税，除非它们被出售；财政部应当批准所有用于维护和修复方面的拨款请求；甚至于即便乡间别墅被卖掉，也可以免除遗产税，只要房子本身、庭园和里面的东西被整体保存下来，同时做好准备，欢迎公众不时的访问。

洛锡安侯爵的话引起了共鸣。3 个月后，在英格兰乡村保护委员会的全国会议上，具有开创精神的城市规划师威廉·哈丁·汤普森呼吁成立一个别墅业主协会，来游说当局“在核查过关的情况下，减免业主的责任，以换取受监管的公众在特定时间内的准入”。全国托管协会的主席泽特兰勋爵提议，作为业主向游客开放别墅的回报，“应该要求政府减轻他们现在负担的部分税收，从而使别墅的维护和保养变得更加容易”。[15]

但政府并不打算把这些特许权赋予乡间别墅的业主，特别是在经济大萧条时期；不过，把公共资金用于公共利益的理念，最终还是影响了英国所有的国营企业。与此同时，全国托管协会游说议会，通过了新的法律，允许历史建筑的主人将其移交给托管协会，之后留下来继续居住——这是慈善法所禁止的。1937 年夏天，《全国托管法案》在议会表决通过，成为法律，全国托管协会由此拉开了乡间别墅计划的帷幕。

（据《观察家报》报道）该计划的实质是，业主能够将业已经过批准的乡间别墅的所有权，移交给全国托管协会，同时为自己、家人和继承人保留权利，只要他们愿意，就可以继续居住。如此一来，移交的地方将被永久保存下来，不是作为布满灰尘的博物馆，而是作为有人居住的房子，它们的房间、物品一直在被使用，可能被那些与它们有联系的家庭使用了几个世纪之久。[16]

知名人士纷纷宣传这项计划。“没有别的选择。”薇达·萨克维尔-韦斯特表示。30年后，她在西辛赫斯特建造的浪漫的废墟之塔，也交到了全国托管协会的手中。主人们可能会有所感触，“他们不忍心这么做，可如果单是维修费用就已经颇为高昂的话，他们还有什么可做的呢？”[17]洛锡安侯爵1934年的演讲为这一切开了个头，1940年去世时，他把布利克灵府留给了全国托管协会。1942年，查尔斯·特里维廉爵士将沃灵顿府交了出来，同年，阿斯特夫妇也将克莱夫登和一大笔捐款赠给了全国托管协会。早在第一次世界大战期间，亨利爵士和阿尔达·霍尔夫人（她的儿子哈利在巴勒斯坦不幸阵亡）已开始就斯托海德庄园问题进行谈判，1946年，这座别墅及其庭园最终归属了全国托管协会。一年后的同一天，亨利爵士和阿尔达夫人双双离世。

从来没有人对乡间别墅展开过全国性质的调查活动，不过，当时的历史建筑保护主义者认为，有57座“大宅邸”、550至600座较小的乡间别墅，“因其历史意义、建筑旨趣或自然风光而值得保护”。[18]不管人们如何定义“值得”，这个数字都被大大低估了。无论如何，即便“二战”前如涓涓细流般汇入全国托管协会的豪宅，在1945年之后变成了泱泱洪水，乡间别墅计划也只覆盖了其中的一小部分。到20世纪50年代早期，该托管协会总共向公众开放了98座别墅及其庭园。剩下的几千座别墅，仍然归私人所有。

到20世纪40年代，许多乡间别墅的主人还像过去的几十年那样生活着。他们要么留在原地，要么卖掉祖产。有些人通过丢弃另一块“偏远的土地”、一些珍稀的书籍或祖先的肖像，来继续维持生活；另一些人取代了那些已经离开的家庭，为自己购买了过去，在郡里的社交界占有了一席之地。他们安装了发电机，购买了节省劳力的设备，以帮助他们解决仆人短缺的问题。他们抱怨税收，诅咒政府，却又收留撤离者，把他们的儿子送上前线，为国家牺牲。

战争爆发后，机敏的房主很快就把他们的豪宅捐了出来。他们感觉到，可以选择自己的租户，毕竟给了自己一定程度的控制权：把房子用作女子寄宿学校，总比用作军营更好些。他们是对的：据估计，1945 年之后的 10 年间，作为战时被人糟蹋的直接后果，有 1000 多座乡间别墅只得拆毁。古典花园的雕像被军人敲碎，他们根本不在乎洛锡安口中的“国宝”。洛可可式的镶板被弄脏，巴洛克式的楼梯被砸烂，用作了柴火。1939 年菲利普 · 沙逊去世时，把林姆尼港留给了他的表亲汉娜 · 古拜，当时这座别墅被征用，作为英国和外国空军的住所，但随即遭到了彻底的破坏。多塞特郡的泰纳姆别墅被国防部征辟，用来进行射击训练，此后从未归还给它的主人。洛瑟城堡的前院里布满了混凝土碉堡，当年就是在这里，洛丽亚 · 庞森比津津有味地聆听了“黄伯爵”的北极探险故事；它那精致的庭园湮没在了离离荒草之下，“昔日的小径、座椅只留下了模糊的轮廓，宝塔或凉亭随处散落，它们都是过去浪漫时光的可悲遗迹”。[19]

更严重的是，许多乡间别墅被荒废了 6 年，以至于第二次世界大战结束，国防部开始归还征用的豪宅时，渗漏的管道、下垂的屋顶、干朽的墙体比比皆是，它们实现了希特勒的轰炸机做梦都想实现的破坏。许多房主再也没有住过他们的房子。

它们的命运更加具有讽刺意味，整场战争期间，政府利用了乡间别墅，将其打造为英国价值观的缩影，它们古老、浪漫、爬满常春藤的意象，与敌人冷酷、机械化的非人道暴行，形成了鲜明的对比。这些价值观，在从《忠勇之家》到《鸟儿引起的骚动》等数十部战时电影中都有体现。他们把英国——或者更确切地说是英格兰，一个宁谧的、科茨沃尔德式的英格兰——描绘成了典型的乡村田园，这里的个人主义高涨到了古怪的程度，这里的人性光辉，人们心中对过往岁月深藏的依恋，超出了一切。乡间的别墅，或者有护城河和木质结构，或者庄严而宏伟，正是这种独特的英国性的符号，象征着历史学家 G. M. 特里维廉在 1945 年所歌颂的“英格兰的乡村和农业生活、自然和历史之美”。[20]它很珍贵，仿佛代表着一种共同的事业。一位战争寡妇告诉克里斯托弗·赫西，她的丈夫赶赴北非作战，牺牲之前，曾经找到一本《乡间生活》，并写信跟她说：“读到一个人为了什么而战斗，真是太令人愉快了。”[21]

小说家伊丽莎白·鲍恩讲述的故事，也呼应了这一点。1945 年 5 月，盟军宣布在欧洲取得胜利的那一刻，她正与杰拉尔德·伯纳斯、罗伯特·赫伯尔－珀西一同住在法灵登。吃过午饭，他们都走了出去，站在阳台上，俯瞰着战争开始后就关闭了的喷泉，在喷泉的另一边，是连绵起伏的英伦景色，那是一幅让人难以置信的长轴画卷：

看看罗伯特·亚当对喷泉做了些什么；一阵令人喘不过气的

停顿后，眼前便涌出一股水流，先是在空中迟疑着，略显生疏，接着便摆动起来，分成了四根弯曲的水柱。它是如此美丽，如此具有崇高的象征意义——那长长的画卷，绵延数英里的英格兰美景，在它身后漫伸开来，我发现自己已经哭了。[22]

汉伯里府（Hanbury Hall）的乔治·弗农（George Vernon）爵士，是这一长串乡绅队伍中的最后一个。他的祖先理查德·弗农在西班牙无敌舰队到来之前，曾经是伍斯特郡汉伯里的一名教区牧师。到了安妮女王统治时期，法院诉讼律师托马斯·弗农出资建造了汉伯里府，府邸的建成也标志着他本人事业的成功。汉伯里府用红砖砌成，带有采光天窗和白色窗框，内部装饰着宫廷画家詹姆斯·桑希尔爵士绘制的壁画。及至维多利亚时代，弗农家族又在这些土地上扩建了庄园。到20世纪20年代，乔治爵士拥有并亲自管理着5000英亩的伍斯特郡优良农田。

他属于他的阶级，属于他的时代。他做了35年的地方法官，辞职的原因是他认为同事对待超速驾驶的司机太宽大了。他是全国农民联盟的领袖之一，像许多乡间别墅的主人一样，他尽了自己的职责，在女王地区护理学院的资助下，每年向公众开放一次汉伯里庄园的花园。他给报纸寄去了几封语气愠怒的信函，抱怨税收对农民的惩罚性效应，时运不济时，他保护自己的佃户，为了维持生计，他还时不时地翻出零星的珠宝和家用的银质餐具，或者汉伯里府图书馆里的一些书籍和手稿，偷偷拿去卖掉。

在许多方面，乔治·弗农爵士都是典型的英国乡绅：脾气暴躁，总是抱怨国将不国，而他则要努力保住祖宅，在那棵摇摇欲坠的族谱大树——他家的族谱深深扎根于社区和本郡的土地中，已经延续了数百年之久——的枝丫上，保住自己的一席之地。

在其他方面，乔治爵士则没有那么典型。1905 年，在四十不惑的年纪上，他迎娶了 22 岁的邻家女儿多丽丝·艾伦。但他们的婚姻并不成功。他们没有孩子，到了 20 世纪 20 年代，多丽丝搬出了汉伯里府，住进了这对夫妇在切尔西置办的市内宅邸。留下乔治爵士一人，独自与他那安妮女王时代风格的古宅相伴。

1928 年的一天，他走进地产经理爱德华·波维克的别墅，宣布想借调他的女儿 6 个月。“大厅里乱七八糟的。”他告诉波维克。于是，16 岁的露丝·波维克成了这位从男爵的秘书，和他住在了一起。

她再未离开。10 年后，乔治爵士修改了遗嘱，将露丝作为受益人，露丝也把自己的名字改为了弗农。在那些不清楚他们真实关系的人面前，露丝会佯装为乔治的女儿。

20 世纪 30 年代中期，乔治爵士领导了抗议什一税的运动，运动者反对教会可以依法向许多农民征收什一税，这些收来的钱却与农民的利益无关。他在报纸和讲台上抨击英国国教会，向听众宣告，他拒绝被埋葬在这神圣的土地上：“我不会让任何哭哭啼啼的牧师，在我的葬礼上念任何一篇祷文。”[23]和全国其他地方的地主、农民一样，他也拒绝缴纳什一税。1935 年 6 月，他当着数百名支持者的面，站在汉伯里府的台阶上，阻止法警们强行查封府上的家具。随后，他向人群发表讲话，告诉他们，“我们英国人一向把抵制来自任何地方的压迫和不公，视为我们最神圣的职责。”[24]

奥斯瓦尔德·莫斯利爵士和英国法西斯联盟也支持抗议什一税的运动，他们的黑衫军正在扰乱拍卖，去农场设置路障，以抵制法警和警察。这让从男爵与莫斯利建立了联系。当莫斯利想提名一名当地人作为法西斯党的候选人，在伍斯特郡选区反对斯坦利·鲍德温时，乔治爵士认同了这项计划并告诉莫斯利，他将利用自己的影响力帮助这场运动。他从未加入过英国法西斯联盟，但他与法西斯主义有过瓜葛，这与他本人奉行的高度独立的右翼政治风格十分契合。

紧接着，战争爆发了。1940 年 5 月的最后一周，莫斯利和其他数以百计的法西斯同情者，根据 18B 号国防条例遭到了围捕和监禁。随后的日子里，乔治爵士开始担心，战前他与法西斯分子的联系虽然没有实质性内容，却可能足以将政治保安处警探带到汉伯里府。他还因心脏病而感到沮丧，认定自己命不久矣。

1940 年 6 月 14 日中午，露丝听见从乔治爵士卧室前面的一个小房间里，传来一声枪响。她冲了进去，发现丈夫已经死了，左轮手枪就在尸体旁边，那里还有一封信，上面写着：“我的心在夜间变得越来越难受，让我痛苦万分，因此，我决定不再忍受这只能再忍受两三个礼拜的痛苦，我走了捷径。”[25]

那年 6 月，还有其他事情在吸引公众的注意。士气低落的英国远征军残部，刚刚从敦刻尔克撤离。巴黎、挪威都已落入德军之手。张伯伦已然谢世，丘吉尔以反抗的姿态站在他的席位上，向下议院发表演说：“我们永远不会投降。”在此背景下，一位 74 岁的老从男爵的自杀，并没有引起新闻界的太多关注。

但死亡却可能通往别样的结局。这个世界再也没有位置，留给像乔治·弗农爵士这种毕灵普上校式的乡绅了。随着这场新战争的爆发，旧秩序——人们早就自信满满地预言过它的末日——将真正悄无声息、毫无异议地走向消亡。

在乔治爵士的葬礼上，没有任何哭哭啼啼的牧师站在一旁。6 月 22 日，他的灵柩盖着英国的米字旗，被人从汉伯里府运走，放在一辆农用卡车的后面。临时凑成的送葬队伍驾车来到附近的一块林间空地上，那里曾经矗立着一座古老的凉亭，没有经过任何仪式，他就被埋在了那里。

露丝是唯一的哀悼者。无论她知晓与否，她哀悼的不仅仅是一位情人，也不仅仅是一名脾气暴躁的乡绅。她哀悼的是过去，是一种生活方式，是一个逝去的英国。漫长的周末结束了。

注 释

引 言 大家一起唱

1 "Stourhead Annals".

2 Ibid.

3 Ibid.

4 Ibid.

5 Ibid.

6 Mosely, *Julian Grenfell*, 265.

7 Thompson, interview 23, 12.

8 *Times*, 12 November 1920, 15.

9 Forbes, 130.

10 Buchan, http://gutenberg. net. au/ebooks12/1201761h. html#ind.

11 Ibid.

12 *Manchester Guardian*, 29 December 1920, 3.

第 1 章 它是我们的了

1 Nicolson, *Vita and Harold*, 67, 113 – 14.

2 Walpole, *Letters*, vol. 2, 445.

3 Nicolson, *Vita and Harold*, 227.

4 Ibid., 228.

5 Nicolson, *Diaries*, 47.

6 Ibid. ,48.

7 Ibid. ,247.

8 Ibid. ,311.

9 *Country Life*,9 August 1930,190.

10 Ibid. ,19 July 1930,94.

11 Ibid. ,12 April 1930,541.

12 Ibid.

13 Ibid. ,28 December 1918,614.

14 Ibid. ,10 January 1920,58.

15 *Times*,31 December 1919,4.

16 *Country Life*,1 March 1919,236.

17 Ibid. ,4 January 1919,24.

18 Ibid. ,11 January 1919,50.

19 Ibid. ,8 March 1919,264.

20 *Times Literary Supplement*,28 May 1925,372.

21 *Times*,5 August 1925,10.

22 Ibid. ,10 May 1927,17.

23 Ibid. ,8 November 1919,7.

24 Harris,*Moving Rooms*,252.

25 *Times*,1 October 1927,20; 15 October 1927,23.

26 *Nottingham Evening News*,1 August 1929.

27 *Montgomery Express and Radnor Times*,9 August 1921.

28 Somerville – Large,356.

29 *Manchester Guardian*,26 August 1926,16.

30 Ibid. ,25 January 1926,5.

31 Ibid. ,30 August 1929,9.

32 Ibid. ,1 September 1929.

33 Ibid. , 24 February 1928, 7 (Lupton House, Devon); 15 September 1926,8 (Summerford Park,Cheshire); 18 January 1926,7 (Rolleston Hall,Staffordshire).

第 2 章　国王的别墅

1 *Times*,15 June 1927,16.

2 Windsor, *A King's Story*, 186.

3 Ibid.

4 W. A. R., 27.

5 Ibid.

6 *Builder*, 28 August 1847, 405.

7 斯坦福德汉姆勋爵致莱昂内尔·厄尔的信函, 10 November 1912, PRO WORK 19/52; in Dungavell, 279。

8 *Times*, 12 November 1918, 11.

9 Fortescue, 97-8 转引自 Rose, *King George V*, 296。

10 Ibid., 295.

11 *Times*, 1 June 1927, 16.

12 *Observer*, 18 September 1927, 20.

13 Sandringham guide book, Jarrolds, n. d., introduction.

14 Windsor, 32.

15 https://www.sandringhamestate.co.uk/house-museum-and-gardens/history/.

16 Pevsner and Wilson, 627。亨伯特保留了由 SS 图伦设计的一间温室，它于 1852 年落成，变成了这座 18 世纪别墅的一部分；后来它被改造成了一间台球室，旁边还建起了一座保龄球馆。

17 Alan Powers, ODNB entry for Edis.

18 Pope-Hennessy, 279.

19 Windsor, *A King's Story*, 74.

20 Quoted in Rose, *King George V*, 97.

21 Ponsonby, 279.

22 Rose, *King George V*, 291.

23 Matson, *Sandringham Days*, chapter 12.

24 Ibid.

25 Transcript at http://www.bl.uk/onlinegallery/onlineex/voiceshist/georgev/.

第 3 章　旧秩序的传承？

1 *Country Life*, 21 April 1906, 558.

2 Portland, 104.

3 Ibid. ,247.

4 *Times*,5 August 1921,8.

5 Ibid.

6 Ibid. ,14 August 1928,7.

7 Portland,65.

8 Ibid. ,250.

9 Ibid. ,58.

10 *Times*,6 December 1937,12.

11 Portland,63.

12 *Times*,26 August 1927,13.

13 *Manchester Guardian*,11 June 1930,13.

14 Ibid. ,30 March 1920,10.

15 Balsan,148.

16 Ibid. ,163.

17 *Country Life*,19 July 1919,83.

18 Balsan,186.

19 *Manchester Guardian*,23 March 1920,10.

20 *Times*,10 November 1920,9.

21 *Manchester Guardian*,23 March 1920,10.

22 Ibid. ,24 June 1936,15.

23 Ibid. ,19 June 1928,21.

24 Ibid. ,26 November 1920.

25 The National Archives TNA J77/2100,转引自 Rose,The Prince,49。

26 *Derby Daily Telegraph*, 30 January 1930, 10.

第4章 修 复

1 Tilden,11.

2 Ibid. ,13.

3 *Country Life*,4 December 1942,1082.

4 Ibid. ,4 May 1918,424.

5 Ibid. ,31 March 1928,438.

6 de Moubray,80.

7 Conway,101.

8 Ibid. ,99.

9 Tilden,126.

10 Conway,102.

11 Weaver,139; http://www. nationaltrustcollections. org. uk/place/lindisfarne – castle.

12 *Handbook for Travellers in Kent*,24.

13 'A Visitor' [William Waldorf Astor], 'Hever Restored', *Pall Mall Magazine*, vol. 39 (January 1907), 15.

14 Aslet,190.

15 Ibid. ,196.

16 Tilden,114.

17 Musson,34.

18 Tinniswood,*Historic Houses*,39.

19 de Moubray,16.

20 Tilden,114.

21 de Moubray,21.

22 Conway,102,103.

23 de Moubray,146.

24 Lucas,10.

25 *Times*,17 May 1921,1.

26 Ibid.

27 Elyard,15.

28 *Country Life*,17 May 1924,783.

29 Ibid. ,776.

30 Ibid.

31 Ibid. ,780.

32 'Mr. E. G. Lister',obituary,*Times*,13 July 1956,14.

33 *Country Life*,8 March 1924,379.

34 Conway,103 – 4.

35 *Times*,6 January 1912,7.

36 Ibid. ,7 September 1921,4.

37 Ibid. ,14 June 1923,15.

38 Ibid. ,19 May 1919,8.

39 Ibid. ,13 September 1921,13.

第 5 章　一种新文化

1 转引自 Stansky,6。我对菲利普爵士生平的描述，在很大程度上受益于斯坦斯基这本发人深省的传记。

2 James,202.

3 Brock,514.

4 Stansky,46 – 7.

5 Tilden,42.

6 Nicolson and Trautmann,47.

7 Nicolson,*Diaries*,76.

8 Boothby,*I Fight To Live*,48.

9 James,7,24.

10 Ibid. ,202.

11 *Country Life*,10 January 1931,43.

12 Ibid. ,40;*Times*,17 February 1916,16.

13 Sassoon,43.

14 *Country Life*,10 January 1931,44.

15 Cecil,85.

16 Boothby,*Boothby*,72.

17 *Country Life*,10 May 1930,691.

18 Ibid. ,19 September 1931,302.

19 Ibid. ,10 May 1930,691.

20 'Is Modern Architecture on the Right Track?', *Listener*, 26 July 1933,123.

21 *Times*,8 July 1937,30.

22 Tinniswood,*The Art Deco House*,123.

第 6 章　卢琴斯

1 Percy and Ridley,302.

2 Weaver,272.

3 'Queen's Dolls House',*Times*,29 July 1924,21.

4 Percy and Ridley,199.

5 Tinniswood,*Historic Houses of the National Trust*,272.

6 Percy and Ridley,396.

7 Pevsner and Radcliffe,220.

8 *Times*,4 November 1933,2.

9 Lutyens,182.

10 Ibid.

11 Ridley,397.

12 Stamp,176.

13 *Manchester Guardian*,3 January 1944,3.

第7章 制订计划

1 Barron,46.

2 Nicolson,*Diaries*,112.

3 *Country Life*,12 June 1920,841.

4 Ibid. ,4 May 1918,428.

5 Pugin,61.

6 Scott,149.

7 Muthesius,203.

8 Ibid. ,205.

9 Girouard,310.

10 *Country Life*,4 February 1939,116.

11 Ibid.

12 Ibid. ,118.

13 Ibid. ,120.

14 Ibid. ,13 February 1937,172.

15 Ibid. ,25 October 1919,534.

16 Ibid. ,15 January 1921,83.

17 Ibid. ,13 February 1937,176.

18 Memoir by Lady Marjorie Stirling (née Murray) in Waterson,58.

19 Smith,20.

20 Hill,461.

21 *Country Life*,25 February 1939,xxxvii.

22 *Times*,31 May 1938,22.

23 Waugh,*Decline and Fall*,128.

24 Binney, ch. 1.

25 *Times*, 24 February 1921, 5.

26 *Country Life*, 4 February 1939, xxxii.

27 Ibid.

28 Ibid., xxxiii.

29 'Historic Monuments and Buildings Illuminated by Flood – Lighting', *Illustrated London News*, 5 September 1931, 346.

30 Ibid.

31 *Times*, 2 September 1931, 12.

32 *British Journal of Ophthalmology*, no. 15 (November 1931), 654.

33 *Times*, 8 May 1935, 15.

34 James, 205.

35 *Country Life*, 3 April 1937, 348.

第8章　室内装潢

1 Fisher, 18.

2 这一段大量引用了 Brooks, Appendix 4, 'Charles Carrick Allom (1865—1947) and White Allom & Co'。

3 伍尔致格文·拉弗莱特的信函, 1 May 1925, in Pryor, 181。

4 Nicolson, *Diaries*, 264.

5 Sibyl Colefax Ltd business card, Bodleian MS Eng. c. 3184, fol. 18.

6 Beaton, *The Glass of Fashion*, 210.

7 McLeod, 145.

8 Hamlin, x.

9 *Country Life*, 25 October 1919, 525.

10 McLeod, 49.

11 Waugh, *The Best Wine Last*, 57.

12 'We Salute…' *Vogue*, 1 November 1932, 34.

13 *Sunday Times*, 20 January 1929, 13; 22 July 1928, 13.

14 Malacrida, 98.

15 Ibid., 122.

16 Ibid.

17 'Upper Brook Street: North Side', *Survey of London*: vol. 40, 'The

Grosvenor Estate in Mayfair, Part 2 (The Buildings) (1980)', 200 – 10.

18 'The Marchese Malacrida's Apartment', *Vogue*, 23 November 1929, 70.

19 Hibbert et al., 271.

20 Aslet, 'An interview with the late Paul Paget', 20.

21 *Country Life*, 29 May 1937, 594.

22 *Observer*, 12 January 1936.

第9章 新乔治时代风格

1 Andrews, vol. 3314 – 3315.

2 Calloway, 240.

3 Wood, 41.

4 Ibid., 57.

5 *Times*, 5 July 1933, 28.

6 Hardy, v.

7 *Manchester Guardian*, 6 February 1926, 10.

8 *Times*, 5 March 1929, 19.

9 Ibid., 18 March 1929, 12.

10 Ibid., 4 March 1930, 12.

11 *Country Life*, 18 February 1930, 264.

12 *Times*, 26 March 1930, 14.

13 Ibid., 23 February 1931, 15.

14 Ibid., 27 May 1937, 12.

15 Tree, 43.

16 Wood, 60.

17 Tilden, 162.

18 Westminster, 199.

第10章 公主新娘和她的兄弟们

1 Rose, King George V, 311.

2 Graham, 243.

3 Ibid., 212.

4 Ibid., 213.

5 *Manchester Guardian*, 27 October 1931, 8.

6 Pevsner and Cherry, 182.
7 Windsor, *A King's Story*, 239.
8 *Manchester Guardian*, 3 January 1936, 8.
9 Ibid., 18 April 1938, 8.
10 *Times*, 26 July 1939, 3.
11 Ibid., 6 June 1939, 28.
12 Windsor, *A King's Story*, 333.
13 Bradford, 105.
14 Ibid., 110.
15 *Manchester Guardian*, 27 April 1923, 9.
16 Ibid.
17 Bradford, 114.
18 Ibid.
19 Ibid., 114 – 15.
20 Ibid., 129.
21 *Country Life*, 2 November 1929, 616.
22 Ibid., 618.
23 Windsor, 235.
24 *Country Life*, 19 November 1959, 899.
25 Windsor, 236.
26 Ibid., 235.
27 Ibid., 237.
28 Ibid.
29 Cooper, ch. 8.
30 Tilden, 99.
31 http://www.telegraph.co.uk/property/3297140/A-dainty-dish-to-set-before-the-Prince.html.
32 Vanderbilt and Furness, 282.
33 Ibid., 283 – 4.
34 Ibid., 306.
35 Bloch, 294.
36 *Cairns Post*, 15 December 1936, 5.
37 Windsor, *A King's Story*, 380.
38 Ibid., 401.

39 Nicolson, *Diaries*, 282 – 3.

40 Windsor, *A King's Story*, 413.

41 Ibid., 412.

第11章 周游四方

1 Bedford, 8.

2 Bowden and Turner, passim.

3 Windsor, *A King's Story*, 241.

4 Stansky, 127.

5 Ibid.

6 http://www.airclark.plus.com/RatAerodrome/Rataero.htm.

7 http://www.airfieldinformationexchange.org/community/showthread.php?2030 – Automobile – association – landing – fields/page3.

8 Baedeker, *Switzerland*, xx.

9 Holguín, 1, 404.

10 Waterson, 232.

11 Elston, 1.

12 *Baedeker's Riviera*, xxii.

13 F. M. De Borring, 'Riviera Prospects and Proposals', *Illustrated London News*, 14 January 1922, 60.

14 Waterson, 230.

15 Ibid., 231.

16 Ibid., 233.

17 Rose, *King George V*, 322.

18 Ibid., 323.

19 Waterson, 230.

20 *Private Lives, an Intimate Comedy in Three Acts*, Heinemann (1930)。1927年，《密尔沃基哨兵报》兴奋地提到，有传言称，公爵与可可·香奈儿的恋情可能会修成正果，走向婚姻。“香奈儿女士很快被确认为‘飞云号’上的二号指挥官，这架游轮即将驶离多维尔海域，前往地中海，展开一场浪漫之旅。”（1927）虽然威斯敏斯特公爵最后娶了洛丽亚·庞森比，他却并没有因此中断与可可的恋情。

21 Bloch, 134.

22 Marx,260.

23 *Kagorlie Miner*,30 December 1931,4; *Adelaide News*,5 January 1932, 1; *Hobart Mercury*,8 January 1932,2.

24 'Chartered by the King for His Holiday Cruise', *Illustrated London News*,8 August 1936,224 – 5.

25 *Adelaide News*,5 January 1932,1.

第 12 章　我的新大陆，我的王国

1 Balsan,37.

2 Ibid. ,40.

3 Davis,148.

4 Balsan,44.

5 Ibid. ,41.

6 *New York Times*,19 April 1893.

7 Davis,158.

8 Ibid. ,*passim.*

9 Times,24 June 1921,13.

10 *Manchester Guardian*,14 June 1923,6.

11 Hugo Vickers, 'Gladys, Duchess of Marlborough', http://www. telegraph. co. uk/ culture/art/art – features/8303256/Gladys – Duchess – of – Marlborough – the – aristocrat – with – attitude. html.

12 de Moubray,103.

13 Windsor,*A King's Story*,237.

14 Harris,255 – 6.

15 *Manchester Guardian*,27 January 1926,12; 24 February 1926,8.

16 *Basildon Park*,2。这个乔治·费迪南多可能是，也可能不是那个1894 年因犯下股票经纪欺诈罪，在都柏林被监禁了 12 个月的乔治·费迪南多。

17 http://www. waldorfnewyork. com/events/venues – and – floor – plans/third – floor. html.

18 *Manchester Guardian*,30 December 1920,6.

19 Harris,61.

20 Tilden,53.

21 Ibid. ,57.

22 de Moubray,134.

23 Tilden,58.

24 Ibid. ,54.

25 Ibid. ,56.

26 de Moubray,134.

27 Tilden,59.

28 http://query. nytimes. com/gst/abstract. html? res = 9C06E5DB133AEF3ABC4E52DFBE66838E639EDE.

29 Denning,69.

30 http://www. coffmanbooks. com/TAMpdfs/TAMChapter07 - v4. pdf.

31 *Observer*,12 May 1929,17.

32 *Times*,10 May 1929,13.

33 AR 波伊斯，古建筑保护协会的秘书，in *The Times*,4 October 1930,6。

34 Levkoff,94.

35 Ibid.

36 Denning,75.

37 Ibid.

38 *Manchester Guardian*,3 August 1934,8.

39 *New York Tribune*,20 May 1909,3.

40 *New York Times*,19 September 1907.

41 Broughton,49.

42 *Times*,31 January 1929,14.

43 Ibid. ,15 June 1923,28.

44 https://www. thegazette. co. uk/Edinburgh/issue/14931/page/59/data. pdf.

45 Purcell,Hale and Pearson,8.

46 Lees - Milne,239,238.

47 Fedden,31.

48 Purcell,Hale and Pearson 很好地阐述了这一点，在我对费尔黑文和安格尔西庄园的评论中，用了他们的著作。

第 13 章　乡间别墅聚会

1 Galsworthy,*Maid in Waiting*,ch. 11.

2 James, 21.
3 Nicolson, *Vita and Harold*, 285.
4 James, 21.
5 *Notes and Queries*, 5th Series, vol. 12, 428.
6 Waterson, 77.
7 Westminster, 90.
8 Cooke, 83.
9 Bodleian Library, Colefax Papers, MS Eng. c. 3170, fols. 46 – 61.
10 Troubridge, 11.
11 Ibid., 9.
12 Waterson, 58, 59.
13 Westminster, 148, 149.
14 Troubridge, 134.
15 James, 37.
16 Waterson, 58.
17 Windsor, *The Heart Has Its Reasons*, 174.
18 Ibid., 175.
19 Ibid., 177.
20 *Manchester Guardian*, 17 December 1928, 6.
21 *Manners and Rules*, 47.
22 Craig, 8.
23 Waterson, 63.
24 *Manners and Rules*, 119, 121.
25 Ibid., 119, 216.
26 Westminster, 149.
27 Waterson, 80.
28 *Manchester Guardian*, 9 April 1928, 6.
29 Waterson, 69.
30 *Manners and Rules*, 213 – 14.
31 Westminster, 91 – 2.
32 Tilden, 48.
33 Taylor, 217.
34 Stansky, 163.
35 Waterson, 132.

36 *Country Life*, 21 March 1931, 369.

37 Waterson, 92.

38 Troubridge, 186.

第 14 章 野外运动

1 Portland, 229.

2 这个数字来自 Martin, 'British Game Shooting', 204 - 24。接下来的内容，我也同样引用了 Martin 的文章。

3 *The Land: The Report of the Land Enquiry Committee*, 3rd edition (1913), vol. 1, 260.

4 Tennyson, 2.

5 Ibid., 31.

6 *Manners and Rules*, 217.

7 Westminster, 210.

8 Ibid.

9 *Manners and Rules*, 223.

10 Beaton, *Ashcombe*, 46.

11 Ibid., 47.

12 *Manchester Guardian*, 28 May 1931, 9.

13 Windsor, 196.

14 *Ludington Daily News*, Michigan, 22 January 1936, 6.

15 *Times*, 29 December 1934, 19.

16 Thomson, 150.

17 Ibid., 152.

第 15 章 这就是我们干活儿的地方

1 Martin, *The Small House*, 82.

2 Todd, 195.

3 Dawes, 159.

4 Harrison, *Gentlemen's Gentlemen*, 39.

5 *Times*, 17 March 1919, 7.

6 Dawes, 152 - 3.

7 *Times*, 18 March 1919, 7.

8 Thomson and Lummis, interview 388.

9 Ibid.

10 Ibid.

11 Tyack, 67.

12 关于克莱夫登的家庭生活，留下了特别完善的记录。20 世纪 70 年代出现了罗西娜·哈里森的自传，她从 1928 年开始，为阿斯特夫妇连续服务了 35 年；继而，在两次世界大战之间的那段时间里，又出现了一部宝贵的口述历史作品，作者杰弗里·泰克同时采访了在室内和户外工作的别墅员工。在下面的文章中，我同时采用了这两种资料。

13 Harrison, *Rose*, 48.

14 Tyack, 82.

15 Ibid., 68.

16 Harrison, *Rose*, 163 – 4.

17 Ibid., 118.

18 Ibid., 126.

19 Ibid., 121.

20 Ibid., 124.

21 Tyack, 71.

22 Harrison, *Rose*, 151.

23 Ibid., 105.

24 Ibid., 64.

25 Ibid., 210.

26 Ibid., 85.

27 Ibid., 86.

28 Ibid., 95.

29 Newman and Tate, ch. 3.

30 Harrison, *Rose*, 137.

31 Tyack, 69.

32 Harrison, *Rose*, 115.

33 Ibid., 119.

34 Waterson, 172.

35 Harrison, *Rose*, 120 – 1.

36 Ibid., 131.

37 Tyack, 81.

第 16 章 服务者

1 Parker,4.

2 Ibid. ,5.

3 Waterson,184.

4 Parker,15.

5 Ibid. ,17.

6 Ibid. ,18.

7 Rennie,103.

8 Harrison,*Rose*,24.

9 Ibid. ,24.

10 *Times*,2 March 1925,3.

11 Ibid. ,1 July 1926,3.

12 Ibid. ,13 January 1925,4.

13 Parker,21.

14 *Times*,30 January 1918,4.

15 Parker,29.

16 Ibid. ,38.

17 Ibid. ,53.

18 Ibid. ,43.

19 Ibid. ,47.

20 Todd,198.

21 Parker,39.

22 Ibid. ,55.

23 Ibid. ,59.

第 17 章 政治性别墅

1 Morris,172.

2 Ibid. ,173.

3 Ibid. ,192.

4 *Times*,4 August 1936,10.

5 Ibid. ,11.

6 Stansky,87.

7 Ibid. ,92.

8 Ibid.

9 *Hansard*,8 February 1922.

10 Mosley.

11 *Times*,15 May 1920,14.

12 *Manchester Guardian*,25 April 1921,7。这部电影就是卓别林拍摄于1918年的战争喜剧《从军记》。

13 Stansky,118.

14 Tilden,77.

15 Ibid. ,75.

16 Ibid. ,81.

17 Taylor,284.

18 Churchill to John Leaning & Sons Ltd (his chartered surveyors),4 September 1926,转引自 Buczacki,141。

19 蒂尔登致丘吉尔的秘书克拉丽丝·费舍尔的信函,1927。转引自 Buczacki,151。

20 Major,111,70.

21 *Times*,5 October 1917,3.

22 Ibid.

23 Ibid.

24 Ibid.

25 Major,99.

26 Ibid. ,104.

27 Major,166.

28 *Manchester Guardian*,20 October 1923,10.

29 Baldwin Papers 123/58,19 August 1937,转引自 Roberts。

30 Roberts.

31 *Manchester Guardian*,31 December 1938,11.

32 *Times*,5 May 1938,17.

33 Nicolson,*Diaries*,266.

34 Ibid.

35 *Manchester Guardian*,28 March 1938,9.

36 Reported in *Western Daily Press*,17 December 1938,7.

37 *Manchester Guardian*,23 May 1939,8.

38 Rose, *The Cliveden Set*, chapter 8.

39 Harrison, *Rose*, 244.

40 Nicolson, *Diaries*, 396.

41 http://hansard.millbanksystems.com/lords/1939/apr/13/the-international-situation#S5LV0112P0_19390413_HOL_15.

后 记 旧秩序注定要灭亡

1 *Times*, 26 May 1939, 11.

2 Ibid., 25 May 1939, 17.

3 *Table Talk*, 10 August 1939, 10.

4 *Lancashire Evening Post*, 15 July 1939, 4.

5 *Bucks Herald*, 21 July 1939, 3.

6 *Dundee Courier*, 8 August 1939, 7.

7 *Hull Daily Mail*, 26 August 1939, 5.

8 *Country Life*, 22 July 1939, 56.

9 Ibid., 4 March 1939, xxxiii.

10 Anon., *Some Things You Should Know if War Should Come*, Civil Defence Public Information Leaflet No. 1, Lord Privy Seal's Office (July 1939).

11 Ibid.

12 *Country Life*, 30 September 1939, 325.

13 Strong, 130.

14 *Times*, 20 July 1934, 9.

15 Ibid., 26 February 1936, 9.

16 *Observer*, 11 July 1937, 32.

17 *Manchester Guardian*, 19 November 1937, 12.

18 *Observer*, 11 July 1937, 32.

19 Robinson, 120.

20 Strong, 134.

21 Ibid., 128.

22 Amory.

23 *Western Daily Press*, 22 October 1934, 7.

24 *Manchester Guardian*, 15 June 1935, 14.

25 *Gloucester Citizen*, 17 June 1940, 7.

参考书目

Aberconway, Christobel, *A Wiser Woman?*, Hutchinson (1966).

Adelaide News.

Amory, Mark, *Lord Berners: The Last Eccentric*, Faber Finds (2012), Kindle file.

Andrews, C. Bruyn (ed.), *The Torrington Diaries*, Methuen Library Reprints, 4 vols. (1970).

Anon., *Handbook for Travellers in Kent*, John Murray (1892).

Aslet, Clive, 'An interview with the late Paul Paget', *The Thirties Society Journal*, no. 6 (1987), 16–25.

Aslet, Clive, *The Last Country Houses*, Yale University Press (1982).

Asquith, H. H., *Letters to Venetia Stanley*, ed. Michael Brock and Eleanor Brock, Oxford University Press (1982).

[Astor, William Waldorf], 'Hever Restored', *Pall Mall Magazine*, vol. 39 (January 1907), 15–16.

Baedeker, *Switzerland, Together with Chamonix and the Italian Lakes* (1922).

Baedeker's Riviera (1931).

Balsan, Consuelo Vanderbilt, *The Glitter and the Gold*, George Mann (1973).

Barron, P. A., *The House Desirable*, Methuen & Co. (1929).

Basildon Park, National Trust (2004).

Beaton, Cecil, *Ashcombe: The Story of a Fifteen-Year Lease*, Dovecote Press (2014).

Beaton, Cecil, *The Glass of Fashion*, Weidenfeld & Nicolson (1954).

Beaton, Cecil, 'Suggestions for Fancy Dress', *Vogue*, 15 December 1937, 116.

Bedford, John, Duke of, *A Silver-Plated Spoon*, Cassell (1959).

Binney, Ruth, *Wise Words and Country House Ways*, David & Charles (2012), Kindle file.

Bloch, Michael (ed.), *Wallis and Edward: Letters 1931–1937*, Weidenfeld & Nicolson (1986).

Boothby, Robert, *Boothby: Recollections of a Rebel*, Hutchinson (1978).

Boothby, Robert, *I Fight To Live*, Victor Gollancz (1947).

Bowden, Sue and Turner, Paul, 'The Demand for Consumer Durables in the United Kingdom in the Interwar Period', *Journal of Economic History*, vol. 53, no. 2 (June 1993), 244–58.

Bradford, Sarah, *King George VI*, Weidenfeld & Nicolson (1989).

Brooks, Diana, *Thomas Allom*, Heinz Gallery (1998).

Broughton, Urban Hanlon, *A Winter Cruise and Some Mental Ramblings*, Edinburgh University Press (1922).

Buchan, John, *Memory Hold-The-Door*, Hodder & Stoughton (1940).

Bucks Herald.

Buczacki, Stefan, *Churchill and Chartwell*, Frances Lincoln (2007).

Builder.

Byrne, Paula, *Mad World: Evelyn Waugh and the Secrets of Brideshead*, HarperPress (2009).

Cairns Post.

Calloway, Stephen, *Twentieth Century Decoration*, Weidenfeld & Nicolson (1988).

Cecil, Hugh and Mirabel, *In Search of Rex Whistler*, Frances Lincoln (2012).

Colefax Papers.
Conway, Sir Martin, *Episodes in a Varied Life* (1932).
Cooke, Maud C., *Social Etiquette: or Manners and Customs of Polite Society*, McDermid & Logan (1896).
Cooper, Diana, *The Light of Common Day* (1959), Kindle file.
Cornforth, John, *The Search for a Style: Country Life and Architecture 1897–1933*, André Deutsch (1988).
Country Life.
Coward, Noël, *Present Indicative*, William Heinemann (1937).
Craig, Elizabeth, *Entertaining With Elizabeth Craig*, Collins (1933).
Daily Sketch.

Davis, Richard W., '"We Are All Americans Now!" Anglo-American Marriages in the Later Nineteenth Century', *Proceedings of the American Philosophical Society*, vol. 135, no. 2 (June 1991), 140–99.
Dawes, Frank Victor, *Not in Front of the Servants*, Hutchinson (1984).
de Moubray, Amicia, *Twentieth Century Castles in Britain*, Frances Lincoln (2013).
Denning, Roy (ed.), *The Story of St Donat's Castle and Atlantic College*, D. Brown (1983).
Derby Daily Telegraph.
Dundee Courier.
Dundee Evening Telegraph.
Dungavell, Ian, 'The Architectural Career of Sir Aston Webb (1849–1930)', PhD thesis, University of London (1999).

Elston, Roy, *The Traveller's Handbook to the Rivieras of France and Italy*, Simpkin, Marshall, Hamilton, Kent & Co. (1927).
Elyard, S. John, *Some Old Wiltshire Homes* (1894).

Fedden, Robin, *Anglesey Abbey*, National Trust (1990).
Fisher, Richard B., *Syrie Maugham*, Duckworth (1978).
Forbes, Lady Angela, *Memories and Base Details*, Hutchinson (n.d.)
Fortescue, Sir John, *Author and Creator*, Blackwood (1933).

Galsworthy, John, *Flowering Wilderness* (1932), Kindle file.
Galsworthy, John, *Maid in Waiting* (1931), Kindle file.
Galsworthy, John, *Over the River* (1932), Kindle file.
Girouard, Mark, *Life in the English Country House*, Yale University Press (1978).
Gloucester Citizen.
[Graham, Evelyn], *Princess Mary, Viscountess Lascelles: An Intimate and Authoritative Life-Story*, Hutchinson (1929).

Hamlin, A. D. F., *A History of Ornament Ancient and Medieval*, vol. 1, Batsford (1916).
Hardy, Thomas, *Late Lyrics and Earlier*, Macmillan (1922).
Harris, John, *Moving Rooms: The Trade in Architectural Salvages*, Yale University Press (2007).
Harrison, Rosina, *Rose: My Life in Service*, Book Club Associates (1975).
Harrison, Rosina (ed.), *Gentlemen's Gentlemen: My Friends in Service*, Arlington Books (1976).
Hibbert, Christopher et al., *The London Encyclopaedia*, Macmillan (2008).
Hill, Oliver, 'The Modern Movement', *Architectural Design and Construction*, 1 September 1931, 461.
Hobart Mercury.
Holguín, Sandie, '"National Spain Invites You":

Battlefield Tourism during the Spanish Civil War', *American Historical Review*, vol. 110 (2005), 1399–1426.
Hull Daily Mail.
Hume-Williams, Sir Ellis, *The World, the House and the Bar*, John Murray (1930).

Illustrated London News.

James, Robert Rhodes (ed.), *Chips: The Diaries of Sir Henry Channon*, Weidenfeld & Nicolson (1967).

Kagorlie Miner.

Lancashire Evening Post.
Lees-Milne, James, *Ancestral Voices*, Faber & Faber (1987).
Levkoff, Mary L., *Hearst The Collector*, Abrams (2008).
Listener.
Lucas, E. V., 'A Wanderer's Notebook', *Sunday Times*, 19 July 1931, 10.
Ludington Daily News.
Lutyens, Robert, *Six Great Architects*, Hamilton (1959).

Major, Norma, *Chequers: The Prime Minister's Country House and its History*, HarperCollins (1996).
Malacrida, Peter, 'Modernist Tendencies in Decoration', *Vogue*, 13 October 1928, 98–122.
Manchester Guardian.
Manners and Rules of Good Society, 'A Member of the Aristocracy', 38th edition, Frederick Warne & Co. (1916).
Martin, Arthur, *The Small House: Its Architecture and Surroundings*, A. Rivers (1906).
Martin, John, 'British Game Shooting in Transition, 1900–1945', *Agricultural History* (Spring 2011), 204–24.
Marx, Harpo with Barber, Rowland, *Harpo Speaks*, Victor Gollancz (1961).
Matson, John, *Sandringham Days: The Domestic Life of the Royal Family in Norfolk, 1862–1952*, History Press (2012), Kindle file.
McLeod, Kirsty, *A Passion for Friendship: Sibyl Colefax and Her Circle*, Michael Joseph (1991).
Montgomery Express and Radnor Times.
Morris, A. J. A., *C. P. Trevelyan 1870–1958: Portrait of a Radical*, Blackstaff Press (1977).
Mosley, Nicholas, *Julian Grenfell: His Life and the Times of His Death 1888–1915*, Holt, Rinehart and Winston (1976).
Mosley, Oswald, *My Life*, Black House Publishing (2011), Kindle file.
Musson, Jeremy, 'To Me the Past is Sacred', *Country Life*, 8 January 1998, 34.
Muthesius, Hermann, *The English House*, BSP Professional Books (1987).

New York Times.
New York Tribune.
Newman, Hilda with Tate, Tim, *Diamonds at Dinner: My Life as a Lady's Maid in a 1930s Stately Home*, John Blake (2013), Kindle file.
Nicolson, Harold, *Diaries and Letters 1930–1939*, Collins (1966).
Nicolson, Nigel (ed.), *Vita and Harold: The Letters of Vita Sackville-West and Harold Nicolson*, Weidenfeld & Nicolson (1992).
Nicolson, Nigel and Trautmann, Joanne (eds.), *The Letters of Virginia Woolf*, vol. 4, Mariner Books (1981).
Nottingham Evening News.

Observer.

Parker, D. H., *The Story of My Life in Gentlemen's Service*, privately printed (n.d.).
Percy, Clayre and Ridley, Jane (eds.), *The Letters*

of Edwin Lutyens to His Wife, Lady Emily, Collins (1985).
Pevsner, Sir Nikolaus and Cheryr, Bridget, *Buildings of England: London 1*, Penguin Books (1985).
Pevsner, Sir Nikolaus and Radcliffe, Enid, *The Buildings of England: Yorkshire, The West Riding*, Penguin Books (2001).
Pevsner, Sir Nikolaus and Wilson, Bill, *The Buildings of England: Norfolk 2*, Penguin Books (2000).
Ponsonby, Sir Frederick, *Recollections of Three Reigns*, Eyre & Spottiswoode (1951).
Pope-Hennessy, J., *Queen Mary*, Allen & Unwin (1959).
Portland, W. Cavendish-Bentinck, Duke of, *Men, Women and Things: Memories of the Duke of Portland*, Faber & Faber (1937).
Portsmouth Evening News.
Pryor, William (ed.), *Virginia Woolf and the Raverats*, Clear Books (2003).
Pugin, A. Welby, *The True Principles of Pointed or Christian Architecture* (1841).
Purcell, Mark, Hale, William and Pearson, David, *Treasures from Lord Fairhaven's Library at Anglesey Abbey*, National Trust (2013).

Rennie, Jean, *Every Other Sunday*, Coronet (1977).
Ridley, Jane, *Edwin Lutyens: His Life, His Wife, His Work*, Pimlico (2003).
Roberts, Andrew, *The Holy Fox: The Life of Lord Halifax*, Head of Zeus (2014), Kindle file.
Robinson, John Martin, *Requisitioned: The British Country House in the Second World War*, Aurum Press (2014).
Rose, Andrew, *The Prince, The Princess and the Perfect Murder*, Coronet (2014).
Rose, Kenneth, *King George V*, Weidenfeld & Nicolson (1983).
Rose, Norman, *The Cliveden Set*, Jonathan Cape (2000), Kindle file.

Sassoon, Siegfried, *Selected Poems*, Faber & Faber (1968).
Scott, George Gilbert, *Remarks on Secular and Domestic Architecture* (1857).
Smith, Janet, *Liquid Assets: The Lidos and Open Air Swimming Pools of Britain*, English Heritage (2008).
Somerville-Large, Peter, *The Irish Country House: A Social History*, Sinclair-Stevenson (1995).
Stamp, Gavin, *Edwin Lutyens' Country Houses*, Aurum (2012).
Stansky, Peter, *Sassoon: The Worlds of Philip and Sybil*, Yale University Press (2003).
'Stourhead Annals', MSS NT 3027141, Stourhead, Wiltshire.
Strong, Roy, *Country Life 1897–1997: The English Arcadia*, Boxtree (1996).
Sunday Times.

Table Talk.
Taylor, A. J. P. (ed.), *Lloyd George: A Diary by Frances Stevenson*, Harper & Row (1971).
Tennyson, Julian, *Rough Shooting* (1938).
Thompson, P., *Family Life and Work Experience before 1918, Middle and Upper Class Families in the Early 20th Century, 1870–1977*, 7th edition, UK Data Archive (2009).
Thomson, George Malcolm, *Lord Castlerosse: His Life and Times*, Weidenfeld & Nicolson (1973).
Tilden, Philip, *True Remembrances: The Memoirs of an Architect*, Country Life (1954).
Times.
Times Literary Supplement.
Tinniswood, Adrian, *The Art Deco House*, Mitchell Beazley (2002).

Tinniswood, Adrian, *Historic Houses of the National Trust*, National Trust (1991).

Todd, Selina, 'Domestic Service and Class Relations in Britain 1900–1950', *Past and Present*, no. 203 (May 2009), 181–204.

Tree, Ronald, *When the Moon Was High: Memoirs of Peace and War*, Macmillan (1975).

Troubridge, Lady, *Etiquette and Entertaining*, Amalgamated Press (n.d. [1939]).

Tyack, Geoffrey, 'Service on the Cliveden Estate Between the Wars', *Oral History*, vol. 5, no. 1 (Spring 1977), 63–87.

Vanderbilt, Gloria and Furness, Thelma Lady, *Double Exposure: A Twin Autobiography*, David McKay Company, (1958).

Vogue.

W. A. R., 'Autobiographical Passages in the Life of Mr Nash', *Mechanics' Magazine*, vol. 24 (1836), 26–9.

Walpole, Horace, *The Letters of Horace Walpole, Earl of Orford, London* (1840).

Waterson, Merlin (ed.), *The Country House Remembered*, Routledge & Kegan Paul (1985).

Waugh, Alec, *The Best Wine Last*, W. H. Allen (1978).

Waugh, Evelyn, *Decline and Fall*, Penguin Books (1937).

Weaver, Lawrence, *Houses and Gardens by E. L. Lutyens* (1913).

Western Daily Press.

Westminster, Loelia, Duchess of, *Grace and Favour*, Weidenfeld & Nicolson (1961).

Windsor, Duchess of, *The Heart Has Its Reasons*, David McKay Company, (1956).

Windsor, Edward, Duke of, *A King's Story: The Memoirs of HRH the Duke of Windsor*, Cassell (1951).

Wood, Martin, *Nancy Lancaster: English Country House Style*, Frances Lincoln (2005).

图书在版编目（CIP）数据

漫长的周末：英国乡间别墅的生活 /（英）艾德里安·泰尼斯伍德（Adrian Tinniswood）著；杨盛翔译.—北京：中国工人出版社，2020.10
书名原文：
The Long Weekend: Life in the English Country House between the Wars
ISBN 978-7-5008-7500-0

Ⅰ.①漫…　Ⅱ.①艾…②杨…　Ⅲ.①社会生活—历史—英国—近现代
Ⅳ.①K561.4

中国版本图书馆CIP数据核字（2020）第198710号

This edition arranged with Felicity Bryan Associates Ltd. through Andrew Nurnberg Associates International Limited.

著作权合同登记号：图字 01-2020-0833

漫长的周末：英国乡间别墅的生活

出 版 人　王娇萍
责任编辑　邢　璐
责任印制　栾征宇
出版发行　中国工人出版社
地　　址　北京市东城区鼓楼外大街45号　邮编：100120
网　　址　http://www.wp-china.com
电　　话　（010）62005043（总编室）（010）62005039（印制管理中心）
　　　　　（010）62004005（万川文化项目组）
发行热线　（010）82029051　62383056
经　　销　各地书店
印　　刷　北京盛通印刷股份有限公司
开　　本　880毫米×1230毫米　1/32
印　　张　12.875　　插　页　16
字　　数　270千字
版　　次　2021年4月第1版　2022年2月第2次印刷
定　　价　72.00元